ESCRIBIR *fantástico*

MANUAL DE ESCRITURA DE GÉNEROS FANTÁSTICOS

Primera edición: septiembre de 2024

ISBN: 978-84-8393-353-4
Depósito legal: M-13389-2024
IBIC: DSK

© De los textos, sus autores, 2024
© Escuela de Escritores. El Invernadero Producciones S.L., 2024
© De esta portada, maqueta y edición: Editorial Páginas de Espuma, S. L., 2024

Editorial Páginas de Espuma
Madera 3, 1.º izquierda
28004 Madrid

Teléfono: 91 522 72 51
Correo electrónico: info@paginasdeespuma.com

Impresión: Cofás

Impreso en España - Printed in Spain

ESCUELA DE ESCRITORES
ALEJANDRO MARCOS (EDITOR)

ESCRIBIR
fantástico

MANUAL DE ESCRITURA DE GÉNEROS FANTÁSTICOS

PÁGINAS DE ESPUMA

Índice

Siempre he profesado el principio de que en lo fantástico y lo maravilloso hay que creer a pies juntillas, y el que no cree –por lo menos desde las once de la noche hasta las cinco de la madrugada–, es tuerto del cerebro, o sea medio tonto.

Emilia PARDO BAZÁN,
«El talismán», *Cuentos sacroprofanos*

PRÓLOGO

UNA DEFENSA DE LA FANTASÍA

Mariana Torres

> *La fantasía no es una forma de evadirse de la realidad, sino un modo más agradable de acercarse a ella.*
>
> Michael ENDE

Pocas veces será tan peligroso abrir un libro como en esta ocasión. Por lo general, los lectores de un manual de escritura esperan encontrar técnica, consejos y estrategias para mejorar sus textos, pero no temen que alguna de las páginas de un libro le pueda morder. Ten cuidado, porque abrir este manual de escritura fantástica garantiza recibir el mordisco de esas fuerzas invisibles que todos sabemos que están ahí, en el mundo del otro lado.

Los defensores de la literatura realista insisten en que la función principal de la escritura es representar de manera fiel el mundo en que vivimos. Y no les falta razón. Lo que ocurre es que, para ello, muchas veces, el realismo se queda muy corto. De esto hablan largo y tendido los diferentes autores que han escrito este manual. Pero ¿qué es la realidad? ¿Es lo que aparentemente percibimos con los sentidos o lo que realmente sentimos en el interior del cuerpo? Las noticias que repite el telediario o leemos en la prensa, ¿reflejan la realidad? ¿No es acaso más real esa sensación que, alguna noche, cuando estamos solos en una casa oscura, sentimos al recorrer el pasillo largo del baño a la cocina, casi una mano fría, recorriendo nuestra espalda?

A día de hoy, quizá siempre, expresar la realidad ha exigido ir mucho más allá de la mera representación realista. Por eso, desde los albores de la literatura, imaginar más allá de la realidad ha sido el *modus operandi* habitual: los mitos, las grandes epopeyas, las aventuras en busca de nuestros queridos monstruos –la Hidra, Polifemo, el Leviatán–, los terrores que surgen del bosque oscuro y los que acechan bajo las aguas y, más recientemente, los que nos esperan en el espacio exterior. La literatura siempre se ha escurrido de la realidad inmediata para poder decir de manera cabal quiénes somos, qué tenemos, qué hacemos y, sobre todo, qué deseamos.

Si leemos y escribimos es para trasladarnos a vivir otros mundos sin abandonar del todo el que vivimos; construimos mundos de ficción en forma de historias para explicarnos y reflejar nuestra realidad. Eso que nos sucede y que no se puede expresar de otra manera, esas emociones, sentimientos o intuiciones, esos dolores y atisbos de felicidad, que no acaban de plasmarse de manera exacta si no transcurren en el planeta Marte o, al menos, sin sentir el aliento de un dragón en la nuca. Sean esos mundos tan parecidos a los que conocemos como las calles de Comala de *Pedro Páramo* o tan diferentes como el laberinto bajo tierra al que llega Alicia persiguiendo a un conejo blanco.

¿Qué escritor, pues, no escribe fantástico? A ver si va a resultar que somos mayoría. Ursula K. Le Guin decía que construimos mundos y otras realidades para comprender la nuestra. Y también decía, en boca de uno de sus personajes más conocidos –Genly Ai– que, como le contaron de niño, la verdad nace de la imaginación.

Una historia para ser honesta debe contener verdad y entrañas. Recuerdo la primera vez que leí «El marciano», de Ray Bradbury y cómo fue llegar al final del cuento y sentir un latigazo de emoción, tristeza y terror. Usamos lo fantástico para representar la realidad de la manera más fiel posible. Para eso sirve, porque solo el mundo que tenemos al alcance de las manos se nos queda pequeño, es estrecho e insuficiente para representarlo todo.

Natalia García Freire, en uno de los capítulos de este manual, afirma que el escritor de estas literaturas no necesita ver para creer, al contrario, lo que necesita es creer para ver. ¿Quién puede afirmar que las hadas no existen? Tal vez puedas afirmar que no las has visto. Pero no podemos ser tan ignorantes y ciegos como para negar que existen. De la misma manera que existen los magos tenebrosos, los vampiros, las brujas malvadas, los hipogrifos y los *leprechaun*. Somos muchos los que nos negamos a quedarnos solamente con el mundo que percibimos a través de los sentidos o el que vemos desde nuestra ventana particular. Como le dijo Hamlet a su amigo Horacio después de cruzarse con el fantasma de su padre muerto: hay más cosas en el cielo y en la tierra que las que tu filosofía puede comprender. Y es que el escritor de fantástico, cuando escribe, no está inventando algo «que no existe», para el escritor todo eso que está creando existe de verdad, lo percibe como tal y, lo más importante, siente real la emoción que está trasladando al lector de la mano de ese odradek que corretea en el pasamanos de la escalera y parece cubierto de hilo, de pedazos de hilo, anudados o apelmazados entre sí. Una emoción que convierte a los personajes que pueblan las historias fantásticas en más reales, incluso, que uno mismo.

Las páginas de este manual, editado de manera excelente por Alejandro Marcos, recogen diferentes miradas de la literatura no realista y formas de entenderla, a la vez que muchísimos consejos y técnicas que los autores del manual, escritoras y escritores con una amplia experiencia en el género y también en la enseñanza de la escritura, explican de manera sencilla con decenas de ejemplos ilustrativos. Tanto si te acercas a este manual como lector como si te interesas como escritora o escritor, te llevaremos de la mano en la clasificación de los diferentes subgéneros que, por su naturaleza similar, protegemos bajo el paraguas de lo no mimético: además de la literatura fantástica nos acompañan el terror, la maravillosa y la ciencia ficción.

Contamos con las voces, sabiduría y explicaciones de Alberto Chimal (México, 1970), Maielis González (Cuba, 1989), Ismael Martínez Biurrun (España, 1972), Arantxa Rochet (España, 1979), Aitor Díaz (España, 1979), Bárbara Gil (España, 1980), Alejandro Marcos (España, 1986), la ya mentada Natalia García Freire (Ecuador, 1991) y, para cerrar el manual, con Lola Robles (España, 1963), que tanta claridad ya aportó en la enseñanza de estas literaturas con su ensayo *En regiones extrañas*, publicado en 2010. Te dejo ahora con ellos y, también, con una última advertencia. Recuerda que este manual te puede morder muy fuerte. Como el *Necronomicón* es la puerta de entrada a otros mundos, algunos terribles, a esa realidad paralela que, muchas veces, es más real que lo que los abogados, los patrones de yate y los inversores financieros llaman realidad. No te quedarás atrapado (o tal vez sí), pero es muy probable que salgas de este manual con una marca de dientes en el cuello y por supuesto, escribiendo fantástico.

Mariana TORRES
4 de mayo de 2024

1

LA LITERATURA NO MIMÉTICA

Alejandro Marcos

1.1. EN BUSCA DE UNA DEFINICIÓN Y UNA CLASIFICACIÓN

A simple vista puede parecer que la literatura maravillosa, la fantástica y la ciencia ficción no tienen mucho en común. Sin embargo, a lo largo de este manual se verá que no es así y que sus similitudes son muchas más que sus diferencias.

En este capítulo se intentará delimitar y definir a qué nos referimos con «Escribir fantástico» y con «literatura no mimética». Intentar es un verbo preciso porque con este tipo de literatura, conseguir una definición y, sobre todo, una nomenclatura que guste a crítica y público ha sido, hasta el momento, una tarea imposible. Debido, probablemente, al poco interés que la literatura de género ha suscitado en críticos y académicos en el pasado es bastante habitual encontrarse con definiciones dispares y el uso completamente arbitrario de una de las literaturas que componen el conjunto como nomenclatura común.

Dicho desinterés ha sido provocado por la errónea creencia de que la literatura de género tiene una calidad inferior al resto de literaturas. Al menos del realismo común. Todos estos géneros siempre han sido considerados de segunda clase y cuando alguna obra destacaba entre ellos, enseguida era clasificada de otra manera, tal y como sucedió con el realismo mágico y la literatura maravillosa durante el *boom* latinoamericano del siglo xx.

Esto ha provocado que entre los lectores comunes no sea raro encontrar quien llame literatura fantástica o ciencia ficción a este conjunto de géneros sin diferenciarlos. Y, aunque luego se verá que tienen muchos rasgos en común, también tienen numerosas diferencias. Hasta el punto de que es muy extraño encontrar un lector que disfrute de igual manera con todos y cada uno de estos géneros sin tener uno predilecto o uno que aborrece.

De hecho, es común encontrar lectores que, especialmente en los géneros no miméticos, cuando descubren un subgénero o un tipo de historia con la que disfrutan, traten de replicar y buscar lo mismo libro tras libro. Esta es quizás otra de las razones por las que los críticos nunca han sido benevolentes: una vez se establece una fórmula que funciona en estas literaturas, el mercado la copia hasta la saciedad. Ha sucedido con los vampiros, con la épica fantástica de corte medieval europeo y seguirá sucediendo mientras la fórmula sea rentable. Eso sí, también sería injusto adscribir este fenómeno única y exclusivamente a la literatura de género, puesto que funciona de la misma manera en la literatura realista. Para muestra podría analizarse el *boom* de la literatura autobiográfica que se ha vivido a comienzos del siglo XXI.

Este manual, puesto que su intención última es más práctica que científica, no va a entrar en el trabajo de delimitar o encontrar una palabra que aglutine estas literaturas. Sin embargo, sí que es imprescindible establecer qué criterios de clasificación se van a seguir para estudiar estos géneros por separado y qué definición general se va a emplear.

Es decir, que en este capítulo se sentarán las bases terminológicas y de clasificación que se seguirán a lo largo de todo el texto para facilitar la unidad y la comprensión del manual.

Pero hacerlo no es tarea sencilla, claro. Como ya se ha dicho, la ausencia de un consenso académico ha hecho que proliferen muchas definiciones diferentes. No hay más que prestar atención, por ejemplo, a la clasificación que se sigue en librerías o grandes superficies. No es que las librerías tengan que tener un interés pedagógico, pero quizás ayudaría a erradicar algunos estereotipos y a consensuar una clasificación encontrar *Ensayo sobre la ceguera*, de José Saramago, en el estante de ciencia ficción o *La metamorfosis* de Franz Kafka en el de literatura fantástica.

Para poner nuestro granito de arena en la clarificación, solo consideraremos motivos literarios a la hora de establecer una definición o un criterio de clasificación, es decir, que nos regiremos por características inherentes a la obra y no a su contexto.

También se pretende que la definición y la clasificación no eclipsen todo el texto. Es decir, que es necesaria una definición clara que una vez presentada permita centrarse en la adquisición de los conocimientos imprescindibles para llevar a cabo la escritura de estas literaturas de la mejor manera posible.

El objeto último no será, por tanto, crear una nueva clasificación, sino que nos centraremos en la parte práctica y menos científica de la divulgación.

Por todo ello, durante el manual, se empleará como base el trabajo de la escritora Lola Robles en su ensayo *En regiones extrañas*. Si alguien está interesado en profundizar en todos estos temas o en la teoría de géneros, o simplemente tiene curiosidad por un acercamiento más teórico, se recomienda encarecidamente que se acerque a dicho ensayo.

A pesar de que estamos de acuerdo con la autora en que los términos en negativo no suelen tener mucho éxito, su definición y clasificación de las literaturas no miméticas son accesibles y claras para el público general. Además, el trabajo de Robles otorga el suficiente conocimiento sobre clasificación de géneros como para que el lector del manual pueda desempeñar con éxito su escritura y, a la vez, dejar espacio para la profundización. También es destacable el esfuerzo por actualizar estos géneros desde una visión *queer* y feminista.

Como ya se ha comentado, no es interés de este manual teorizar acerca de los géneros, pero sí es importante establecer una terminología común para que el lector sepa exactamente a qué se hace referencia cuando se habla de un género concreto. Los criterios seleccionados establecen una clasificación que va a resultar familiar a cualquier escritor de género que sea aficionado a la lectura de los mismos, de modo que no tenga que esforzarse por adquirir dichos conocimientos.

Se da por sentado que el lector que se acerque a este manual tiene cierto gusto y aprecia la escritura de alguno de estos géneros, o de todos; por lo que probablemente tenga en la cabeza una clasificación concreta, confusa, quizás, pero suficiente para establecer una organización mental de ellos. Es posible que esta clasificación ayude a dicho lector a clarificar su estructura o que la cambie por completo. La clasificación y la definición que se ofrece aquí es la más práctica para trabajar en el objetivo del manual.

En cuanto al título del mismo, la practicidad es su razón de ser. El término literatura no mimética no está extendido lo suficiente como para que incluirlo en el título fuera definitorio del contenido. Como hemos comentado antes, la falta de consenso académico hace que nos hayamos regido en este caso por el término más extendido.

Hecho este preámbulo, es el momento de sentar algunos conceptos que serán muy importantes a la hora de elaborar una definición de la literatura no mimética y, posteriormente, unos criterios de clasificación de esta.

1.2. Realidad y ficción

Estos géneros también pueden definirse en contraposición al realismo, de manera que, en ese caso, hablaríamos de literaturas no realistas en lugar de no miméticas.

Se da por supuesto que las literaturas realistas son aquellas que pretenden reflejar la realidad y las no realistas aquellas que reflejan otras realidades (más adelante se ahondará en esta idea y se explicará).

Por tanto, los primeros conceptos que deberían quedar claros antes de empezar a hablar de estas literaturas son los de realidad y ficción. Como advertencia, no se entrará en debates filosóficos acerca de la posibilidad o no de percibir la realidad ni si esta es única e igual para todas las personas.

Probablemente, el lector, antes de comenzar este apartado, piense que distingue sin ningún problema la realidad de la ficción y tiene los conceptos claros; y seguramente esté en lo cierto a efectos prácticos. No se pretende cambiar la concepción de la realidad de los lectores, puesto que realidad y ficción son ideas sencillas que se van volviendo complicadas y sus límites más difusos a medida que uno avanza en su estudio.

Trabajaremos, por ello, con convenciones y con conceptos dados por supuestos.

Se acudirá, para no complicar la definición, a lo básico: el diccionario. Según el de la RAE, la realidad es:

> 1. f. Existencia real y efectiva de algo.
> 2. f. Verdad, lo que ocurre verdaderamente.
> 3. f. Lo que es efectivo o tiene valor práctico, en contraposición con lo fantástico e ilusorio.

Diccionario en línea de la Real Academia Española

Como puede comprobarse, en las tres acepciones, el concepto de realidad tiene relación con la verdad y con el valor efectivo y práctico. Es decir, lo que comúnmente se acepta como verdadero y empírico. No se añadirá necesariamente la experiencia sensorial individual puesto que, a pesar de ser la vía a través de la cual el ser humano percibe la realidad, los sentidos pueden verse alterados y no son una manera objetiva de percibir el mundo.

Resumiendo, y simplificando al máximo, la realidad es un constructo de percepciones comunes que se dan por verdaderas y que explican el mundo en el que viven los seres humanos. Se dará por sentado que la realidad es, además, unívoca y universal, es decir, que es igual para cada ser humano, aunque su percepción y experiencia de ella no sea la misma. Es evidente que la realidad no es igual para una niña nacida en una aldea en el Congo que para el presidente de los Estados Unidos, pero se aceptará, en aras de la practicidad, que lo que cambia en este caso es la percepción que ambos seres tienen de la realidad, no ella misma.

Este concepto ayudará a definir aquellos elementos introducidos en la narración que no tienen un referente en la realidad y a clasificarlos dentro de estas literaturas. Es decir, que se considerará que en una obra en la que se incluyan fantasmas, espíritus o alienígenas, estos serán considerados entidades de ficción no miméticas y, la narración será, por fuerza, no mimética, puesto que hoy en día no se ha demostrado que ninguna de esas criaturas exista. Aunque en el futuro se demostrase dicha existencia, las obras anteriores a ese descubrimiento seguirían catalogándose como no miméticas, tal y como sucede con obras de ciencia ficción tempranas (de Julio Verne, por ejemplo), aunque hayamos superado su umbral de conocimiento.

Veamos ahora lo que dice el mismo diccionario acerca de la ficción:

> 1. f. Acción y efecto de fingir.
> 2. f. Invención, cosa fingida.
> 3. f. Clase de obras literarias o cinematográficas, generalmente narrativas, que tratan de sucesos y personajes imaginarios. Obra, libro de ficción.

Diccionario en línea de la Real Academia Española

Como se observa, al contrario que la definición de realidad, el concepto de ficción está relacionado con la invención y el fingimiento. La tercera acepción, además, alude directamente a las creaciones literarias. La relación de la ficción con el fingimiento viene muy bien para la definición que se hará más adelante sobre la mímesis. La ficción es, por tanto, algo que aparenta ser real, pero que, bien sabemos, es una invención. Por tanto, el contenido de una ficción no es la realidad.

Es decir, que se aceptará como real aquello que comúnmente se entiende por realidad, esto es: todo lo que existe y es demostrable por la ciencia o la experiencia; mientras que la ficción es aquello inventado que finge ser otra cosa.

Siguiendo esta clasificación, cualquier obra literaria narrativa entraría dentro de la ficción, aunque los acontecimientos narrados y los personajes que vivan la historia tengan un referente explícito en el mundo real. Las narraciones son ficciones en el sentido de que no son reales y no son la realidad, puesto que esta es inaprehensible en una narración. Cualquier narración es un fingimiento. Ni aún con la herramienta más poderosa de realidad virtual estaríamos acercándonos a la realidad.

Es decir, que la diferencia entre la literatura no mimética y el realismo no viene de que una sea real y la otra ficticia, puesto que ambas son ficticias. Esa diferencia vendrá por la intención de que sus entidades de ficción se parezcan a la realidad o se alejen de ella.

Es importante señalar también que, muy ligado a la dicotomía entre realidad y ficción, existe otra entre autor y narrador. Quizás en este tipo de literaturas que vamos a analizar en el manual esté aún más clara la diferencia entre los dos conceptos, pero nunca viene mal repasarla.

El autor es la persona real que imagina la historia y la escribe. Es una persona. Existe dentro de la realidad que hemos definido antes. Seguramente tenga su número de identidad nacional y, con suerte, pagará sus impuestos. Sobre todo, nunca será narrador. Ni siquiera en los casos en los que el narrador y el autor compartan nombre y apellidos, ni cuando se escribe autoficción o autobiografía.

Como bien señala Lola Robles en *En regiones extrañas*:

> Pero en el momento en que todo ello pasa a ser literatura, se convierte en una entidad de ficción, más o menos reelaborada literariamente y nunca copiada en su totalidad (algo que, si hablamos de una ciudad, un barrio, una calle, una casa real, ni siquiera logran las fotografías o el cine, pues les faltan otros elementos como la vista en tres dimensiones, la sensación de atmósfera, el ruido en directo, los olores…). En cuanto a las personas reales convertidas en personajes, difícilmente se las podría retratar con una visión por completo objetiva, en toda su complejidad psicológica, con lo cual habrá parte de realidad y parte de ficción. Eso sí, hay algo muy real: el propio libro, la ficción en sí. Ese libro, esa ficción, crea un mundo posible, una realidad alternativa a la nuestra, una construcción semiótica, lingüística, con autonomía (aunque no total, como veremos) respecto a la realidad extratextual

> *En regiones extrañas*
> Lola Robles

El narrador es una entidad de ficción, no existe. Aunque tenga una referencia en el mundo real, aunque se parezca muchísimo a su referencia real. Un narrador nunca será el autor porque las personas son mucho más que las palabras que dicen o, en este caso, que escriben. Como autores, crean una entidad ficticia que en ocasiones —y simplificando— será un personaje (narradores en primera persona) o una entidad superior que cuente la historia como un demiurgo (narradores en tercera persona).

Es evidente que el narrador de *El Señor de los Anillos* no es J. R. R. Tolkien porque no habla como él y ni siquiera está personificado, pero existen otros ejemplos no tan sencillos de ver, como pueden ser las obras de autoficción. En este caso, aunque el autor y el narrador jueguen a ser iguales, existe la misma diferencia que en torno a la realidad y una narración basada en hechos reales. En la autoficción, lo que se cuenta no es la realidad —puesto que ya hemos visto que esta es inaprehensible en una narración— y, del mismo modo, el narrador es igual de inaprehensible; como mucho, el narrador será un trasunto del autor, nunca él mismo.

Imaginemos que alguien es tan habilidoso como para transmitir su propia personalidad de manera casi perfecta al papel y es muy complicado distinguir entre narrador y autor pues todo lo que se cuenta es, además, exacto y verdadero. Imaginemos, después, que leemos esa obra el día de su publicación. Aunque diéramos por sentado que en el momento de la escritura autor y narrador eran iguales, ya en el momento de la lectura hablaríamos de dos entes distintos puesto que los seres humanos se encuentran en constante cambio y evolución, por no hablar de un inevitable proceso de crecimiento y envejecimiento. Aunque durante un segundo el narrador y el autor hubieran sido lo mismo, esa falsa verdad desaparece en el momento en el que el autor sigue añadiendo vivencias y experiencias a su vida y el narrador no lo hace, atrapado como se encuentra dentro de los límites de la narración. El narrador es, por tanto, inmutable, mientras que las personas no lo somos. De todos modos, la premisa base para este ejemplo ya lo imposibilita porque lo cierto es que el narrador y el autor pueden parecerse, pero nunca serán lo mismo. Ni siquiera en el momento mismo de la creación, puesto que a lo «real» del narrador habría que sumarle todos los recuerdos, experiencias, sensaciones, vivencias y sentimientos del autor en cada instante.

1.3. Campos referenciales

En el extracto anterior de *En regiones extrañas*, se señala que la narración crea un mundo alternativo con sus propias reglas y casi autónomo de la realidad extratextual. Es decir, que, durante la lectura, el lector se enfrenta a dos «planos», o «mundos» o «realidades» diferentes a la vez.

Una vez delimitados esos dos mundos: el alternativo creado en la narración y el mundo real, estamos en condiciones de hablar de los campos referenciales; concretamente del campo referencial interno y del externo.

Usaremos de nuevo como referencia las palabras de Lola Robles, en este caso basadas en los conceptos de Benjamin Harshaw:

> El campo referencial externo (CRE) de una obra literaria sería la realidad extratextual: la época y el lugar en que se escribe, el autor o autora, los referentes reales de determinadas entidades de ficción que aparecen en el texto (Madrid, Lavapiés, el Metro, un bar concreto, una persona real convertida en personaje literario, etcétera).
>
> El campo referencial interno (CRI) es la realidad intratextual, construida por cada obra literaria, que puede

tener o no un referente en el CRE: es la época y lugar en que se sitúa la acción de la historia, los personajes, sus relaciones, su discurso, los recintos que habitan o los espacios que recorren, objetos, seres vivos no humanos, etcétera). Este CRI existe independientemente del CRE y guarda con él una relación diferente según los casos, pero no de identidad, como se suele creer, sino de semejanza o analogía, en mayor o menor grado.

En regiones extrañas
Lola Robles

Es decir, que en cualquier obra literaria conviven dos planos, el de la realidad contenida en la obra y el de la realidad de los autores y los lectores. Aunque son planos independientes, guardan relación entre ellos. Esa relación, como se vio en el apartado anterior, no es de identidad, es decir, el campo referencial interno y el externo nunca podrán ser iguales, aunque sí podrán parecerse.

Como bien señala Rosalba Campra en su ensayo *Territorios de la ficción: Lo fantástico* (aunque ella se refiere aquí en concreto a la literatura fantástica, su reflexión se aplica igual para el resto de literaturas no miméticas):

Tal vez no será inútil reiterar que esta relación no se establece, al fin de cuentas, entre el texto y lo real (lo que entrañaría una relación inmediata) sino entre una concepción de lo real y una concepción de la literatura: lo que se compara son dos sistemas convencionales.

Territorios de la ficción: Lo fantástico
Rosalba Campra

Cualquier texto narrativo ambientado en Madrid tiene cierta semejanza con el Madrid real, pero nunca podrá ser lo mismo. Ese Madrid de ficción existe solo en el campo referencial interno de la obra. Trabajar la verosimilitud es algo que en ocasiones se olvida cuando se escribe realismo, quizás porque todos los elementos del campo referencial interno tienen un referente en el campo externo y eso hace pensar que solo por eso el lector entrará dentro de la ficción fácilmente y se lo creerá todo. Cualquier campo referencial interno, tenga referencia externa o no, debe funcionar con coherencia y resultar lo suficientemente «verdadero» como para provocar la suspensión de la incredibilidad. Damos por sentado que tendremos que construir con detenimiento un elfo que camina por las calles de Madrid y a veces olvidamos que también es importante construir esas calles y, sobre todo, la relación entre los dos elementos.

Dentro de los campos referenciales se encuentran las entidades de ficción. La relación que guarden esas entidades y los campos referenciales con los diferentes planos será lo que determine si una obra es mimética o no mimética (si alguna de esas entidades no tiene un referente en la realidad, esto es, en el campo referencial externo).

Como escritores, el campo referencial externo solo debería afectar en la medida en la que los elementos del campo referencial interno se relacionen con él. Como lectores, el interés puede ser mayor si hay curiosidad por los estudios literarios. En ocasiones, como bien es sabido, para aprehender del todo el significado de una obra es imprescindible conocer el contexto sociocultural en el que fue escrita y, en ocasiones, también el contexto vital de la persona que la escribió. Como este manual está enfocado a la escritura, se abordará el campo referencial externo desde el punto de vista del escritor, sin prestar demasiada atención al contexto sociocultural de la obra, aunque influya en la categorización de la misma, exactamente como ocurre, y como ya se mencionó, por ejemplo, con algunas obras de Julio Verne.

Teniendo en cuenta esa imposibilidad de relacionar los dos campos referenciales mediante la identidad:

> Por otra parte, y dado que, como bien señala Fernando Ángel Moreno, la obra, la ficción, el CRI existe, no tiene sentido decir «no me gusta o no me la creo porque no es real», argumento que se repite muchas veces respecto a las literaturas fantásticas, de ciencia ficción y de lo maravilloso. Tenemos que centrarnos en lo que aparece o no en una obra y valorarlo por su verosimilitud literaria o coherencia interna, no por su relación con la realidad extratextual, relación que es otra cosa, más compleja de lo que parece.

En regiones extrañas
Lola Robles

Por lo tanto, para cualquier obra, será importante trabajar cada una de las entidades de ficción de manera que sean verosímiles dentro del campo referencial interno de la obra (como mencionábamos antes en el ejemplo del elfo por Madrid), no teniendo en cuenta su verosimilitud con el campo referencial externo ya que, como no se ha dejado de insistir, esa equiparación es imposible. También se abordará el concepto de verosimilitud en futuros capítulos. Siguiendo el ejemplo del Madrid ficticio de una novela, tendremos que construir esa ciudad que se parece al Madrid real, pero que no lo es, de manera que el lector juegue a creerse que podría ser el verdadero, igual que los espectadores de una obra de teatro fingen creerse que los decorados podrían ser reales.

Los campos referenciales y el concepto de realidad y ficción invalidan la crítica que usualmente se les atribuye a los géneros no miméticos y que ha mencionado Lola Robles: la de que hay lectores que no consiguen disfrutar de estas obras porque lo que se cuenta no es real. Con esto no se quiere decir que es obligatorio para todos los lectores disfrutar de las literaturas no miméticas, sino que las razones por las que alguien no es capaz de disfrutar de este tipo de textos hay que buscarlas en otro lugar. Tanto los temas que se tocan como los conflictos son los mismos que en la literatura realista; el disfrute o no de los géneros no miméticos se produce a la fuerza por otras razones que tienen que ver, probablemente, con el pacto con el lector o los gustos adquiridos.

1.4. La mímesis

La mímesis es una imitación. El término nos ha llegado del latín y del griego y también ha dado, en su origen, términos como «mímica». Este fingimiento es lo que caracteriza a la ficción (como vimos en la definición del diccionario) o al arte en general, desde la pintura y la escultura hasta la narrativa.

Lo más habitual en el arte es imitar a la naturaleza (por tanto, a la realidad), pero en cualquier arte también se produce, generalmente con el avance de dicho oficio, un intento por explorar y realizar expresiones artísticas que no solo imiten nuestra realidad, sino que vayan un paso más lejos.

Es necesario señalar o advertir que toda expresión artística debe contar con cierta imitación de la realidad, puesto que de otro modo se trataría de una expresión artística inaprehensible por el ser humano (quizás también irrealizable). Hasta las literaturas más maravillosas, fantásticas o prospectivas tendrán que contar con elementos que tengan un referente en el campo referencial externo de la obra. De otro modo, la obra será inaccesible para los lectores. Esto es importante porque no será la ausencia de entidades de ficción con referentes en la realidad la que determine que una obra pertenezca a un género o a otro. Como se ha señalado antes, escribir una obra sin estos referentes es, si no imposible, al menos inútil ya que una obra que no pueda ser comprendida por los lectores, pierde su razón de ser. Imaginemos una narración en la que se cuente la historia de unos extraterrestres que no son antropomorfos, con un lenguaje, unos objetos, unos sentidos y unas preocupaciones que tampoco son humanas. El narrador tendría que parar la narración constantemente para describir cada uno de los elementos que aparecieran en la obra, haciéndola completamente ilegible. Si se quiere hacer algo así, es necesario colocar dentro de la obra elementos referenciales reconocibles por el lector. Es lo que hace, por ejemplo, Stanislaw Lem en *Solaris*, donde unos científicos astronautas estudian el comportamiento de un planeta al que creen dotado de cierta conciencia, pero al que no entienden.

Regresemos a la imitación. Sin entrar en disertaciones de origen sociológico, es interesante destacar el papel de la imitación en el aprendizaje. No solo en general, puesto que, desde pequeños, los seres humanos aprenden a andar y a hablar imitando a los adultos, sino también para los artistas y, más concretamente, para los escritores. Imitar es una forma de comprender, porque para tratar de replicar algo hay que entender primero cómo funciona aquello a lo que se quiere imitar.

Por tanto, la imitación para un escritor puede utilizarse de dos maneras: como aprendizaje y como modo de comprender y explicar el mundo.

Cualquier expresión artística siempre hablará de una u otra manera de la realidad y del mundo en el que se creó dicha obra. Imitar es un modo de comprender lo que nos rodea y la realidad en la que vivimos. Lo hemos comentado antes, para imitar algo, hay que conocerlo bien. El proceso de mímesis provoca en el escritor una cierta aprehensión de la realidad que solo se lleva a cabo durante el proceso de escritura, es decir, durante el proceso de imitación.

Por otra parte, tendríamos el aprendizaje por imitación de otros escritores. Por eso es tan importante para un escritor leer y tener ciertos conocimientos acerca de los géneros que se pretenden escribir. Prestar atención a los escritos que otros han llevado a cabo e imitarlos, nos ayudará a comprender cómo se han realizado ciertas obras y, con todo ese conocimiento, el escritor tendrá más capacidades para gobernar su escritura y saber qué quiere realizar y cómo hacerlo. Leer con ojos de escritor en lugar de con ojos de lector es una forma de imitación que siempre supondrá un beneficio para el autor y sus obras. Si el lector medio poseyera unos conocimientos básicos de crítica literaria, le sería mucho más fácil seleccionar obras de lectura y le permitiría, si llegase el momento en el que decidiera dar el paso y convertirse en escritor, emplear el bagaje lector en su favor y no empezando de cero. Porque lo normal es que un escritor primerizo comience imitando superficialmente las obras que le gustan. En lo formal. No es extraño encontrarse escritores que plagan sus textos de palabras grandilocuentes y adjetivos antepuestos porque para ellos emplear esas técnicas es sinónimo de ser «literarios». Usan esas técnicas por imitación, ni siquiera porque quieran usarlas o, la mayoría de las veces, ni siquiera porque sean conscientes de que las están empleando.

Con un criterio literario básico, el escritor primerizo podría discernir entre lo superficial de una obra y los mecanismos que la construyen, que son los que debería estar imitando. Del mismo modo que si se quiere construir un reloj no se deberá dar forma únicamente a la esfera y a la correa. Si nadie nos explica que lo que hace funcionar al reloj es el mecanismo que guarda dentro, nunca seremos capaces de reconstruirlo.

Todo escritor debería huir de los consejos que aseguran que mientras dure el proceso de escritura de una obra es mejor no leer otras para evitar contaminación. Esa «contaminación» no solo no es algo malo, sino que, además, es inevitable, puesto que nosotros mismos, como escritores, somos la suma de todo el contenido cultural al que estamos expuestos, nuestras circunstancias personales actuales, nuestra experiencia vital y nuestra educación. El ser humano aprende por imitación, rechazar una influencia concreta no hará que desaparezcan las anteriores. Es más, ser conscientes de todas las influencias que tenemos puede ayudarnos a optimizarlas y aprovecharlas en nuestro beneficio y el de nuestros escritos.

Muy unido al concepto de imitación podemos encontrar el concepto de originalidad. Hay cierta tendencia a pensar, sobre todo entre los escritores noveles, que para encontrar un lugar en la escritura es necesario ser lo más original posible. De ahí que la imitación tenga tan mala fama y sea algo de lo que se quiera huir. Cuando ha surgido la originalidad en un escritor, pocas veces ha sido buscada conscientemente. Casi siempre se debe a una necesidad narrativa: un escritor quiere contar o transmitir algo y las herramientas de las que dispone y conoce mediante el estudio y la tradición no son suficientes, así que inventa otros modos de contar. La necesidad de ir por otro camino para lograr su propósito será lo que añada originalidad al texto o a su escritura. Pretender ser originales por el mero hecho de serlo, por diferenciarse de otros escritores, probablemente dé lugar a textos vacíos y pretenciosos, sin ninguna finalidad ni valor artístico. Es importante ser consciente de que esa diferenciación con otros escritores vendrá de manera natural puesto que, como se ha señalado antes, el bagaje cultural y experiencial de cada escritor es único. La originalidad debe buscarse en el punto de vista, si es que debe buscarse, cosa que no está nada clara.

Como conclusión y resumen: es cierto que ninguna obra literaria puede sustraerse de cierta mímesis, de cierta imitación de la realidad; sin embargo, siguiendo el hilo de lo comentado en apartados anteriores, la mímesis completa y real no existe en el sentido de arte sustituyendo o igualando la realidad. No hay manera en que una imitación, por muy buena que sea, se convierta en aquello a lo que imita. Todas las ficciones son imitaciones; algunas compuestas en su totalidad de elementos que componen nuestra realidad y otras en las que algunos de estos elementos no tratan de imitar la realidad. Por eso hemos comenzado el capítulo definiendo lo que era para nosotros la realidad y la ficción. Será un concepto importante, no solo para la definición que se realizará más adelante, sino para analizar las diferentes entidades de ficción, especialmente aquellas asociadas a los géneros no miméticos.

1.5. LOS GÉNEROS LITERARIOS

Sin entrar en polémicas académicas sobre la definición y funcionalidad de los géneros literarios, estableceremos unas nociones básicas y prácticas de lo que son dichos géneros: En literatura, los géneros son agrupaciones de obras literarias que tienen en común características formales, técnicas y, en menor medida, argumentales o temáticas. Este manual se quedará con el aspecto descriptivo y clasificatorio de la división en géneros, sin entrar en las posibles apreciaciones subjetivas que a veces conllevan estas clasificaciones.

Es importante señalar que los géneros no son categorías estancas, sino que existe flexibilidad a la hora de catalogar las obras, ya que muchas de las características que son inherentes a un género, pertenecen también a otro. En ocasiones, dependiendo del elemento narrativo al que le dé más importancia el análisis, la obra pertenecerá a un género o a otro. Puede parecer que nadie va a confundir una obra de épica fantástica con una de ciencia ficción, pero a medida que nos adentramos en los subgéneros, las diferencias y la clasificación se vuelven más y más complicadas.

Además, hay que tener en cuenta que existe la hibridación y que es un fenómeno cada vez más común y más complicado de categorizar. Al trabajar con géneros que tienen algunos rasgos en común, es normal que los autores experimenten con los límites entre ellos y los moldeen a su antojo.

Sería muy útil aplicar aquí la teoría de los «conjuntos difusos o borrosos», desarrollada en 1965 por el científico Lotfi A. Zadeh. Esta teoría nos dice que un conjunto difuso es aquel que contiene elementos que pertenecen a él totalmente, pero también otros que se incluyen en él solo de forma parcial, existiendo por lo tanto grados de pertenencia. Así, las delimitaciones entre conjuntos no son tan claras como pudiera parecer sino imprecisas, pues hay elementos que pueden estar en más de un conjunto y este tiene partes borrosas, aquellas compuestas por los elementos que están en él parcialmente. (…) En el caso de los géneros literarios, la idea de los conjuntos difusos sirve para hacernos entender aquellos no como categorías con fronteras definidas, sino libremente imprecisas, pues poner límites rígidos a estos géneros sería un contrasentido con la libertad creadora.

En regiones extrañas
Lola Robles

Un ejemplo de hibridación podemos encontrarlo de manera generalizada en algunos subgéneros de la ciencia ficción que emplean rasgos normalmente asociados a la literatura maravillosa para sus historias. Ray Bradbury, en su relato «Los desterrados», incluido en el libro *El hombre ilustrado*, nos presenta personajes atribuidos generalmente a la literatura maravillosa o fantástica, como por ejemplo unas brujas, y elementos sobrenaturales, como apariciones, mezclados con la prospección de la ciencia ficción que se refleja en el relato en un viaje a Marte y la prohibición de la lectura.

La hibridación en ocasiones no se da solo como un fenómeno exploratorio y experimental, sino que se producirá inconscientemente por el desconocimiento del autor o autora del género que está escribiendo. De nuevo, la poca atención que le ha prestado la crítica literaria y los estudios científicos hacen que el lector o escritor medio perciba ciertos elementos, características y técnicas narrativas como un *totum revolutum* que consume y emplea sin ningún criterio. Siempre que dicha hibridación sea coherente y verosímil con el mundo y la historia, no importa si el autor la ha realizado de manera consciente o por ignorancia, evidentemente, pero la intención de todo escritor que esté aprendiendo debe ser la de conocer y dominar lo que escribe, no la de acertar por casualidad.

Por tanto, queremos dejar claro que esta definición y la posterior clasificación de los géneros es una herramienta práctica que empleamos para generalizar, aunque no se pretende ni validar ni sentar cátedra acerca de la inclusión de una obra en uno u otro género. Habrá obras, además, que no sean sencillas de clasificar, como sucede con muchas que se encuentran a medio camino entre la literatura fantástica y el terror. El fin último será proporcionar al lector una guía y unas herramientas para que sea capaz de tener un criterio propio para clasificar una obra, y entender por qué lo hace.

1.5.1. Una definición

Resumiendo lo visto en el resto del capítulo, podemos decir que:

- La realidad es un constructo de percepciones comunes que se dan por verdaderas y que explican el mundo en el que vivimos.
- La ficción es todo aquello que pretende ser real, pero que no lo es.
- Toda narración es ficción.
- Dentro de la narración se crea un universo interno compuesto por entidades de ficción.
- Los campos referenciales de una obra son los planos en los que las entidades de ficción tienen referentes.
- La mímesis es la imitación de la naturaleza o de la realidad en las obras artísticas.

Con todos estos conceptos, puede afirmarse que las literaturas realistas serán aquellas que sean miméticas, es decir, cuyas entidades de ficción tengan un referente en la realidad. En ellas el campo referencial interno y el externo podrán igualarse. Todos sus elementos de ficción encontrarán un referente en la realidad. Esto las convierte en literaturas realistas, no reales, puesto que el término ficción real es una contradicción en sí mismo.

Por fuerza, las literaturas no miméticas serán aquellas que no sean realistas. Es decir: Las literaturas no miméticas son aquellas que contienen algunas entidades de ficción importantes para la narración que no imitan a la realidad y no tienen un referente en ella, aunque siempre presentadas dentro de la ficción como reales o racionales. Su campo referencial interno no será equivalente a su campo referencial externo.

Una sola entidad de ficción no mimética con el peso suficiente puede colocar una obra en los géneros no miméticos y sacarla del realismo (como ocurre con *La metamorfosis* de Franz Kafka). Habrá otras ocasiones en las que esto no sea suficiente, como se analizará cuando se hable de los géneros del absurdo y el surrealismo. Del mismo modo, muchas entidades de ficción sin referente en la realidad y con una importancia mínima en la obra, también pueden clasificarla como una obra no mimética (*Cien años de soledad*). La clave está en dos características: la importancia y función que tenga la entidad de ficción no mimética y el número de ellas que aparezcan.

Partiendo de esta definición, podría quizás concluirse que estas literaturas tienen tantos puntos en común que es absurdo diferenciarlas y estudiarlas por separado, lo cual no es cierto. O, partiendo del análisis de obras completamente distintas, concluir que lo que es absurdo es estudiarlas en su conjunto. Lo cierto es que estos géneros no miméticos son bastante peculiares y se encuentran en un equilibrio en el que sus semejanzas y diferencias hacen que no sea prudente estudiarlos por separado del todo ni en un conjunto uniforme. Es por eso que, en este manual, siguiendo la estela de muchos estudiosos, se analicen los géneros no miméticos primero en sus características comunes y después individualmente en sus peculiaridades.

Ahora bien, a pesar de compartir esto, los géneros citados tienen entre sí diferencias suficientes para distinguirlos, aunque no tan grandes como insisten bastantes críticos, que al ocuparse de analizar un género determinado pretenden sobre todo separarlo de los otros de manera significativa o total, diciendo por ejemplo que lo fantástico, la ciencia ficción y lo maravilloso no tienen «nada que ver» entre sí, lo cual es exagerado. La confusión que se produce entre estas literaturas se debe precisamente a las semejanzas, que dificultan discernirlos con total claridad.

> *En regiones extrañas*
> Lola Robles

De ahí que se vaya a dar tanta importancia en futuros capítulos a la clasificación y estudio individual de estos géneros, pero siempre después de haber analizado las técnicas narrativas y características literarias que les son comunes, tales como las entidades de ficción no miméticas, la ambientación, la verosimilitud o la construcción de mundo.

2

SUSPENSIÓN DE LA INCREDULIDAD

Natalia García Freire

Lo que se conoce como suspensión de la incredulidad fue un concepto acuñado por el poeta y filósofo Samuel Taylor Coleridge en 1817: *The willing suspensión of disbelief* y consiste en la voluntad del sujeto (lector, espectador) para dejar de lado o suspender todo sentido crítico, pasando por alto su percepción de lo real dentro de una obra de ficción permitiéndolo adentrarse en ella e instalarse en el mundo ahí propuesto. No es casualidad que en inglés la primera palabra sea *willing*, palabra que podría ser traducida como disposición, voluntad o deseo.

El lector, el cinéfilo o el hombre que, hace cientos de años escuchaba una fábula alrededor de una hoguera, todos ellos anhelaban entrar en otro mundo, deseaban que, palabra tras palabra, ese otro mundo los cobijara; deseaban, con todas sus fuerzas, imaginar.

Como menciona Italo Calvino, en su ensayo *Seis propuestas para el próximo milenio*, es el deseo de imaginar y la potencia de la imaginación lo que se impone cuando leemos y nos lleva a priorizar la historia sobre el mundo exterior:

> ¡Oh imaginación, que tienes el poder de imponerte a nuestras facultades y a nuestra voluntad y de arrebatarnos a un mundo interior, arrancándonos del mundo exterior, tanto que, aunque sonaran mil trompetas no nos daríamos cuenta!
>
> *Seis propuestas para el próximo milenio*
> Italo Calvino

Italo Calvino cultivó el neorrealismo, pero tras la guerra se adentró en los mundos fantásticos y fue uno de los autores que más ha reflexionado sobre la incapacidad de la representación mimética del mundo al momento de construir una complejidad que la época exige. Por eso sus propuestas para el próximo milenio fueron tan visionarias, pues dejaron claro que hay límites a los que solo la imaginación puede llegar para comprender el alma humana. Calvino entiende la suspensión de la incredulidad como un deseo profundo del lector al que él, como autor y teórico, estaba dispuesto a responder siempre con más.

Tampoco es casual que el escritor Jorge Luis Borges al referirse a este concepto, utilice a la *Divina comedia* para avanzar hacia la idea de leer con fe poética. Borges se refiere a la *Divina comedia* como una larga visión, una obra que precisa entrega y abandono, pues ¿cómo más puede uno acceder a esas visiones, si no es rindiéndose ante esa voz, el tono, ante las imágenes que nos propone Dante, renunciando a todo aquello que nos impida hacerlo?

A diferencia de santo Tomás, apóstol, el lector no quiere ver para creer, quiere creer para ver; como un amante quiere escuchar ese «te quiero» aunque sea mentira; desea ser arrebatado del mundo exterior, para lo cual aparta todo sentido crítico relacionado con los parámetros de lo real y entra en el terreno de lo verosímil. Y quien escribe no puede dar por sentado este deseo y voluntad que le concede el lector, el escritor debe considerar a cada paso que alguien ha creído en él y responder con la misma seriedad y respeto. Como menciona Ursula K. Le Guin:

> Quien escribe fantasía debe «creer» en el mundo que está creando, no en el sentido de confundirlo con el mundo físico y verdadero, sino en el sentido de darle crédito al mundo de la imaginación.

> *Verosimilitud en la fantasía:*
> *Carta abierta a Alexei Mutovkin*
> Ursula K. Le Guin

Y darle crédito a la imaginación, no confundirlo con el mundo verdadero, implica un acto de fe de parte de uno y otro, lector y escritor. De parte del lector, este acto de fe no es incondicional, sin embargo. La literatura y, en especial, la literatura no mimética le exige al escritor atender a este concepto todo el tiempo. Cualquier paso en falso puede devolver a su lector al mundo real, romper el hechizo de la palabra.

La suspensión voluntaria de la incredulidad es solo el principio, el sí, acepto, que nos concede el lector; para responder, el escritor ha de poner al servicio de la historia cada elemento que le permita construir verosimilitud y sostener con coherencia su relato hasta el punto final.

2.1. La verosimilitud

Empezaremos este apartado, citando nuevamente a la gran Ursula K. Le Guin, autora que incursionó en muchos de los géneros englobados dentro de la literatura no mimética y triunfó; ganadora de premios como el Hugo, Locus o Nébula, Le Guin no solo sabía contar grandes historias, también dejaba en ellas grandes lecciones de creación, como esta, la apertura de su novela *La mano izquierda de la oscuridad*:

> Escribiré mi informe como si contara una historia, pues me enseñaron siendo niño que la verdad nace de la imaginación. El más cierto de los episodios puede perderse en el estilo del relato, o quizá dominarlo: como esas extrañas joyas orgánicas de nuestros océanos, que si las usa una determinada mujer brillan cada día más, y en otras en cambio se empañan y deshacen en polvo. Los hechos no son más sólidos, coherentes, categóricos y reales que esas mismas perlas; pero tanto los hechos como las perlas son de naturaleza sensible.

> *La mano izquierda de la oscuridad*
> Ursula K. Le Guin

Estas primeras frases las escribe el narrador escogido por Ursula K. Le Guin, Genly Ai, representante de la federación galáctica de mundos, y le dan forma a una de las voces más inolvidables de la literatura del siglo xx. Tal como menciona este personaje: la verdad nace de la imaginación. Y los hechos, por verídicos que puedan ser, no son más sólidos que las piedras o los peñascos. Pues la imaginación no es de naturaleza abstracta, sino sensible y, sobre todo, material: como las perlas del océano.

Este párrafo que abre la novela *La mano izquierda de la oscuridad,* además, empieza a construir y deja sentadas las bases de varios de los elementos de los que tiene que ocuparse un escritor al momento de pensar en la verosimilitud de su historia: la construcción de una voz narrativa, la visibilidad y la coherencia.

En la literatura no mimética la voz narrativa juega un rol un tanto distinto a la voz narrativa en la literatura realista; no solo debe ser auténtica y tener la autoridad suficiente para convencer al lector de seguir la historia, también cumple la función del hechizo, del conjuro, de la invocación.

Érase una vez es un hechizo, un conjuro.

Cualquier cosa puede suceder después de esas tres palabras y el lector, como cualquier niño o rey encantado, quiere estar ahí para verlo, escucharlo, para vivirlo. Como una Scheherezade que jamás ha dejado de contar historias para salvarse, el escritor va convirtiendo ese *Érase una vez* en múltiples hechizos, historia tras historia, cuento tras cuento, novela tras novela, que le permiten invitar a sus lectores, pero también encantarles. Genly Ai nos habla de su infancia, de un informe que nos revelará una verdad, de las perlas del océano y con esos elementos invoca la magia.

No solo eso, con sus primeros párrafos Genly Ai también nos convence de que solo él podrá contar lo que va a contar. Tiene la autoridad y el conocimiento para hacerlo, tiene su verdad. De esa misma manera, J. R. R. Tolkien crea una voz con autoridad y muy auténtica para dar inicio a la primera parte (*La Comunidad del Anillo*) de su saga de épica fantástico *El Señor de los Anillos*.

> Este libro trata principalmente de los hobbits, y el lector descubrirá en sus páginas mucho del carácter y algo de la historia de este pueblo. Podrá encontrarse más información en los extractos del Libro Rojo de la Frontera del Oeste que ya han sido publicados con el título de *El hobbit*. El relato tuvo su origen en los primeros capítulos del Libro Rojo, compuesto por Bilbo Bolsón —el primer hobbit que fue famoso en el mundo entero— y que él tituló *Historia de una ida y de una vuelta*, pues contaba el viaje de Bilbo hacia el Este y la vuelta, aventura que más tarde enredaría a todos los hobbits en los importantes acontecimientos que aquí se relatan.

Prólogo,
El Señor de los Anillos: La Comunidad del Anillo
J. R. R. Tolkien

En este prólogo, J. R. R. Tolkien crea un narrador que le deja claro al lector que no se preocupe si no sabe nada de los hobbits, incluso si nunca ha visto uno, él sí que lo ha hecho, él lo sabe todo, él conoce hasta el último detalle y no escatimará al usarlos, no, todo lo que debemos conocer de ese pueblo estará en esas páginas, incluso detalles tan necesarios como las pipas de arcilla o madera en la que fuman la hierba niacotiana los hobbtis. Él nos dará toda la información necesaria, nos acompañará en ese camino y se encargará de que al final sepamos toda su verdad, no sin brindar también mucha aventura, acontecimientos, personajes y minucias que nos deslumbrarán, como las perlas del océano. Y hay que recordar todo el tiempo que las perlas del océano son de naturaleza material y sensible.

Esto nos lleva a la idea de visibilidad y a los sentidos.

En su libro, *Las ciudades invisibles,* Italo Calvino arranca indicando que todas las ciudades que aparecen en el libro son inventadas. Advierte que no hay en ese catálogo imaginario ni una ciudad reconocible. Con eso parece decirle al lector que se prepare para suspender cualquier incredulidad, que sepa de antemano que lo que está ahí no existe, esas ciudades no están en ningún mapa, pero, y esto es algo muy importante: podrían existir. Podrían existir en tanto son visibles. El lector entra en el pacto, suspende el mundo alrededor porque quiere creer para ver, escuchar, palpar. Y eso es, exactamente, lo que le entrega Calvino:

> Partiendo de allá y caminando tres jornadas hacia levante, el hombre se encuentra en Diomira, ciudad con sesenta cúpulas de plata, estatuas en bronce de todos los dioses, calles pavimentadas de estaño, un teatro de cristal, un gallo de oro, que canta todas las mañanas sobre una torre. Todas estas bellezas el viajero ya las conoce por haberlas visto también en otras ciudades. Pero es propio de esta que quien llega una noche de septiembre, cuando los días se acortan y las lámparas multicolores se encienden todas juntas sobre las puertas de las freiduras, y desde una terraza una voz de mujer grita: ¡uh!, se pone a envidiar a los que ahora creen haber vivido ya una noche igual a esta y haber sido aquella vez felices.

Las ciudades invisibles
Italo Calvino

Diomira podría existir porque el lenguaje que ha usado Calvino para construirla así lo demuestra. Como apuntó Aristóteles en su *Poética*, escrita en el siglo iv a. C., lo imposible verosímil es mucho más útil en las historias que lo posible inverosímil. Sabrán a qué se refiere Aristóteles al decir esto con el simple ejercicio de abrir un día el periódico y leer: «Mujer contrata a un gato como cm (*community manager*) por doscientos euros al mes».

Es probable, claro, ha sucedido. Así lo corrobora la noticia. Es un hecho. Pero ¿es verosímil? Si no escuchamos la versión del gato y vemos sus publicaciones gatunas en Twitter, Facebook o Instagram, si no lo vemos cobrar su cheque, claro que no. No importa que sea un hecho, es abstracto, no hay verosimilitud.

Sin embargo, Diomira sí que podría existir porque es tan concreta como cada uno de los elementos que la componen. Para corroborarlo, se enumeran, a continuación, los detalles que nos permiten imaginarla, suspender el mundo alrededor y mirar este lugar, entrar en él, sentirlo y llegar a creer en la imposibilidad verosímil.

- Caminar tres jornadas hacia levante (ni una más, ni una menos).
- Sesenta cúpulas de plata (ni muchas, ni algunas, ni miles: sesenta).
- Calles pavimentadas de estaño.
- Un teatro de cristal.
- Un gallo de oro. Un gallo de oro que canta. Un gallo de oro que canta todas las mañanas.
- En las noches de septiembre los días se acortan.

• Lámparas multicolores se encienden en las puertas de las freiduras. No en cualquier sitio, solo en las puertas de las freiduras.

• Una mujer que grita: ¡uh!

Basta con cerrar los ojos y dejar que cada uno de estos detalles haga su magia. No solo son visibles y apelan a cada uno de los sentidos, también son exactos y precisos. Si un arquitecto quiere construir una maqueta de Diomira puede que le resulte más fácil que construir una maqueta de la ciudad en la que nació. Y de eso se trata la visibilidad, de crear elementos concretos, materiales, precisos, de que el lenguaje le otorgue a la historia la apariencia de lo verdadero.

Conviene tener en cuenta que esa apariencia en la literatura no mimética tiene mucho más que ver con la figuración que con la representación. No se trata de imitar los hechos, ni los lugares, ni los mundos posibles, es necesario usar la palabra del modo más eficaz para convencer al lector de lo imposible.

Pensemos, por ejemplo, en el relato «El rastro de tu sangre en la nieve» de uno de los mayores representantes del realismo mágico, Gabriel García Márquez. En él, una mujer llamada Nena Daconte tiene una herida pequeñísima que le ha dejado la espina de una rosa en el dedo anular, donde lleva también el reciente anillo de bodas, pues está partiendo con su marido hacia su luna de miel. La herida sangra un poco, al principio y es solo un detalle que se menciona mientras van en el auto por carreteras desconocidas, pues son dos colombianos en Francia. Pasan las horas, hay mucha nieve y no hay ninguna farmacia. Cada uno de estos detalles son importantísimos para que entremos en la verosimilitud del relato, pues siendo una herida tan mínima nos parecería increíble que el hecho vaya a llevar a una tragedia. Pero recordemos, no hay farmacias, la nieve parece haber detenido el mundo, solo hay blancura donde se vea y esa herida que sangra poco, pero que no se detiene. En un momento dado, el narrador menciona:

> Antes de Bayona volvió a nevar. No eran más de las siete, pero encontraron las calles desiertas y las casas cerradas por la furia de la borrasca, y al cabo de muchas vueltas sin encontrar una farmacia decidieron seguir adelante.
>
> «El rastro de tu sangre en la nieve»
> Gabriel García Márquez

Es posible que, en el mundo real, antes de Bayona o después se puedan encontrar farmacias. El lector, a menos que viva ahí o vaya de visita, no lo sabrá. También es posible comprobar si en esa época (alrededor de los años setenta) hubo una tormenta tan fuerte en Francia. Pero ¿le importa eso al lector? ¿No ha decidido entregarse a esta historia y dejar de lado el mundo porque ha sentido el dedo palpitante de Nena Daconte herido de muerte por una espina de rosa?

Gabriel García Márquez sabía que con sus primeras frases conseguía nuestra entrega, pero estaba al tanto de que necesitaba convencernos en cada párrafo de que, gota a gota, esa herida podía llegar a ser mortal; necesitaba poner al servicio de su historia todos los elementos que nos llevaran a la tragedia, a la muerte de Nena Daconte por el pinchazo de una rosa. No buscaba representar Bayona, ni Francia, ni las carreteras reales por las que iban los personajes de su cuento; aunque estuviese usando elementos del mundo real; necesitaba, simplemente, que viésemos al auto en esas carreteras y que entrásemos en la emoción que se va creando dentro del autor. Y para eso precisaba mucha nieve. Con respecto a esta idea de figuración y cómo es más importante que la representación en la creación, acudamos a esta cita de Martín Kohan que lo ilustra de forma precisa y didáctica:

La película transcurría en Rusia, pero se filmaba en Joinville con un guion escrito en Estados Unidos. De manera que, en ese set de filmación, según lo concebido en algún lugar de la tórrida California o en alguna difusa oficina de un rascacielos en Manhattan, era preciso montar una evocación certera del paisaje ruso. [...] para lograr la ambientación buscada, colmaron la escena de nieve (de un material que, no siéndolo, parecía nieve). Hasta que alguien tomó nota y avisó: la historia que estaban filmando sucedía en Rusia, sí, pero en el verano; y en Rusia, aunque sea Rusia, no hay nieve en los veranos: hace calor y hay sol. [...]. La observación era por demás pertinente. Sin embargo, no prosperó. Prevaleció este otro criterio: no se trataba de representar a Rusia, sino de figurarla; Rusia no era un referente empírico que debiesen reflejar tal cual era en términos de realismo estético. Lo que tenían que conseguir no era una mímesis de Rusia (ni siquiera cuando el cine contaba con los medios tecnológicos más adecuados para eso), lo que tenían que conseguir era algo que significara Rusia. Y el significante de Rusia no era otro que la nieve. Para dar una idea de Rusia, tenía que haber nieve. Si nieva o no nieva en los veranos rusos es un asunto de primordial importancia para quien se disponga a viajar ahí en junio o en julio, por caso. Para el espectador de esta película, sin embargo, para la significación de Rusia a la que asistirá cuando la vea, la nieve no puede faltar.

Variaciones sobre la nieve
Martín Kohan

Pero no basta con la nieve. Un texto narrativo se construye en cada acción y en cada palabra. La lógica en la literatura no mimética es aquello que el autor plantea como un manual de instrucciones desde las primeras frases, con la voz narrativa y la visibilidad, pero de nada sirve, si en algún momento, el propio autor olvida sus reglas y se ven las costuras de la historia, si algo no calza, ni toda la nieve del mundo lo salvará. Si no funciona la lógica interna del relato, el autor vuelve a la casilla uno del juego: la incredulidad del lector. La lógica narrativa no es más que la cadena de causas y efectos que hace evolucionar el texto de inicio a fin y que deberán ejecutarse con consistencia y coordinación. Esto nos lleva al último elemento a tener en cuenta con respecto a la verosimilitud: la coherencia. Ursula K. Le Guin, maestra a la que siempre podemos acudir en el arte de escribir fantástico, se refería a este elemento como:

La piedra de toque de la verosimilitud de una ficción imaginaria [...]. La ficción realista puede ser (quizás deba ser) incoherente a imitación de la realidad que percibimos. La fantasía, que crea un mundo, debe ser estrictamente coherente en sus propios términos o, de lo contrario, pierde toda verosimilitud. Las reglas que gobiernan el modo en que las cosas funcionan en el mundo imaginario no pueden cambiar en el curso de la historia. Esta es probablemente una de las razones por las que la fantasía es tan aceptable para los chicos, e incluso cuando asusta, puede proporcionar consuelo al lector: porque tiene reglas.

> *Verosimilitud en la fantasía:*
> *Carta abierta a Alexei Mutovkin*
> Ursula K. Le Guin

Y sí, la piedra angular de la verosimilitud en la literatura no mimética es la coherencia, en el sentido en el que en este terreno se juega bajo reglas propias, reglas que el propio autor establece y no puede trasgredir. Es como si un guía montañista lleva a un excursionista a una montaña en la que jamás ha estado. No solo se perderán. El excursionista jamás volverá a confiar en él.

Es importante la mención que hace Le Guin de cómo los niños (chicos) aceptan la fantasía con naturalidad, pues son quienes más cerca están de las leyes y reglas a través del juego. Y no hay nada más serio que un juego. En *El reino del revés,* una canción de la cantautora argentina María Elena Walsh podemos ver, de manera simple, cómo se establecen las reglas en los juegos infantiles y entender cómo en la literatura no mimética se puede establecer reglas para lo imposible, pero jamás romperlas:

> Me dijeron que en el Reino del Revés
> Nada el pájaro y vuela el pez
> Que los gatos no hacen miau y dicen *yes*
> Porque estudian mucho inglés

> *En el reino del revés*
> María Elena Walsh

Si un niño se atiene a ellas, puede esperar que el gato hable, pero en inglés. ¿Se ha dicho algo sobre gatos voladores? No. Pues en el reino del revés no aparecerán. ¿Se ha dicho que los gatos sepan matemáticas? No. Pues en el reino del revés podrán hablar todo el inglés que quieran, pero no podrán sumar. Y el pez podrá volar, pero nadie ha establecido que también vuelen los hombres. El lector acepta las reglas que le permiten creer lo imposible, pero se sentirá estafado si el propio autor no es capaz de seguirlas. Puede que Harry Potter sea un mago, pero no puede resolver todo con esa magia. Al inicio de la saga, la autora establece reglas no solo en relación a la magia, también a los límites del personaje y no podrá saltárselas solo porque le convenga que Harry Potter triunfe en todo momento. De hecho, la autora era muy consciente de estas limitaciones, cuando le preguntaron a J. K. Rowling sobre su personaje, respondió:

> Creé a un niño que intenta actuar con moralidad, que a pesar de haber sido agredido y lastimado física y mentalmente aún sigue atraído por el lado bueno de las cosas. Y es genuino y leal, y yo encuentro heroicas todas esas cosas.

Entrevista a J. K. Rowling
Juan Cruz

Puede que Harry Potter llegue a ser uno de los mejores magos de Hogwarts, pero ningún hechizo o pócima hará que se salga de sus propias normas como personaje, que deje de lado su bondad y lealtad. Es decir, que incluso en este mundo de magos no todo se podrá solucionar por arte de magia. De alguna manera, cada historia novela o cuento perteneciente al mundo de la literatura no mimética contiene su propio manual de instrucciones, se trata del camino que se traza en la trama, las características de los personajes, sus poderes, pero también sus fortalezas y debilidades, las atmósferas, los espacios y los conflictos. Puede que en este tipo de literatura se subviertan las reglas del mundo real, pero se siguen las leyes establecidas en ese microcosmos que se ha creado y deberán mantenerse hasta el final, sin recurrir a trucos o atajos en el camino.

2.2. Pacto con el lector

Si con la suspensión de la incredulidad el lector concedió un, sí, acepto creer o elijo creer, ¿qué pasa después? El lector y el escritor adquieren un pacto tácito en el que el lector acepta quedarse en tanto el escritor cumpla sus promesas, mantenga el hechizo y siga el camino según las leyes o reglas que ha establecido en ese trato. Como les sugiere a los aprendices de escritura, la madre del terror moderno y experta en casas encantadas, Shirley Jackson:

> Tu parte del trato es jugar limpio y mantener su interés, su parte del trato es seguir leyendo. Es terriblemente, terriblemente fácil dejar una historia a medio leer y ponerse a hacer cualquier otra cosa.

> «Tres conferencias y un cuento»,
> *Cuentos escogidos*
> Shirley Jackson

De entrada, el deseo del lector está sobre la mesa y el pacto apenas empieza cuando el autor establece las reglas, todo lo demás hasta el punto final implica jugar sin hacer trampa. Y suele ser la parte complicada: sostener el pacto con el lector. Pues jugar sin hacer trampas implica horas y horas de escritura, reescritura y revisión.

Ahora, parte del pacto que se establece con el lector implica un análisis y plan previo: ¿cuáles serán esas reglas?, ¿cómo se establecen?, si se trata de un pacto tácito, ¿cómo las acepta el lector? En concreto: ¿cuándo y dónde se firma el contrato? Pues, en esencia, este se establece en las primeras páginas del texto a través de varios elementos que conforman un diálogo entre la obra y su lector y sobre los que se profundizará en este apartado: el género, la voz narrativa, la acción, tiempo y ambientación.

2.2.1. El género

Sin duda, el género es la primera gran decisión que se toma al momento de empezar a pensar en una historia. Es la promesa de promesas y marca las reglas de juego más generales, valga la redundancia, del relato. Pero el género no solo ayuda a mantener el pacto con el lector, también marca el camino para quien escribe, pues no es lo mismo escribir una historia de terror, que una de fantasía épica. Es como preparar un platillo gastronómico y conseguir los ingredientes para seguir la receta. No es posible usar pollo en una torta de chocolate, pues el comensal no lo espera y lo más probable es que no quiera seguir comiéndola.

El género limita las herramientas que se pueden usar y, al mismo tiempo, crea un marco referencial para el lector, que acude a una historia de vampiros para encontrar vampiros, a una *space opera* para ver naves espaciales y a una épica fantástica para conocer criaturas fantásticas en su lucha por el bien y el mal. Por tanto, también dentro de la literatura no mimética conviene marcar las bases y convenciones del género de la historia cuanto antes, pues estas convenciones delimitan los elementos de la historia tales como arquetipos de personajes, giros y escenarios que lo caracterizan y definen como género, creando también expectativas específicas en el lector.

A diferencia de la literatura realista, en la literatura no mimética, parte de la formación del autor pasa por conocer las reglas de los géneros y subgéneros que quiere explorar. No es una decisión más, es una decisión que exige investigación y mucha lectura. Además de imaginación, disciplina y técnica narrativa, parte del pacto con el lector, al escribir fantástico, implica tener un conocimiento especializado del género que se escoge.

2.2.2. La voz narrativa

Si bien se mencionó la autenticidad y autoridad de la voz narrativa en relación a la verosimilitud, cuando se habla de establecer y mantener el pacto con el lector, se debe pensar, sobre todo, en la elección del narrador, el tono y el punto de vista.

Las historias no nacen, se construyen a través de decisiones que se toman al empezar a escribirlas. Se pueden probar varios tonos, narradores y perspectivas, claro, pero solo mientras se transita el proceso de creación de la voz; una vez que se toma la decisión, no es posible cambiar estos elementos sin más, pues se convierten en esa voz que escucha el lector y que condicionan la información que recibe y cómo la recibe.

Si un abuelo le cuenta una historia a su nieto y en medio de ella empieza a hablar como la sirenita, el niño, probablemente, no solo se asuste, sino que olvidará del todo la historia que estaba escuchando, para preguntar: ¿qué ha pasado con mi abuelo? Así de inquietante y molesto puede resultar el cambio de la voz de un narrador para su lector.

La elección de estos elementos se transmite al lector en las primeras páginas, si se hace la prueba con cualquier novela, se podrá entender enseguida quién, desde dónde y con qué emoción cuenta la historia. A continuación, se puede leer las primeras frases de *La metamorfosis* de Franz Kafka, en las que se queda claro cada uno de estos tres elementos narrativos:

> Una mañana, tras un sueño intranquilo, Gregorio Samsa se despertó convertido en un monstruoso insecto. Estaba echado de espaldas sobre un duro caparazón y, al alzar la cabeza, vio su vientre convexo y oscuro, surcado por curvadas callosidades, sobre el que casi no se aguantaba la colcha, que estaba a punto de escurrirse hasta el suelo. Numerosas patas, penosamente delgadas en comparación con el grosor normal de sus piernas, se agitaban sin concierto.
>
> «¿Qué me ha ocurrido?», pensó.

La metamorfosis
Franz Kafka

El tono es el estado emocional con el que se lee una historia y, en este caso, transita entre el desconcierto y el humor irónico. Se construye desde la primera página hasta el final de la novela a través de ese lenguaje que naturaliza lo absurdo, sin dejar de señalar la desgracia del evento imposible que se introduce: la transformación de un hombre en un insecto.

El tono genera un horizonte de expectativas emocionales. Si, en medio de *La metamorfosis*, el narrador hubiese cambiado a un tono épico, el lector abandonaría el texto enseguida, pues su conexión emocional con el mundo de la historia se rompería.

El narrador elegido es externo, se trata de un narrador en tercera persona, pero limitado en su punto de vista. El narrador se enfoca en Gregorio Samsa, por lo que podemos saber lo que él siente o piensa (¿Qué me ha ocurrido?), lo que se pregunta, la inquietud que le genera su nueva forma. Pero solo se puede suponer lo que piensa o siente la madre, la hermana o el padre de Gregorio Samsa a través de los diálogos y las escenas en las que aparecen. De esto también es testigo el lector desde las primeras páginas, por lo que hubiese habido un cambio, si en algún momento, el autor hubiera decidido que quería incluir un monólogo interior de la madre (¡porque le encanta esa técnica!), probablemente la obra hubiese fracasado, pues el lector se hubiese sentido defraudado por ese narrador. La elección del narrador supone una elección entre las ventajas y desventajas que cada uno de ellos otorga a la historia, pero es una decisión de la que el autor tiene que hacerse cargo. El narrador y el punto de vista establecen las reglas del juego en relación a la cantidad de información que el lector recibirá y a cómo va a recibirla.

2.2.3. La acción

Escribir es decidir, pero también es tener un plan. Parte del pacto con el lector tiene que ver con permitirle vislumbrar el camino por el que va a transitar mientras habite la historia y esto se establece desde un principio cuando se plantea el deseo de un personaje y, por tanto, los posibles conflictos que podrían aparecer. Esta parte del pacto implica el trabajo del autor antes, durante y después de escribir un manuscrito, como deja claro la maestra, Ursula K. Le Guin:

> El control deliberado y consciente, en el sentido de conocer y respetar un plan, un tema, un ritmo y la dirección establecida de la obra, es fundamental en la etapa de planteamiento —antes de sentarse a escribir— y más tarde, al corregir, una vez finalizado el primer borrador.
>
> *Una cuestión de confianza*
> Ursula K. Le Guin

Existe un plan deliberado y consciente de la acción, que tiene que ver con el camino que se traza para una historia. Al final del camino hay respuesta para todas las preguntas que se han planteado. Corrección: tiene que haberlas. Sin embargo, puede que el escritor no sepa de entrada el final, pero tiene pistas y tendrá que descubrirlo tarde o temprano, de lo contrario, ¿cómo llevará a su lector hasta ahí?

En la novela de ciencia ficción *Dune*, sabemos, desde las primeras páginas, que seguiremos el camino del joven Paul Atreides en su descubrimiento de si es o no el elegido; en *El Señor de los Anillos,* entendemos enseguida que acompañaremos la travesía de Frodo Bolsón para saber si es capaz o no de destruir el anillo. La acción es el camino que atraviesa un personaje para conseguir un deseo. Lo más útil en este sentido es conocer desde un principio el deseo consciente e inconsciente del personaje protagonista y cada tanto volver a él, preguntarse, ¿lo estoy persiguiendo?, ¿está resultando demasiado fácil, ¿hice trampas?, ¿agarré algún atajo?, ¿estoy planteando obstáculos innecesarios? El lector entra en un pacto en el que también espera responder a una pregunta y, si el autor se pierde en su propio camino o lo resuelve por arte de magia, si cambia todas las preguntas en medio de la novela, el lector lo abandonará.

2.2.4. Tiempo y ambientación

El pacto con el lector también se fundamenta en la elección de un tiempo y un espacio concretos. El lector acepta las reglas que se establecen en la historia, pero, al mismo tiempo, se entrega a unos paisajes determinados, tiene expectativas sobre hasta dónde va a llegar la historia. El espacio y el tiempo no son solo límites establecidos para el pacto con el lector, también son parte de la conexión que se crea entre el lector y la obra y no se trata solo de una conexión sensorial, es también emocional y, de alguna manera, pasadas las primeras páginas el lector se ha acomodado a ese tiempo y espacio propuestos. Un cambio brusco en este sentido no solo lo sacará de la historia, también destruirá la magia que ha creado la historia, su fe en esos mundos imposibles.

En la obra *Tristram Shandy*, también conocida como *Vida y opiniones del caballero Tristram Shandy*, el lector entra al pacto desde el título mismo. Sabe que no va a conocer un viaje, un episodio, una travesía, sino un entramado de días, episodios, aventuras, anécdotas, incluso, de este personaje ficcional cómico y por tanto parte del pacto consiste en aceptar que probablemente tenga que invertir uno o más veranos dentro de esas más de quinientas páginas; algo parecido sucede en *Diarios de las estrellas* de Stanislaw Lem. Sin embargo, en un libro como *Matadero cinco* de Kurt Vonnegut, ya en las primeras páginas el narrador nos menciona el tiempo de la acción que se dispone a narrar de esta manera:

> Cuando volví a casa después de la Segunda Guerra Mundial, hace veintitrés años, pensé que me sería fácil escribir un libro sobre la destrucción de Dresde, ya que todo lo que debía hacer era contar lo que había visto.

> *Matadero cinco*
> Kurt Vonnegut

Claro que, en esas primeras páginas, Vonnegut se encarga también de dejar claro, a través de la voz de su narrador, el tono y recursos como lo absurdo, la fantasía y los viajes espaciales, de que la historia no tiene nada que ver con la realidad, sino con algo más complejo, divertido e intrincado. Vonnegut nos prepara, desde un principio, para una combinación de ingredientes totalmente inesperada: alienígenas, Segunda Guerra Mundial, *reality shows* del futuro. Como se puede apreciar, también la ambientación y los espacios que usaría a lo largo de esa novela ya se plantean en los primeros capítulos: iremos al espacio, pero también veremos el Dresde de la Segunda Guerra Mundial y, por momentos, viajaremos en el tiempo también hacia el futuro. Pero ningún lector puede decir que no fue advertido. He ahí un ejemplo admirable de pacto con el lector, un pacto sólido en el que el lector sabe que leerá algo extraño, una mezcla de ciencia ficción, ficción especulativa, y que el autor no lo defraudará. Dicho en palabras del propio Vonnegut:

Dale a tus lectores tanta información como sea posible tan pronto como sea posible. Al cuerno con el suspense. Los lectores deben tener el entendimiento completo de lo que está ocurriendo, dónde y por qué, de manera que terminen la historia por sí mismos, devorando como cucarachas hasta la última página.

Prefacio de *Bagombo Snuff Box*
Kurt Vonnegut

2.3. Consejos para no romper el pacto con el lector

Tras un largo aprendizaje de la mano de grandes maestros, llega el momento de conocer con precisión las técnicas más importantes para no romper el pacto con el lector, para que el hechizo dure hasta el final. Además de trabajo duro antes, durante y después de la escritura, hay herramientas e instrucciones que se deben conocer, que ayudarán al autor en medio de su ardua tarea, como las perlas del océano, estas técnicas no son de naturaleza abstracta, sino material.

Es necesario evitar el exceso de datos informativos que resten naturalidad a la historia. En la literatura no mimética, la naturalidad es un elemento por el que se trabaja en todo momento, el exceso de datos, explicaciones, digresiones innecesarias, rompen la magia; el mundo de la historia se crea con detalles, no con explicaciones.

Nada debe ser casual en una historia. Todo es causa y efecto. Si usas un elemento, procura que contribuya al sentido de la historia. Anticípate y configura una red metafórica, simbólica que le permita al lector quedar atrapado en ella. Pensemos, por ejemplo, en *La forma del agua,* de

Guillermo del Toro, en ella, la protagonista es muda y este rasgo no es casual. Su conexión con el mundo que la rodea es distinta y es la única capaz de crear una conexión con el hombre anfibio al ser capaz de comunicarse de una forma distinta que los demás y crear con él un lenguaje propio, de miradas, gestos que no pasa por el habla.

No conviene descuidar nunca que el lector se conecta con la historia, sobre todo en la literatura no mimética a través de los sentidos, más que de las ideas y la razón. No descuides la ambientación, ni el hecho de que los personajes son un cuerpo, alienígena, animal, humano, robótico, etcétera, pero cuerpo al final. En su relato «La que recuerda», Aimee Bender construye una narradora que nos convence de que su marido está experimentando una evolución en reverso. Una idea imposible, pero mantenemos el pacto lector también por los detalles sensoriales que incluye:

> Mi amante está experimentando la evolución en reverso. No se lo he dicho a nadie. No sé cómo sucedió, solo sé que un día era mi amante y al siguiente era una especie de simio. Pasó una semana y ahora es una tortuga marina. Lo tengo en la barra de la cocina, en un recipiente de vidrio para hornear que llené de agua. «Ben», le digo a su pequeña y protuberante cabeza, «¿me puedes entender?», y me mira con sus ojos como pequeñas gotas de alquitrán y yo derramo unas lágrimas en el recipiente, un mar de mí.

> «La que recuerda»
> Aimee Bender

Tampoco conviene olvidar que no importa qué mundo imposible creemos, los personajes que lo habiten, sean o no humanos, precisan una construcción emocional y psicológica compleja. Como decía Ursula K. Le Guin, construimos otros mundos y otras realidades, para comprender la nuestra.

No te distraigas en el camino. No importa si hay algo que te parece bello y maravilloso, pregúntate siempre ¿contribuye al sentido, a la trama, al personaje? Como aconseja Shirley Jackson:

> Si un movimiento se hace necesario e inevitable [...], deja que el lector avance contigo; no lo sacudas de un modo abrupto de un lugar a otro; en otras palabras, deja que tu historia se desarrolle del modo más natural y sencillo posible, sin viajes secundarios a bellos parajes innecesarios.
>
> «Tres conferencias y un cuento»
> Shirley Jackson

Evita, a toda costa, los atajos y las salidas fáciles hasta el final. Sobre todo, en el final. No importa lo cansado que estés, huye de los *Deus ex machina*.

3

ENTIDADES DE FICCIÓN Y EFECTOS DE LA LITERATURA NO MIMÉTICA

Arantxa Rochet

3.1. ENTIDADES DE FICCIÓN NO MIMÉTICAS

3.1.1. EL ELEMENTO DE RUPTURA

Toda literatura es ficción. Aunque intenten imitar la realidad, los componentes de una obra narrativa, ya sean espacios, personajes, acontecimientos u otros elementos, son fruto de la propia percepción del autor. Todos ellos son, por lo tanto, «entidades de ficción». Hay algunas que son realistas, a las que denominaremos miméticas, y otras que no lo son. Estas últimas, llamadas entidades de ficción no miméticas o elementos de ruptura, son aquellas que no tienen una correspondencia concreta o similar en el mundo real. Lola Robles, en su ensayo *En regiones extrañas: Un mapa de la ciencia ficción, lo fantástico y lo maravilloso*, las define de la siguiente manera:

> Entidades de ficción sin referente concreto o similar en la realidad extratextual (CRE), en la cual son consideradas sobrenaturales, imposibles, inexplicables, de existencia dudosa pues la creencia en ellas no es compartida mayoritariamente, o inexistentes en el momento de la escritura pero presentadas como posibles en otra realidad espacio-temporal.
>
> *En regiones extrañas*
> Lola Robles

Es decir, son inexistentes, ya sea porque rompen las leyes de la naturaleza o porque, hoy por hoy, no se han descubierto o desarrollado. Por el contrario, en la literatura mimética o realista, las entidades de ficción sí cuentan con una correspondencia. Para entenderlo mejor, un perro tiene una referencia extratextual (independientemente de que sea o no un perro en concreto), pero una máquina del tiempo no. Es importante apuntar que este tipo de entidades son la clave para considerar una obra narrativa como no realista. Tal y como relata Lola Robles en su ensayo, cada género tiene sus propios elementos de ruptura. Pueden ser objetos, lugares, mundos o sociedades enteras, realidades alternativas, personajes, un tiempo determinado o algún acontecimiento. Como se ha indicado anteriormente, una máquina del tiempo es un objeto que no cuenta con un referente concreto o similar en la realidad actual, por lo que se considera una entidad de ficción no mimética. Igual ocurre con personajes como los orcos, las sirenas, las brujas, los pilotos espaciales, los *zombies* o los *jedis*, por poner algunos ejemplos. De la misma manera funcionan mundos inventados o alternativos como el País de Nunca Jamás de *Peter Pan* o la universidad intergaláctica de la trilogía

Binti, de Nnedi Okorafor. En una historia que sucede en el futuro esta temporalidad se considerará asimismo una entidad de ficción no mimética. En cuanto a acontecimientos concretos, la transformación del personaje de Gregor Samsa en un insecto en la novela *La metamorfosis,* del autor checo Franz Kafka, también lo es.

En algunas obras narrativas la entidad no mimética será única, como en el caso de la novela recién nombrada, mientras que en otras habrá varias o muchas de ellas, como en *Cien años de soledad,* donde Gabriel García Márquez presenta desde alfombras voladoras hasta espectros y fantasmas, pasando por una epidemia de insomnio.

Hay obras en las que la entidad no mimética está muy clara, pero en otras, sobre todo en aquellas ambientadas en un entorno realista y próximo en el tiempo al mundo real, pueden generar dudas. Es el caso del relato de Mariana Enriquez «Las cosas que perdimos en el fuego». En este cuento, la autora especula sobre lo que ocurriría si un grupo de mujeres cada vez más amplio se organizara en Argentina para llevar a cabo rituales donde se queman a sí mismas en respuesta a la violencia ejercida por los hombres. Es posible pensar que podría suceder hoy, pero lo cierto es que, hasta este momento, no existe un referente concreto o similar a este hecho (que conozcamos). Por ello, aunque está muy pegado a nuestra realidad, se consideraría un acontecimiento especulativo.

Sea como fuere, es importante identificar la entidad o entidades de ficción no miméticas de una obra narrativa para saber si una historia pertenece a un género o a otro. También será necesario diferenciar los efectos que estos aspectos provocan en los personajes y en el lector, que no siempre serán los mismos.

Sin embargo, antes de entrar en los efectos, hay que aprender a incluir estas entidades dentro de la narración de forma adecuada, de manera que el lector las acepte a pesar de que se alejen de la realidad que conoce. Si no se integran con naturalidad, es posible que la obra pierda verosimilitud o que el lector decida no continuar con el libro.

3.1.2. Inclusión de entidades de ficción no miméticas

Hay que tener en cuenta que en la literatura no mimética es necesario realizar un esfuerzo extra para que el lector acepte sumergirse en la historia, puesto que se le van a mostrar mundos, personajes o acontecimientos a los que no está habituado. Por ello, al introducir la primera o primeras entidades de ficción no miméticas en una obra narrativa, lo ideal es hacerlo de tal forma que el lector las acepte fácilmente a pesar de su naturaleza imposible.

La técnica variará dependiendo de si estas entidades son presentadas desde el inicio del relato o aparecen ya avanzada la narración, o incluso en la parte final. También será diferente si la historia cuenta con una ambientación o ubicación espacio-temporal realista o no. En cualquier caso, es importante mostrar el género desde el inicio o, al menos, sugerir que no se está ante una obra de corte realista, para no romper el pacto con el lector.

3.1.2.1. Presentar la entidad de ficción no mimética desde el inicio

En ese caso, será más sencillo que el lector admita el género no mimético, puesto que la entidad aparece antes de que le dé tiempo a pensar que está ante una obra realista. Pero ¿cuándo se considera que se ha presentado desde el inicio? Dependiendo de la extensión de la obra narrativa. En un relato, cuando se halla en las primeras líneas o los primeros párrafos; en una novela podría considerarse así si se encuentra durante las primeras páginas, aunque también sería posible mostrarla antes.

En ocasiones, en la obra narrativa solo habrá una entidad de ficción no mimética, por lo que será esa la que el autor muestre desde el inicio; si hay más de una, puede presentar primero alguna de ellas y luego las demás, o exponer varias a la vez. En este sentido, no está de más pensar cuál sería la más efectiva para un momento tan importante, según la naturaleza de la obra narrativa: ¿Quizá una característica del mundo? ¿O el personaje inventado? ¿Tal vez un acontecimiento que va a tener un peso importante o central en la trama? A continuación, se puede ver cómo lo hacen algunos autores:

- A través de los objetos: En el siguiente ejemplo, que corresponde al primer párrafo de la novela *¿Sueñan los androides con ovejas eléctricas?*, es un objeto la primera entidad no mimética que aparece:

> Una agradable y ligera descarga eléctrica, activada por la alarma automática del climatizador de ánimo, despertó a Rick Deckard. Sorprendido —siempre le sorprendía despertarse de improviso— se levantó de la cama con su pijama multicolor y se estiró. Mientras, en su propia cama, su esposa, Iran, abrió unos ojos grises y poco afectuosos, pestañeó, luego gruñó y volvió a cerrarlos.
>
> *¿Sueñan los androides con ovejas eléctricas?*
> Philip K. Dick

El *climatizador de ánimo* es solo un pequeño detalle dentro de un mundo futurista, pero funciona muy bien para empezar porque el lector encuentra una similitud clara con un objeto de la vida real tan cotidiano como un despertador. Esta primera entidad de ficción no mimética no se aleja demasiado de su concepción del mundo, lo que facilita la aceptación del género: en la novela, igual que en la realidad, los personajes han de despertarse por la mañana para realizar sus tareas, usan pijama (aunque sea multicolor) y duermen en una cama. Los aspectos que sí son realistas envuelven a la entidad no mimética y la convierten en un objeto verosímil.

• A través de los personajes: En *El hobbit*, J. R. R. Tolkien nos habla desde las primeras páginas de una raza de seres menores que un enano, y con unos pies «con una suela natural» y cubiertos de pelo: los hobbits. De hecho, el mismo título del libro indica que el protagonista es un personaje inventado. La afirmación de su existencia funciona como una garantía para que el lector no dude de lo que el autor le está contando. Esta misma técnica se podría llevar a cabo con cualquier otro personaje que suponga una entidad de ficción no mimética, como dragones, duendes, un androide inteligente, etcétera, independientemente de si la obra transcurre en un mundo inventado o no. Además, Tolkien realiza una descripción minuciosa, por lo que el lector acepta de buen grado que estamos ante una historia con un personaje que, aunque inexistente, puede imaginarse sin ningún problema.

Lo mismo puede ocurrir en una historia con una aparente ubicación espacio-temporal realista. En los primeros párrafos de la novela *El cuento de la criada*, el personaje protagonista de Margaret Atwood menciona a las Tías, los Ángeles y los Guardianes. Aunque la historia se inicie en el antiguo gimnasio de un instituto estadounidense, queda claro que no es un texto que se corresponda con el mundo real. La introducción de las denominaciones de estos personajes, que aún no han aparecido, ayuda al lector a aceptar más fácilmente el género no mimético.

- A través del espacio o del tiempo: Si la obra narrativa transcurre en un mundo inventado, futurista o paralelo, la presentación del espacio o del tiempo marcará el género no mimético desde el inicio e imposibilitará la confusión del lector sobre lo que está leyendo. Estos son los dos primeros párrafos de la novela *Justicia auxiliar*, la primera de la saga de Imperial Rasch de la escritora Ann Leckie:

El cuerpo estaba desnudo y boca abajo. Su piel era de un color gris cadavérico y había salpicaduras de sangre a su alrededor, sobre la nieve. La temperatura era de quince grados bajo cero y se había producido una tormenta apenas unas horas antes. A la tenue luz del amanecer, la capa de nieve se extendía, uniforme, en todas las direcciones y solo unas pocas huellas conducían a un edificio de hielo cercano. Se trataba de una taberna; o lo que en aquella ciudad se consideraba una taberna.

Había algo intrigante y familiar en aquel brazo extendido, en el contorno que iba del hombro hasta la cadera. Pero era casi imposible que conociera a aquella persona porque no conocía a nadie en aquel lugar. Estaba en el extremo helado de un planeta frío y aislado que estaba tan lejos del mundo civilizado, según la concepción radchaai, como se podía estar. Había viajado hasta allí, a aquel planeta, a aquella ciudad, solo porque tenía asuntos propios y urgentes que resolver. Los cuerpos tendidos en la calle no eran asunto mío.

Justicia auxiliar
Ann Leckie

Como se puede ver, desde el segundo párrafo el lector sabe que el personaje se encuentra en un planeta diferente a la Tierra, pero no solo eso, sino que también existen otros mundos donde habita una civilización llamada radchaai. Este planeta compondría, por sí mismo, una entidad de ficción no mimética. En la actualidad es imposible viajar por el espacio de esa manera y, desde luego, no hay otras civilizaciones ni mucho menos tabernas en esos mundos lejanos. Existen también, por supuesto, otros aspectos con referencias extratextuales que podemos reconocer y que hacen más fácil la integración de las entidades no miméticas.

- A través de las acciones o los acontecimientos: La novela *La metamorfosis* de Franz Kafka cuenta con una ubicación espacio-temporal realista, pero desde la primera línea el autor relata cómo Gregor Samsa se despierta en su cama convertido en un monstruoso insecto. A partir de la introducción de esta entidad de ficción no mimética, el autor marca las pautas para que el lector sepa que esta transformación no es fruto de un sueño ni de la locura, sino que forma parte de la realidad de los personajes.

- A través del lenguaje: En ocasiones, el propio lenguaje puede convertirse en una entidad de ficción no mimética e indicar que la obra narrativa no es realista. Si se introduce desde las primeras líneas, el lector puede quedarse desconcertado, pero enseguida entrará en el juego que propone el autor. Por ejemplo, Anthony Burgess, en su novela *La naranja mecánica,* presenta a un personaje narrador que utiliza una jerga inventada:

> —¿Y ahora qué pasa, eh?
> Estábamos yo, Álex y mis tres drugos, Pete, George y el Lerdo, que realmente era lerdo, sentados en el bar lácteo Korova, exprimiéndonos los rasudoques y decidiendo qué podríamos hacer esa noche, en un invierno oscuro, helado y bastardo aunque seco. El bar lácteo Korova era un mesto donde servían leche-plus, y quizá ustedes, oh hermanos míos, han olvidado cómo eran estos mestos, pues las cosas cambian tan scorro en estos días, y todos olvidan tan rápido, aparte de que tampoco se leen mucho los diarios.

La naranja mecánica
Anthony Burgess

Como es obvio, es posible incluir varias de estas entidades no miméticas desde el inicio, siempre y cuando haya más de una. Un buen ejemplo es este último texto, donde no solo hay un neolenguaje, sino que también se habla de un espacio inventado, un «bar lácteo», y de una comida, «la leche-plus». Todo ello contribuye a la cosmogénesis de la novela. No obstante, es importante no introducir demasiados de estos elementos juntos, con el fin de que el lector no se sienta abrumado y entienda bien lo que está sucediendo. Además, es necesario que vayan acompañados siempre de entidades miméticas, reconocibles para el lector. De esta manera podrá normalizar, aceptar y visualizar sin problemas también los que no lo son.

En cualquier caso, si se introduce la entidad no mimética sin permitir que el lector dude de su veracidad, el género quedará definido y el autor podrá construir el resto de la historia sin peligro de quebrar la verosimilitud, siempre y cuando estos aspectos se traten a lo largo de toda la obra narrativa con la coherencia adecuada.

3.1.2.2. PRESENTAR LA ENTIDAD DE FICCIÓN NO MIMÉTICA UNA VEZ AVANZADA LA NARRACIÓN

Cuando un relato o novela no presenta las entidades de ficción no miméticas desde el inicio, su inclusión puede resultar más problemática. Estamos hablando de aquellas obras que cuentan con una ubicación espacio-temporal realista o histórica, a lo largo de toda la narración o, al menos, al principio. Este hecho puede llegar a confundir y hacer pensar que se está ante un texto literario mimético. Si eso sucede, cuando llegue el momento de incluir el elemento de ruptura, sea un dragón, un agujero de gusano o un país mágico, el lector sentirá una disonancia, una incoherencia que romperá el pacto que había establecido con el autor al inicio de la narración. Lo más probable es que no se crea lo que le está contando, es decir, que la historia no resulte verosímil.

Para evitar que esto suceda, es conveniente usar la técnica del extrañamiento hasta la inclusión de la entidad no mimética. Pero ¿qué es el extrañamiento? El concepto proviene de otro, el de la singularización, acuñado por el crítico y escritor Víktor Shklovski, uno de los primeros teóricos del formalismo ruso, en su artículo *El arte como artificio* (1917).

Lo que trata de hacer el extrañamiento en la literatura y en el arte es mostrar lo conocido como extraño o ajeno, desde una perspectiva diferente a la acostumbrada. Shklovski argumentaba que lo reconocible, lo cotidiano, pasa ante los ojos del lector desapercibido, y por eso hay que mostrarlo desde un punto de vista nuevo: no solo para que se advierta, sino también para que sea tenido en cuenta.

Es una técnica que se puede utilizar en todo tipo de literatura; de hecho, Shklovski la vinculaba al arte de la poesía. No obstante, los escritores de los géneros que nos ocupan la usan para indicarle al lector que un texto no es realista a pesar de mostrar una ubicación espacio-temporal mimética en el inicio. De esta manera, cuando aparezca el elemento de ruptura, será admitido con facilidad.

El autor puede generar extrañamiento a través de objetos, personajes, espacios, sucesos insólitos o un lenguaje, que, sin dejar de ser realistas, produzcan una cierta extrañeza. A continuación, veremos cómo utilizan este método diferentes escritores:

- A través de los objetos: En *Cien años de soledad*, Gabriel García Márquez hace uso de la técnica tal y como la concibió Shklovski. Presenta elementos cotidianos y realistas que todos conocemos, como el hielo, una lupa o un imán, como si fueran extraordinarios, porque lo son a ojos de los personajes. De esta forma se ven desde una perspectiva nueva, diferente. Esta manera de construir el extrañamiento provoca que más adelante, cuando José Arcadio Buendía compra una alfombra voladora (una entidad no mimética que, sin embargo, se presenta igual que los objetos cotidianos anteriores mencionados) el lector asuma fácilmente que forma parte de la realidad de Macondo.

- A través de los personajes: Presentar personajes que resulten un tanto raros o tengan comportamientos extraños también ayuda a allanar el camino a la hora de incluir la entidad de ficción no mimética una vez avanzada la narración. Dependiendo del género de la obra narrativa, estos personajes podrán provocar inquietud, maravilla o una mezcla de ambos. Por ejemplo, el relato «Un descanso para los muertos», de Lucy Taylor, comienza con una pareja que se muda de Los Ángeles a Nuevo México para fotografiar los monumentos de aquellos que han muerto en las autopistas y carreteras de la zona. Esta decisión, por sí sola, ya nos muestra unos personajes un tanto peculiares y da pie a que, más adelante, pueda tener lugar un hecho imposible de carácter terrorífico.

- A través del espacio: Aunque la ubicación espacio-temporal sea realista, en muchas ocasiones podemos situar a los personajes al inicio de la narración en lugares considerados exóticos o no muy conocidos, como hace Manuel Moyano en *El imperio de Yegorov,* novela que comienza en un poblado indígena de una isla de Papúa-Nueva Guinea. Otra opción es seguir la línea del relato «Casa Tomada», donde Julio Cortázar describe la casa de una manera que sugiere que algo que no tiene un origen realista está pasando en ella:

Nos habituamos Irene y yo a persistir solos en ella, lo que era una locura pues en esa casa podían vivir ocho personas sin estorbarse. Hacíamos la limpieza por la mañana, levantándonos a las siete, y a eso de las once yo le dejaba a Irene las últimas habitaciones por repasar y me iba a la cocina.

Almorzábamos a mediodía, siempre puntuales; ya no quedaba nada por hacer fuera de unos pocos platos sucios. Nos resultaba grato almorzar pensando en la casa profunda y silenciosa y cómo nos bastábamos para mantenerla limpia. A veces llegamos a creer que era ella la que no nos dejó casarnos. Irene rechazó dos pretendientes sin mayor motivo, a mí se me murió María Esther antes que llegáramos a comprometernos. Entramos en los cuarenta años con la inexpresada idea que el nuestro, simple y silencioso matrimonio de hermanos, era necesaria clausura de la genealogía asentada por los bisabuelos en nuestra casa.

«Casa Tomada»
Julio Cortázar

• A través de sucesos insólitos: El relato «Cabra roja, cabra negra», de la escritora Nadia Bulkin, abre con la mención a una lluvia que ya dura cinco días. Después, la protagonista, Kris, llega a la casa donde ha sido contratada para cuidar unos niños. La dueña y madre le dice al recibirla que no se le ocurra tocar a las cabras que rodean la casa, solo ella y los niños pueden hacerlo. Más tarde, cuando está sola con los críos, estos le dicen que no la necesitan porque ya tienen alguien que les cuide: la cabra niñera. Solo más tarde este animal imposible, que compone la entidad no mimética, se hace presente en el lugar. Hasta entonces, sin embargo, el lector ha podido asistir a una serie de sucesos extraños que le preparan para su irrupción.

Es importante que la sucesión de estos acontecimientos extraños sea escalonada. La lluvia del inicio es simplemente una curiosidad; la madre que le dice que no puede tocar a las cabras resulta extravagante, aunque posible, al igual que la declaración de los niños; en tercer lugar, llegaremos a lo improbable, que tiene lugar cuando Kris ve una figura extraña; y, finalmente, la autora da paso a la entidad no mimética, fuera de toda lógica o ley natural: la cabra niñera. Esta manera de introducir el extrañamiento *in crescendo* ayudará a que el lector entre de manera adecuada en el género.

- A través del lenguaje: Un lirismo que resignifique el lenguaje o el uso de recursos narrativos poco habituales pueden producir también una sensación de extrañamiento. Un ejemplo es *Aura*, del autor mexicano Carlos Fuentes, una novela corta escrita en segunda persona y con un lenguaje lírico. La entidad de ficción no mimética (un fantasma) no aparece hasta bien avanzada la obra narrativa, pero la forma, entre otros aspectos, facilita al lector la aceptación del género no realista:

> Tocas en vano con esa manija, esa cabeza de perro en cobre, gastada, sin relieves: semejante a la cabeza de un feto canino en los museos de ciencias naturales. Imaginas que el perro te sonríe y sueltas su contacto helado. La puerta cede al empuje levísimo, de tus dedos, y antes de entrar miras por última vez sobre tu hombro, frunces el ceño porque la larga fila detenida de camiones y autos gruñe, pita, suelta el humo insano de su prisa. Tratas, inútilmente de retener una sola imagen de ese mundo exterior indiferenciado.
>
> *Aura*
> Carlos Fuentes

Es posible hacer uso de varios de estos recursos de extrañamiento a la vez. El escritor no tiene por qué limitarse a uno de ellos, aunque si el texto está demasiado recargado, puede provocar un efecto contrario al deseado y no resultar verosímil. Hay que aplicar esta técnica en su justa medida, en los aspectos necesarios para que la entidad no mimética se integre con naturalidad dentro de la obra narrativa llegado el momento.

3.1.3. La intención de las entidades o recursos para simbolización

La literatura no mimética, al igual que la que sí lo es, refleja la realidad. Es decir, cuando se construye una entidad de ruptura, su intención última es hacer un símil con el mundo real, ya sea de manera metafórica o alegórica.

Obviamente, el paralelismo es mucho más claro e identificable en la literatura mimética. Es por este motivo que las obras no realistas exigen un trabajo más activo del lector. Sin embargo, como contrapartida, en este tipo de novelas o relatos se pueden trasladar de una manera más efectiva determinados temas y preocupaciones que en la narración realista han perdido su impacto por haberse usado mucho o por utilizar siempre las mismas fórmulas. La literatura no mimética permite explorar nuevas posibilidades y generar una impresión mayor a través de lo novedoso, lo asombroso y lo fantástico.

Por ejemplo, las historias sobre violencia machista, tanto en literatura como en el cine, suelen seguir un mismo patrón, con mayores o menores variaciones. Sería fácil que el lector se acostumbrara y el autor perdiera la capacidad de remover conciencias o incomodar. Para darle una nueva visión, la escritora argentina Mariana Enriquez, en el relato ya mencionado «Las cosas que perdimos en el fuego», muestra a una comunidad de mujeres que se organizan para quemarse a sí mismas de manera voluntaria. De esta manera se hacen dueñas de la violencia que se ejerce contra ellas, no permitiendo que lo hagan sus parejas, ex parejas u otros hombres como una muestra de poder. Es un relato que impacta mucho más y transmite mejor el mensaje que si se hubiera escrito desde una óptica realista.

En cualquier caso, el elemento de ruptura en la literatura no mimética puede cumplir diferentes funciones. En este capítulo se utiliza la clasificación que hace Lola Robles en su ensayo *En regiones extrañas*.

• Analogía. La entidad de ficción no mimética puede cumplir una función de analogía, es decir, que pretenda simbolizar un aspecto del mundo real a través o bien de la metáfora o de la parábola. La ficción refleja un problema o una inquietud del autor. La mayoría de los géneros no miméticos, si no todos, hablan del momento histórico en el que fueron escritos, incluso si están ambientados en mundos futuros o inventados. Sin ir más lejos, hay teorías que aseguran que J. R. R. Tolkien quiso mostrar en *El Señor de los Anillos* el horror de la II Guerra Mundial haciendo un paralelismo entre Mordor y la Alemania nazi.

• Oposición. Otra manera de imitar la realidad a través de una entidad de ficción no mimética es mediante la oposición. Lo hace muy bien Elia Barceló en su libro *Consecuencias naturales,* que muestra una raza alienígena donde es el macho el encargado de gestar la descendencia. En un momento dado, un ser humano que ha tenido una relación sexual con una alienígena se queda embarazado. Esta situación enfrenta al lector a la pregunta de cómo serían las cosas si la realidad estuviera invertida: ¿Qué pasaría en un mundo donde fueran los hombres los que gestaran y parieran? ¿Se comportarían de la misma manera? ¿Y las mujeres?

—El teniente Andrade va a tener un bebé.

La perplejidad duró solo unos segundos. Inmediatamente los tres rompieron en carcajadas acompañadas de lágrimas y palmadas en los muslos.

Marinetti los miraba sin comprender.

—Si ustedes lo encuentran gracioso…

—¡Pues vaya problema! Si usted piensa que el haber dejado preñada a la Xhroll le va a quitar el sueño a Nico… —Diego se ahogaba de risa mientras trataba de expresarse articuladamente.

—Nico es un hijo de puta, doctor —continuó Igor, tratando de serenarse—. Perdone. Quiero decir que sus escrúpulos morales son más bien… —Otra carcajada cortó en seco sus palabras.

Marinetti se aclaró la garganta antes de insistir:

—Perdonen. Quizá no me haya expresado bien.

Todos lo miraron con lágrimas de risa aún en los ojos.

—No es la mujer extraterrestre la que está embarazada, señores. Es su amigo. El teniente Andrade es el que lo está.

Consecuencias naturales
Elia Barceló

- Hipérbole. La hipérbole, es decir, la exageración, supone llevar hasta el extremo e incluso el absurdo determinadas tendencias, personajes, comportamientos, sociedades, etcétera. Funciona muy bien en los géneros no miméticos, porque despoja al hecho de su realidad más cercana para mostrarlo desde una perspectiva nueva.

Por ejemplo, en el relato de Isaac Asimov «Sufragio universal», la entidad no mimética es una situación donde la exageración juega un papel clave: una sola persona está llamada a las urnas, puesto que una máquina es capaz de deducir lo que habría decidido la ciudadanía entera analizando ese único voto.

La película *King Kong* es otro ejemplo de hipérbole, en este caso utilizando el tamaño de un personaje. También muchas historias de superhéroes se basan en exagerar determinadas habilidades, como la fuerza en el caso de *El Increíble Hulk*.

- Alternativas. Los géneros no miméticos, en concreto la ciencia ficción, son ideales para mostrar alternativas de nuestro mundo, que suelen ser optimistas y que componen, por sí mismas, una entidad de ficción no mimética. También se pueden mostrar comportamientos alternativos a través de un determinado tipo de personajes. Por ejemplo, la novela *Bionautas,* de la escritora Cristina Jurado, presenta el relato de un humano extraterrestre *empático*, lo que le posibilita el contacto y la interacción con los humanos de la Tierra de una manera diferente a otros de su misma raza.

- Extrañeza. Incluso si el lector no es capaz de identificar claramente una analogía, una oposición, una hipérbole o una alternativa a nuestro mundo o una parte de él, la entidad de ficción no mimética siempre le dejará una sensación de extrañeza, ya que se aleja de lo que conoce. Es lo que ocurre, por ejemplo, en la novela *Solaris* de Stanislaw Lem. La imposibilidad de los personajes de comprender las intenciones del ser-océano-planeta Solaris sume al lector en un estado de desconcierto permanente. La especulación sobre estos hechos genera extrañeza, pero también lleva hacia una reflexión sobre la propia condición humana. La construcción del planeta y sus características y peculiaridades, que nunca se llegan a comprender, son claves para generar esa sensación.

3.2. Los efectos de la literatura no mimética

Un efecto narrativo es la emoción que provoca un texto en el lector. Dentro de la literatura no mimética, la obra narrativa se clasificará en un género u otro según el que predomine. La primera catalogación tiene que ver con la aceptación o el rechazo de la entidad o entidades no miméticas por parte de los personajes.

Es importante detallar que la clasificación tendrá en cuenta el efecto que provoque la entidad no mimética principal o principales, ya que en una obra narrativa en la que existan varias o muchas de ellas algunas pueden provocar efectos contradictorios.

3.2.1. Aceptación o rechazo

El primer paso es definir qué se entiende por aceptación o rechazo cuando estamos hablando de la entidad de ficción no mimética dentro de una obra narrativa.

La aceptación tiene lugar cuando es asumida con naturalidad por los personajes dentro del mundo creado. Forma parte de su realidad y no es cuestionada en ningún momento, al igual que a una persona real no le extraña que el cielo sea azul o que existan los caballos. Por ejemplo, la magia forma parte del mundo de la saga de novelas de *Harry Potter*, y en el colegio Hogwarts nadie se plantea su imposibilidad, porque para los personajes es algo normal.

Es importante remarcar que la aceptación no significa que la entidad en sí tenga que ser agradable. Puede ser terrible, pero estar normalizada en el mundo que se nos presenta. Por ejemplo, la magia negra en la misma saga de *Harry Potter*. De la misma manera, que esté aceptada tampoco significa que todo el mundo pueda ejercerla o conocerla (muchos *muggles* desconocen que existe la magia).

Hay otra posibilidad, y es que la entidad no mimética sea inexistente en un principio en el mundo del relato y al irrumpir genere cierto asombro, pero pronto será aceptada sin mayores consecuencias o sin demasiado cuestionamiento. Por ejemplo, en la novela *Jonathan Strange y el señor Norrell*, de Susanna Clarke, la práctica de la magia había existido en el pasado, pero en la línea temporal en la que se desarrolla la obra narrativa solo quedan magos teóricos. Cuando se recupera la práctica genera cierto asombro, pero enseguida es asumida sin problema.

El rechazo, por el contrario, sucede cuando la irrupción de la entidad no mimética provoca una ruptura en la concepción o en las leyes del mundo donde se desarrolla la historia. Es algo inasumible, que genera incertidumbre en los personajes y hace tambalearse los cimientos de todo aquello en lo que creen. Al igual que en el caso anterior, esta entidad no tiene que ser necesariamente terrorífica o desagradable. La cuestión es que se sale de lo conocido o va contra natura. Simplificando, sería la emoción que sentiría cualquier persona del mundo real si tuviera que enfrentarse a un acontecimiento parecido. Por ejemplo, si alguien se encontrara con un extraterrestre en el salón de su casa, le produciría probablemente la misma sensación de rechazo que si apareciera de improviso un globo infantil que le persiguiera por el pasillo, por mucho que un elemento sea, en principio, más inquietante que el otro.

3.2.2. En el lector o en los personajes

Por lo general, cuando la entidad no mimética provoca aceptación o rechazo en los personajes, el objetivo del escritor es que esta misma sensación se traslade al lector. Es decir, si los personajes aceptan con naturalidad la magia, que el lector la sienta también como natural dentro de los parámetros de la obra narrativa. De la misma manera, si el personaje siente rechazo ante su irrupción, la emoción debería ser la misma en el lector.

Sin embargo, si vamos un paso más allá, es posible analizar también otro tipo de emociones. Independientemente de que los personajes acepten o rechacen la entidad de ficción no mimética principal, el lector puede sentir agrado, asombro, desasosiego o terror.

3.2.3. Clasificación: el sentido de la maravilla, la prospección, el desasosiego o el terror

Ahora que ya está clara la primera clasificación sobre la aceptación y el rechazo en los personajes, pasaremos a hacer una segunda clasificación, más exhaustiva, que tiene que ver con las sensaciones que una obra narrativa de literatura no mimética provocará en el lector. Dependiendo de la emoción que prime, el texto se clasificará dentro de un género u otro. Son, básicamente, cuatro:

- Sentido de la maravilla: Este efecto se refiere a la capacidad de una historia para generar asombro, admiración y fascinación en el lector. En la literatura realista se consigue a través de acontecimientos como viajes o aventuras sorprendentes, mientras que en la no realista se utilizan entidades de ficción no miméticas como maravillas tecnológicas o mundos y criaturas inventadas.

En *Canción de hielo y fuego*, de George R. R. Martin, el lector siente maravilla, asombro e incluso agrado al sumergirse en los Siete Reinos o en las tierras de los *dothraki*. Ver a los dragones en acción o compartir las aventuras que corren los personajes más allá del Muro genera esa sensación de maravilla. Aunque los personajes asuman con naturalidad todo lo que integra, puesto que son aspectos con los que conviven en su día a día, para el lector resulta novedoso y asombroso. Es un mundo que le gustaría conocer en persona. Por poner otro ejemplo, más allá de la historia, que, por supuesto es fundamental, lo que nos gusta de *El Señor de los Anillos* es la maravilla que provoca la existencia de seres como los hobbits, los orcos o los *ents*, la grandeza del abismo de Helm o lo siniestro de Mordor. La construcción del mundo es fundamental para generar esta sensación, pero también cuando existe un entorno realista puede transmitirse el efecto a través de objetos mágicos o personajes como la tortuga Casiopea en *Momo*, de Michael Ende.

Como ya hemos comentado, que exista maravilla no significa que los personajes vivan en un mundo feliz; pueden sufrir, tener miedo, desesperanza, horror, etcétera, pero las entidades de ficción no miméticas, sobre todo las principales, provocarán asombro y maravilla en el lector, a pesar de las peripecias y sentimientos que puedan experimentar los personajes.

- Prospección: Es un efecto que conlleva la reflexión del lector sobre los acontecimientos que se están narrando gracias a la posibilidad de realizar paralelismos entre la realidad y la obra de ficción. Por lo general, muestra las consecuencias de determinadas tendencias del mundo real en el futuro o en realidades y tiempos alternativos. También puede hacer una proyección hacia el pasado, cambiando el curso de la historia.

El objetivo principal de la prospección no es que los personajes reflexionen sobre su realidad, aunque pueden hacerlo, sino que se la cuestione el propio lector, que debe pensar qué es lo que el autor ha querido transmitir sobre el mundo real. Es entonces cuando se produce el choque cognitivo.

Por lo general, la prospección trata de dar respuesta a la pregunta «¿qué pasaría si…?» o «¿qué hubiera pasado si…?». La historia ha de dejarle un poso al lector, una idea de lo que supondría el planteamiento presentado en la obra narrativa si en algún momento llegara a convertirse en realidad. El sentimiento prospectivo es típico de la ciencia ficción. Puede tener mayor o menor peso en relación con el de la maravilla, el desasosiego o el terror, que también pueden darse en este género, pero, en cualquier caso, siempre estará presente.

- Desasosiego: Es una inquietud psicológica o existencial, que tiene lugar porque los personajes se ven enfrentados a una entidad no mimética que quiebra su concepción de la realidad o rompe las leyes físicas de su mundo. Por lo general, este efecto tendrá lugar cuando la obra se desarrolle en una ubicación espacio-temporal realista o futurista cercana, ya que de otra manera el lector no percibirá de manera adecuada la ruptura ni sentirá de igual manera cómo la concepción del mundo de los personajes se viene abajo.

Un buen ejemplo de esta sensación de desasosiego es el relato «Siete minutos» de Cecilia Eudave, contenido en su libro *Al final del miedo*. En él, el protagonista siente una gran inquietud cuando ve en una fotografía que realizó hace tiempo a una mujer asomada a una ventana. Está seguro de que antes no estaba ahí. ¿Cómo ha podido llegar a la imagen? No es algo que le haga correr un peligro físico, pero rompe los esquemas de lo conocido y la seguridad de las certezas, y eso genera desasosiego. La incomprensión de lo que le está sucediendo y la imposibilidad de revertirlo, así como la incredulidad que acompaña al personaje en los primeros momentos son elementos clave de este efecto de la literatura no mimética:

Suspiró para recuperar el control. Él es un hombre de certezas y por lo mismo no se iba a permitir un desliz con lo absurdo. No había nadie detrás de una de las ventanas de la fotografía de su salvapantallas. Lleno de determinación abrió la portátil para comprobarlo. Error. Casi se desmaya si no fuera porque el latido de su corazón no le dio otra alternativa que estar de pie escuchando cómo se le aceleraba, de manera arrítmica y atroz, ensordeciéndolo e impidiendo cualquier otra reacción fuera de la rigidez. En ese estado confirmó la presencia de una figura diminuta femenina que ahora asomaba medio cuerpo por la ventana buscando algo.

«Siete minutos»
Cecilia Eudave

- Terror: El terror, al contrario que el desasosiego, no está provocado por una inquietud de tipo existencial, sino más terrenal, más tangible. El lector percibirá este efecto cuando tema por la integridad física o psicológica de los personajes. Es sabido que este efecto no es exclusivo de la literatura no mimética. Sin embargo, en este capítulo haremos mención al sentimiento de terror producido por las entidades de ficción no miméticas principales de las obras no realistas. En este caso, estos aspectos provocan una sensación de angustia y miedo tanto en el lector como en los personajes.

El terror puede deberse una entidad sobrenatural, como en el libro *It*, de Stephen King, donde una criatura cósmica primigenia toma la forma de un payaso (Pennywise) y asesina a los habitantes de una pequeña población estadounidense, Derry; o contar con un origen científico o social, como en algunas distopías, cuyo efecto desasosegante puede tener también un peso fundamental. También es posible que exista, por supuesto, el terror a lo desconocido, a lo atávico, a aquello que el ser humano no es capaz de asumir. Es lo que se conoce por «horror cósmico», concepto utilizado por H. P. Lovecraft en su ensayo *El terror en la literatura*.

Cuando hablamos de esta clasificación hay que tener en cuenta que en ocasiones coexisten varios de estos efectos en una obra narrativa, aunque siempre habrá uno que prime por encima de los demás. Ese es el que habrá que tener en cuenta a la hora de clasificar el relato o novela en un género concreto.

Por ejemplo, en la literatura maravillosa, es normal que el sentido de la maravilla destaque, como su propio nombre indica. La creación de mundos, el conocimiento de las diferentes razas o lenguas, las aventuras… Todos serán aspectos que generen asombro o maravilla, aunque algún acontecimiento o personaje puedan provocar desasosiego o terror en un momento puntual (como cuando Frodo y Sam, en el segundo volumen de *El Señor de los Anillos*, se ven acechados por Ella-Laraña). Lo que nunca tendrá una historia de épica fantástica o literatura maravillosa será un efecto prospectivo.

En determinada fantasía maravillosa también puede haber hibridación. Por ejemplo, en la novela *Refugio 3/9* de la escritora rusa Anna Starobinets, que transita entre el horror y el sentido de la maravilla. El primero es más acusado y tiene más peso, por lo que la consideramos una obra de terror, aunque muchos de sus aspectos nos causen también asombro por su extrañeza.

En resumen, el efecto del elemento de ruptura en la literatura no mimética no tiene por qué limitarse a uno de los cuatro descritos, pero es importante identificar el principal para encuadrar la obra narrativa en un género determinado. Si no es posible, tal vez estemos ante un género híbrido.

4

ESPACIO NARRATIVO, UBICACIÓN ESPACIO TEMPORAL Y ATMÓSFERA

Aitor Díaz

Si por algo se caracterizan muchas de las historias pertenecientes a la literatura no mimética, es por la espectacularidad de sus espacios narrativos: sistemas orbitales más allá de Júpiter, fortalezas de roca negra en lo alto de un acantilado, estaciones de ferrocarril que llevan a parajes mágicos, y un sinfín de lugares inventados, a cada cuál más impresionante. Está claro: sin espacio narrativo no hay historia, y es que, si los personajes no se ubican en un entorno concreto, no es posible visualizarlos, ni participar de su aventura. Así, los espacios en los que tienen lugar las narraciones están compuestos por el espacio narrativo, la ubicación espacio temporal y la atmósfera.

El espacio narrativo es el lugar donde se desarrollan los acontecimientos que componen la historia, lo que incluye tanto el espacio físico en sí, como las coordenadas espacio temporales y climáticas. Por supuesto, caracterizará tanto a las gentes que viven en ellos, como la propia peripecia. Nada más conocer Hobbiton, es fácil entender que los hobbits que viven allí son gente amable y sencilla, cuya única pretensión es disfrutar de la vida sin complicaciones; mientras que los habitantes del planeta desértico Arrakis, de la saga *Dune*, se presentan como gente tosca y dura, habituada a un planeta de condiciones extremas. Esto es a gran escala, referido a un planeta o una aldea, mientras que los espacios narrativos de interior ayudan a caracterizar a los personajes de forma singular. Y es que no transmite la misma información un camarote de una nave espacial decorado con objetos terrestres de los años ochenta, como un *walkman*, o estatuillas de grupos de rock, y que denotan la nostalgia que siente su dueño por el planeta Tierra —caso de Peter Quill, de los *Guardianes de la galaxia*—, que ese mismo camarote con hachas de doble filo y fusiles láser colgando de las paredes, como podría ser el caso de algunos personajes de la saga *Star Trek*.

Asimismo, la RAE establece la siguiente acepción para el verbo *ambientar*:

> 1.   Sugerir, mediante pormenores verosímiles, los rasgos históricos locales o sociales del medio en que ocurre la acción de una obra literaria, de cine, de radio o de televisión.

> Real Academia Española de la Lengua

Estos rasgos históricos locales o sociales son los que dan lugar a la *ubicación espacio temporal* o *ambientación* de una obra, y que forman un todo con el espacio narrativo, concepto que también utiliza Lola Robles en su ensayo *En regiones extrañas*. No es posible separar Hobbiton de su ubicación pseudomedieval de la Tierra Media, o al planeta Arrakis de la ubicación espacial propia de las aventuras interplanetarias, y que establece tanto el contexto tecnológico en el que se desarrolla la acción, como el modo de vida de los personajes o sus costumbres, así como las criaturas y avances científicos presentes en esos mundos no miméticos.

Y al unir el espacio narrativo a otros elementos como el tono, o la percepción emotiva por parte del narrador o los personajes, obtenemos la *atmósfera*.

En resumen:

El *espacio narrativo* es el lugar físico y concreto donde actúan los personajes, ya sea de interior o exterior (un crucero estelar, por ejemplo), junto con las coordenadas espaciales y temporales de dicho espacio.

La *ubicación espacio temporal* establece el marco pseudohistórico, climático, social y de desarrollo tecnológico en el que suceden los acontecimientos, y ha de ser suficiente para visualizar a los personajes en una época u otra, sea real o inventada (siguiendo con el ejemplo del crucero, se trataría de ubicación espacial).

Por último, la *atmósfera* es la impronta psicológica que desprende el lugar, la cual se obtiene al añadir cualidades subjetivas al espacio narrativo (si ese crucero estelar se percibe oscuro y hostil, o si se trata de una nave colonial donde los pasajeros viajan seguros y confortables, felices de estar allí).

4.1. UBICACIÓN ESPACIO TEMPORAL

La ubicación espacio temporal es un elemento muy importante en una obra de literatura no mimética, ya que establece los rasgos históricos, locales o sociales donde ocurre la peripecia. Con esta ubicación se ayuda a que los lectores comprendan en qué tipo de mundo tendrán lugar esas aventuras, y asimilen, de forma inconsciente, la tecnología, objetos, costumbres, o sistema sociopolítico que cabría esperar en ese universo donde comienzan a internarse. Si la protagonista de una novela se enfrenta a sus enemigos con espada bastarda y daga, o conjura hechizos mediante un emblema con el relieve de la cabeza de un cuervo, se asume de forma automática que se trata de un mundo de espada y brujería, con ubicación medieval, mientras que, si esa misma guerrera dispara una pistola sónica o tiene una pierna cibernética, la historia se desarrollará en un mundo con tecnología avanzada y futurista, donde, a priori, no cabría esperar magia o encantamientos. Dicho de otro modo: la ubicación espacio temporal ayuda a sustentar las bases de verosimilitud con las que se erigirá el universo narrativo, al mismo tiempo que establece ciertas reglas, inherentes al imaginario popular, que permitirán al lector ubicarse espacial y temporalmente, y establecer el horizonte de expectativas de la historia.

En las obras no miméticas resulta fundamental establecer la ubicación espacio temporal en los primeros capítulos (o párrafos, si se trata de un cuento), ya que, si no se define con la concreción necesaria, podría parecer que los personajes se mueven por un mundo indefinido, brumoso, y complejo de visualizar. Esto hará que los propios personajes pierdan consistencia. Resultará complejo saber cómo visten, qué herramientas utilizan, si viven en una ciudad amurallada, en una base planetaria o en una aldea entre montañas, y esto debilitará las bases en las que se cimenta el mundo inventado. No se trata de escribir cincuenta páginas con la estructura geopolítica de la sociedad donde se encuentran los personajes, sino de incluir detalles muy concretos que permitan ubicar la época desde los primeros pasajes de la peripecia, y hacerlo de forma natural, sin explicaciones farragosas.

Así comienza de *El despertar del Leviatán*, de James S. A. Corey:

Habían tomado la *Scopuli* ocho días antes, y por fin Julie Mao estaba lista para recibir el disparo.

Llegar a ese punto le había costado los ocho días que llevaba encerrada en una **taquilla de almacenamiento**. Los dos primeros se mantuvo inmóvil, segura de que los **hombres acorazados** que la habían dejado allí iban en serio. Durante las primeras horas, **la nave** a la que la habían llevado no estaba en **propulsión**, por lo que Julie **flotaba en la amplia taquilla** y daba suaves toques para evitar chocar contra las paredes o con el **traje de presurización** con el que compartía el habitáculo. Cuando la nave se empezó a mover y la **propulsión le devolvió su peso**, se quedó de pie en silencio hasta que empezó a sentir dolor en las piernas contraídas, para luego pasar poco a poco a posición fetal. Orinó en **el mono** e hizo caso omiso al calor, la humedad, el escozor y el olor, preocupada solo por no resbalar y caer en el charco que había dejado en el suelo. No podía hacer ruido. Le dispararían.

El tercer día, la sed la obligó a ponerse en marcha. El **ruido de la nave** era lo único que oía. El murmullo sordo, tenue e **infrasónico** del **motor y el reactor**. Los continuos siseos y golpetazos de la **hidráulica** y los cerrojos de acero al abrirse y cerrarse **las compuertas presurizadas** que separaban las **cubiertas**. El retumbar de las **botas pesadas que resonaban en el entramado metálico** (…)

El despertar del Leviatán
James S. A. Corey

En tan solo tres párrafos, James S. A. Corey consigue establecer de forma intuitiva el entorno espacial, propio de aventuras galácticas. Las palabras en negrita construyen estas coordenadas espacio temporales. Por una parte, el personaje viaja dentro de una *taquilla de almacenamiento*, que, a su vez, se encuentra en una *nave* con *motor de propulsión*. También menciona que, en un momento dado, *flota* en la taquilla, señal de que no hay gravedad y se encuentran en el espacio. Y luego añade otros detalles tecnológicos como la apertura y cierre de *compuertas*, o el sonido de las *botas en el entramado metálico de las cubiertas*. Por tanto, tras la lectura de estos párrafos, no cabe ninguna duda de que el personaje se encuentra en el espacio exterior, a punto de comenzar su periplo cósmico.

Así, son comunes las *ubicaciones medievales*, propias de la épica fantástica, tan reconocible por los lectores que con apenas indicar que los personajes empuñan espadas o montan a caballo, ya se harán una idea a grandes rasgos de cómo es el nivel de desarrollo tecnológico del mundo inventado. Por supuesto, es posible alterar alguno de estos elementos en función de la obra, ya que se trata de evocar un periodo histórico, no de reproducirlo con todo lujo de detalles. Algunos referentes fundamentales de este tipo de ubicación espacio temporal son *El Señor de los Anillos*, de J. R. R. Tolkien, y las *Crónicas de Terramar*, de Ursula K. Le Guin, referentes de la épica fantástica del siglo xx.

George R. R. Martin con su saga de *Juego de Tronos* y otros autores añadieron violencia, sexo e hiperrealismo en sus sagas épicas, cambiando este subgénero para siempre.

Otra de las ubicaciones espacio temporales más comunes, sobre todo en ciencia ficción, son las *ubicaciones futuristas*, bien se desarrollen en el planeta Tierra, propia de obras de cariz prospectivo como *El problema de los tres cuerpos*, de Cixin Liu, o *Neuromante*, de William Gibson; o aventuras que tengan lugar en toda la galaxia, habituales en la *space opera*, como *Justicia Auxiliar*, de Ann Leckie o *El juego de Ender*, de Orson Scott Card. La característica común en estos universos es que el desarrollo tecnológico es más avanzado al del momento en el que se escribe la obra. A no ser que se trate de una *ubicación espacio temporal distópica*, que, si bien suele situarse en el futuro, no conlleva necesariamente ese grado de avance. Es bastante común que en esas obras la tecnología haya involucionado tanto que dé la impresión de que los personajes viven en una especie de *medievo tecnológico*, donde no disponen de las comodidades de la sociedad contemporánea. Esta ubicación espacio temporal ha ganado popularidad en las últimas décadas, de forma que pueden encontrarse muchas variantes: apocalipsis nuclear, apocalipsis zombi, apocalipsis pandémico, social, etcétera, e incluso hay obras donde no se explica el origen de esta hecatombe como *La carretera*, de Cormac McCarthy, o *El cuento de la criada* de Margaret Atwood.

Al otro lado del espectro, se encuentra la *ubicación espacio temporal realista*, común en algunos subgéneros del terror y lo maravilloso. La historia sucede en el mundo real, ya sea en una época u otra, donde irrumpe una entidad de ficción no mimética (un hombre lobo, un extraterrestre, una jirafa parlante), que, o bien es rechazado por los personajes (terror o fantástico) o es aceptado con naturalidad y asombro (realismo mágico). En este tipo de ubicación no es necesario dar demasiados detalles para situar a los lectores, pero siempre es conveniente incluir algún objeto tecnológico o referencia sociocultural del momento histórico donde se desarrolla la acción. Muchas de las novelas de Stephen King tienen ambientación realista, desde *Misery* a *Cementerio de animales* pasando por *El misterio de Salem's Lot*. Al igual que la novela de Mariana Enriquez *Nuestra parte de noche*.

Y, por último, las *ubicaciones espacio temporales híbridas*, donde, o bien aparecen dos épocas mezcladas, como ocurre con el subgénero *steampunk* que combina estética victoriana de la Inglaterra de principios del siglo XIX con ingenios de vapor que serían propios de épocas futuras, o dos ubicaciones que existen al mismo tiempo, como en *Harry Potter*, de J. K. Rowling donde la ubicación realista del mundo donde Harry vive con sus tíos se compagina con la mágica de Hogwarts. Esto también es propio de cuentos de hadas, en los que el protagonista suele viajar desde el mundo real a otra ubicación con hadas, duendes, brujas, etcétera.

4.1.1. Cómo construir la ubicación espacio temporal

Definir la ubicación espacio temporal consiste en establecer la época en la que se desarrolla la peripecia, así como el ámbito social y local en el que viven los personajes, ya sea de forma directa (indicando el año y lugar donde tiene lugar la acción), o de forma indirecta, mediante términos que los lectores puedan asociar a una época u otra. En este aspecto, y tal y como hacía James S. A. Corey en *El despertar del Leviatán*, existen algunos trucos que pueden utilizarse para definir la ubicación espacio temporal de forma progresiva, sin que entorpezca el avance de la trama, ni cargar la narración con descripciones sobre expositivas.

En primer lugar, mostrar *utensilios y ropas*. Ver cómo visten los personajes ayudará a concretar el periodo pseudohistórico, y lo mismo aplica a las *armas* que utilizan. Si aparecen armas blancas, de acero, y no de fuego, como espadas, alabardas, lanzas, puñales, hachas, o armas de proyectiles como arcos y ballestas, será indicativo de un periodo medieval, propio de historias de épica fantástica; mientras que las pistolas láser o cañones de plasma son más comunes en mundos futuristas. Igual con las partes del cuerpo alteradas: hay gran diferencia entre una pata de palo y una pierna biónica.

Lo mismo aplica para *vehículos y transporte*. Si hay transbordadores orbitales es señal de que la historia tiene ubicación espacial, o, al menos, con un desarrollo tecnológico avanzado; pero si nada más empezar, los personajes embarcan en una carabela con bandera pirata, es probable que la aventura discurra por los mares del sur en los siglos de oro de la piratería.

Las ciudades, montañas, valles, bosques, o *elementos del entorno* también ayudan a construir la ubicación espacio temporal. Una senda a lo largo del monte Fuji poblada por cerezos en flor, junto a un templo custodiado por estatuas de dragones de oro y samuráis con armaduras de placas y catanas, traslada al Japón feudal. Sin embargo, si en el horizonte se intuye el anillo de Júpiter, o hay tres lunas en el cielo, es fácil asumir que se trata de una odisea espacial. Y lo mismo con *espacios de interior*, ya que no ubica igual la última planta de un rascacielos con proyectores holográficos en las paredes, que una cantina del Viejo Oeste.

En la novela *El Terror* de Dan Simmons, dos buques de la Armada británica, el HMS *Erebus* y el HMS *Terror* quedan atrapados en el hielo ártico, durante una expedición que tiene lugar en 1847. Ya desde el primer párrafo el autor introduce elementos del entorno para construir la ubicación espacio temporal, de condiciones climáticas extremas:

> (…) La **temperatura es de cuarenta y cinco grados bajo cero**, y bajando rápidamente. A causa de la **niebla** que hubo antes, durante **la única hora de débil semioscuridad** que ahora pasa por día, los *palos escorzados* (los *tres masteleros de gavia, juanetes, obencadura y palos superiores* se han quitado y guardado para reducir el peligro de desprendimiento del **hielo** y las posibilidades de que el barco vuelque debido al peso acumulado en ellos) se yerguen como árboles groseramente podados y sin copa, reflejando la aurora que baila de un horizonte apenas entrevisto a otro. A medida que Crozier observa, los **escarpados campos de hielo** que rodean el barco se vuelven **azules, luego color violeta sangrante, y luego resplandecen tan verdes como las colinas de su niñez, en el norte de Irlanda**. Casi a un kilómetro y medio por la amura de estribor, **la gigantesca montaña de hielo** flotante que oculta de la vista al barco gemelo del Terror, el Erebus, parece durante un momento breve y falso irradiar color desde dentro, como si ardiese con sus propios fuegos internos y fríos.

> *El Terror*
> Dan Simmons

Es fácil apreciar cómo Dan Simmons utiliza los elementos del entorno para evocar la época donde se desarrolla la acción, ya que ofrece detalles de cómo son esos navíos que han quedado encallados en el hielo (marcados en cursiva), al mismo tiempo que incluye una descripción singular del entorno y las condiciones climáticas (en negrita), mediante la cual sitúa de forma inequívoca unas coordenadas espaciales y temporales. Cabe destacar que, en ocasiones, y si las condiciones climáticas son extremas, estas también ayudarán a construir la ubicación espacio temporal. En este caso, la novela se desarrolla por completo en suelo Ártico, por lo que el frío será uno de los principales enemigos de los protagonistas, sino el más importante, y su peso en la trama es fundamental.

También se construye la ubicación espacio temporal gracias al *comportamiento de los personajes*, sus costumbres, modo de vida, o rutinas diarias. No es igual el día a día de un adolescente repartidor de periódicos a principio de los años noventa, que el de un adolescente ciber espía que pretende infiltrarse en una base orbital en la cara oculta de la luna.

Esto también aplica a la *forma de hablar* de los personajes. Los diálogos son muy reveladores de la época en la que se desarrolla una historia, pero hay que tener cuidado con este aspecto, ya que si se pretende emular cómo se hablaba en la España del Siglo de Oro y utilizar exactamente el mismo lenguaje, es muy probable que: a) se fracase en el intento de imitación y b) se pierdan lectores por el camino. Se trata de crear la ilusión de que los personajes hablan como si vivieran en esa época, pero utilizando un lenguaje comprensible, propio de la literatura contemporánea. Esto puede apreciarse en el siguiente diálogo de la saga de Geralt de Rivia:

—¿Tienes nombre? Da igual el que sea, no te pregunto por curiosidad, solo para hacer más fácil la conversación.

—Me llamo Geralt.

—Sea pues, Geralt. ¿De Rivia, como concluyo por tu acento?

—De Rivia.

—Bien. ¿Sabes, Geralt? Tómatelo con calma. —Velerad señaló la proclama con la mano abierta—. Es un asunto serio. Ya lo han intentado muchos. Esto, hermano, no es lo mismo que rebanarle el pescuezo a un par de bravucones.

—Lo sé. Es mi oficio, corregidor. Está escrito: recompensa de tres mil ducados.

—Tres mil. —Velerad hizo una mueca—. Y la princesa como esposa, aunque nuestro amado Foltest no lo haya añadido.

—No estoy interesado en la princesa —dijo tranquilo Geralt. Estaba sentado, inmóvil, con las manos en las rodillas—. Está escrito: tres mil.

—¡Qué tiempos, señor! —refunfuñó el corregidor—. ¡Qué asquerosos tiempos! Hace solo veinte años, ¿a quién se le iba a ocurrir, ni siquiera borracho, que pudiera haber tales profesiones? ¡Brujos! ¡Trashumantes cazadores de basiliscos! ¡Asesinos ambulantes de dragones y utopes! ¿Geralt? ¿En tu gremio se permite beber?

—Por supuesto.

Velerad dio una palmada.

—¡Cerveza! —gritó—. Y tú, Geralt, siéntate más cerca. Qué más me da.

El último deseo
Andrzej Sapkowski

El autor, Andrzej Sapkowski, emula a la perfección el diálogo que cabría esperar entre dos hombres en una época feudal, y lo hace con un lenguaje sencillo, alejado de expresiones recargadas que podrían asociarse a ese periodo histórico. Consigue que el diálogo transporte a una taberna en plena Edad Media por la forma en que los personajes se dirigen entre ellos, la mención a princesas y recompensas y brujos, y la retahíla de monstruos a los que el protagonista caza para ganarse la vida.

4.2. ATMÓSFERA

Los personajes de las obras literarias se mueven por espacios narrativos concretos (un palacio, una nave espacial, una caverna, etcétera), y la ubicación espacio temporal sirve para establecer las coordenadas sociales o pseudohistóricas en las que se desarrollan los hechos, lo cual asienta las bases de su verosimilitud. Cuando se añaden elementos subjetivos como el tono o percepciones del narrador o los personajes, se obtiene la atmósfera de ese lugar. Se trata de una cualidad psicológica del espacio físico, y es que, según cómo se describa ese espacio, de él se desprenderán sensaciones muy diferentes.

Imagínese que, al comienzo de una novela, una familia (una pareja formada por dos mujeres, y dos hijos: niño y niña, de siete y once años) llega a un caserón que han recibido como herencia al morir la abuela de una de las madres. El caserón está a varios kilómetros del pueblo más cercano, junto a un bosque de abedules y alcornoques, y en las proximidades hay un lago. Si se describe esa casa a plena luz del día, cuando los rayos de sol se reflejan en las ventanas y hacen reír a los niños, que corretean y juegan, y hay un jardín con columpios para balancearse, un camino de arena que conduce al lago de aguas cristalinas, con margaritas y florecillas rojas y amarillas y violetas, y huele a azahar y hierba húmeda, se creará un lugar bucólico, que transmite sensaciones de bienestar. Si, por el contrario, la madera de las puertas está podrida, hay cristales rotos en las ventanas, y en el sendero los niños encuentran una rana muerta e hinchada, a medio devorar por las hormigas, la atmósfera resultante de ese espacio narrativo con las percepciones de los personajes será lóbrega, y generará rechazo.

Esta percepción también puede diferir de un personaje a otro, por supuesto. Quizá a ojos de la niña ese caserón sea un lugar enorme para jugar; está como loca por probar los columpios, por lanzarse de cabeza al lago, así que, bajo su punto de vista, la descripción estará cargada de elementos que inciten a esos juegos. Y tal vez a ojos de su hermano también sea un lugar enorme, pero tenebroso. Si no sabe nadar, le aterrorizarán las aguas oscuras y profundas del lago, y si le dan pánico los insectos, sentirá angustia con cada una de las flores del sendero. El mismo espacio narrativo originará dos atmósferas completamente diferentes.

Se pueden mostrar esas dos visiones para crear un juego de puntos de vista, o solo una de ellas para transmitir el efecto principal que se pretenda crear en ese caserón durante un momento concreto de la novela. También es habitual que la atmósfera de un mismo lugar cambie a lo largo de la historia, sobre todo en un ejemplo como este, de casas encantadas. Al principio se presentan como un lugar tranquilo, donde jamás se esperaría ningún tipo de peligro, pero, cuando cae la noche, comienzan a escucharse ruidos extraños, los objetos se mueven de lugar, y sombras acechan en los rincones, creando una atmósfera idónea para manifestaciones sobrenaturales.

En el siguiente extracto del cuento «La casa de Adela», de Mariana Enriquez, la narradora se interna en una casa abandonada con su hermano y su amiga Adela:

(…) Ella abrió la **puerta** del todo y entonces vimos que adentro de la **casa había luz**.

Recuerdo que caminábamos de la mano bajo esa **luminosidad que parecía eléctrica**, aunque en el **techo**, donde debía haber **lámparas solo había cables viejos**, asomando **entre los huecos como ramas secas**. *Parecía la luz del sol.* **Afuera era de noche y amenazaba tormenta, una poderosa lluvia de verano**. Ahí dentro *hacía frio y olía a desinfectante y la luz era como de hospital.*

La casa *no parecía rara por adentro.* En el **pequeño hall de entrada estaba la mesa del teléfono**, un **teléfono negro**, como el de nuestros abuelos.

Que por favor no suene, que no suene, me acuerdo de que recé así, de que repetí eso en voz baja, con los ojos cerrados. Y no sonó.

Los tres juntos pasamos a la siguiente sala. *La casa se sentía más grande de lo que parecía desde afuera. Y zumbaba; como si vivieran bichos ocultos detrás de las paredes.*

Adela se adelantaba, ensimismada, sin miedo. Pablo le pedía, «esperá, esperá» cada tres pasos. *Ella hacía caso, pero no sé si nos escuchaba claramente. Cuando se daba la vuelta para mirarnos parecía perdida. En sus ojos no había reconocimiento. Decía «sí, sí», pero yo sentí que no nos hablaba.* Pablo sintió lo mismo. Me lo dijo después.

La sala siguiente, el *living*, tenía sillones sucios, de color mostaza, agrisados por el polvo. Contra la pared se apilaban **estantes de vidrio.** Estaban muy **limpios y llenos de pequeños adornos,** tan pequeños que tuvimos que acercarnos para verlos. Recuerdo que nuestros alientos, juntos, empañaron los **estantes más bajos,** los que alcanzábamos: llegaban hasta el techo.

Al principio no supe qué estaba viendo. Eran **objetos chiquitísimos, de un blanco amarillento, con forma semicircular. Algunos eran redondeados, otros más puntiagudos.** *No quise tocarlos.*

—Son **uñas** —dijo Pablo.

Sentí que el sonido me ensordecía y me puse a llorar. Abracé a Pablo, pero no dejé de mirar. **En el siguiente estante, el de más arriba, había dientes.**

«La casa de Adela»
Mariana Enriquez

Con estos pasajes, Mariana Enriquez consigue que la casa abandonada se vea envuelta en una atmósfera lúgubre, tenebrosa y amenazante. Al mismo tiempo que describe los elementos que componen el espacio narrativo, marcados en negrita, añade percepciones subjetivas de la narradora sobre ese espacio, en cursiva. La combinación de unos y otros son los que producen esa atmósfera cargada de peligro, consecuencia del efecto acumulativo de los campos semánticos presentes en los pasajes, que apuntan a lo extraño y desconocido, a lo desagradable (*luz de hospital, bichos tras las paredes, dientes y uñas en un estante*).

4.2.1. CÓMO CONSTRUIR LA ATMÓSFERA

La atmósfera es la tonalidad emotiva de los espacios físicos, lo intangible, lo sensorial, y construirla es cuestión de experiencia, de apreciación de los matices que ayudan a caracterizar la tonalidad psicológica de un lugar. No obstante, a la hora de crear atmósferas, las siguientes estrategias pueden resultar útiles: reflexionar sobre *la emoción* que se pretende causar en los personajes (y lectores); *concretar y singularizar* las características distintivas del escenario, ya sea a través de los objetos o las sensaciones; y establecer el *punto de vista del personaje* respecto al entorno.

4.2.1.1. Emociones atmosféricas

Antes de escribir una escena donde el espacio narrativo (y, por tanto, la atmósfera) tengan una importancia fundamental para el desarrollo de la historia, resulta útil preguntarse qué emoción se pretende generar en los personajes (y lectores) a través de esa escena. No es lo mismo querer producir alegría que miedo, por ejemplo, y la construcción de la atmósfera tampoco se afrontará del mismo modo. Asimismo, ¿se desea aumentar la tensión dramática o disminuirla? Si se trata de un momento climático de la historia, conviene utilizar el escenario para incrementar la tensión narrativa, pero si es un momento valle de la novela, quizá el objetivo podría ser que los lectores se relajen.

En el siguiente pasaje de *Cementerio de animales*, de Stephen King, un padre hace volar una cometa con forma de buitre acompañado de su hijo pequeño:

>   —¡La cometa vuela, papi! —chilló Gage.
>   —¡Mira como sube! —gritó Louis, a su vez, riendo entusiasmado. Soltaba hilo tan deprisa que el roce casi le quemaba la palma de la mano—. ¡Mira el buitre, Gage! Se va a hacer caca de miedo.

—¡Caca de mieo…! —gritó Gage con una gran carcajada. El sol asomó por detrás de una esponjosa nube de primavera, y pareció que la temperatura subía cinco grados casi de repente. Estaba a la diáfana luz de un marzo templado y traidor que se las daba de abril, en medio del campo de Mrs. Vinton, cubierto de hierbas secas y altas, mientras el buitre subía y subía hacia el azul, con sus alas de plástico tensas contra el viento, y Louis, como hacía de niño, se alzó en espíritu hacia la cometa, fundiéndose con ella y contempló la verdadera faz del mundo, la que sin duda ven en sueños los cartógrafos: el campo de Mrs. Vinton, blanquecino y dormido después del deshielo, que ya no era campo, sino un paralelogramo limitado por paredes de piedra en dos de sus lados, y, en la base, la raya negra de la carretera y la cuenca del río. Eso veía el buitre con sus ojos saltones. Veía la cinta gris del río que aún arrastraba trozos de hielo, y, al otro lado, Hampton, Newburgh, Winterport, con un barco en el puerto, tal vez incluso la fábrica St. Regis, en Bucksport, bajo su bandera de humo, y hasta el cabo, en el que el Atlántico embestía los acantilados.

—¡Mira como sube, Gage! —gritó Louis, riendo.

Cementerio de animales
Stephen King

En esta escena King, que sabe muy bien lo que escribe, muestra un momento de comunión entre padre e hijo. Hace que el padre vuelva a su infancia, que imagine que ve el prado en el que se encuentran a través de los ojos del buitre cometa, y gracias a esa conexión con su niñez estrecha el vínculo afectivo con su hijo. Es un momento de juego y alegría. Y gran parte de este efecto se debe a la descripción subjetiva del escenario, a través de los ojos felices del protagonista. Pues bien, en el siguiente capítulo un camión de mercancías atropella al niño, matándolo en el acto. ¿Qué consigue el autor alternando un capítulo alegre con un mazazo como ese? En efecto, el impacto de la muerte del hijo es todavía mayor tras verlo pasándoselo en grande por un prado de hierba, bajo esponjosas nubes de primavera.

Otro ejemplo de creación de atmósfera a través de un espacio de interior, esta vez a manos de Margaret Atwood:

> Una silla, una mesa, una lámpara. Arriba, en el techo blanco, una moldura en forma de guirnalda, y en el centro de esta, un espacio en blanco tapado con yeso, como el hueco que quedaría en un rostro después de arrancarle un ojo. Alguna vez debió de haber allí una araña. Pero han quitado todos los objetos a los que sea posible atar una cuerda.
>
> Una ventana, dos cortinas blancas. Bajo la ventana, un asiento con un cojín pequeño. Cuando la ventana se abre parcialmente —solo se abre parcialmente—, el aire entra y mueve las cortinas. Puedo sentarme en la silla, o en el asiento de la ventana, con las manos cruzadas, y dedicarme a contemplar. La luz del sol también entra por la ventana y se proyecta sobre el suelo de listones de madera estrechos, muy encerados. Huelo a cera. En el suelo hay una alfombra ovalada, hecha con trapos viejos trenzados. Esta es la clase de detalle que les gusta: arte popular, arcaico, hecho por las mujeres en su tiempo libre con cosas que ya no sirven. Un retorno a los valores tradicionales. Quien nada desperdicia, nada necesita. Yo no soy un desperdicio. ¿Por qué tengo necesidades?

El cuento de la criada
Margaret Atwood

En este caso la autora pretende transmitir la deshumanización del personaje a través del espacio. Se trata de una descripción aséptica, inerte, como si la propia narradora fuera un objeto más de la habitación (*huelo a cera*). Se percibe a través del mobiliario, de esa ventana que solo se abre parcialmente, un techo donde no puede atarse ninguna soga. Margaret Atwood sabía qué emoción pretendía transmitir cuando escribía la escena, de ahí esa prosa cortante y seca, y la concatenación de objetos que *ya no sirven*.

4.2.1.2. DE LO CONCRETO A LO SINGULAR

Una de las máximas de la literatura es *mostrar y no decir*, y otra es que las descripciones deben ser concretas, precisas y, a ser posibles, singulares. Si pretendemos describir un entorno, conviene huir de generalidades y abstracciones, y esto también aplica a la creación de atmósferas. Escribir que una fortaleza es enorme y majestuosa, o que un laboratorio secreto tiene paredes blancas y luces fluorescentes, crea un entorno con la suficiente definición como para que los lectores ubiquen a los personajes, pero la imagen es tan generalista que ese espacio no desprende ningún matiz subjetivo. Si, por el contrario, se trata de un castillo de piedra negra con dos torreones, y de uno de ellos cuelga un hombre atado por los pies, al que han arrancado los ojos, y se agita y gime con el murmullo del viento; o en las paredes del laboratorio hay una serie de campanas extractoras con puertas de cristal, y dentro vemos unas crisálidas bulbosas y púrpuras que parecen a punto de eclosionar, la imagen será completamente distinta, así como la atmósfera.

Se trata de poner el foco en los detalles importantes. Describirlos con la máxima concreción posible y que, de esta forma, se conviertan en singularidades del espacio narrativo. Así, cada uno de los sustantivos, verbos y adjetivos estarán creando atmósfera; al ser específicos y precisos, conllevarán una carga de significado inequívoca que transmitirá las sensaciones que experimentan los personajes, lo cual irá construyendo, palabra a palabra, una cualidad emocional para el entorno narrativo. Se trata de buscar lo singular a través de lo concreto. Describir un lugar que, a ciencia cierta, habrá aparecido cientos de veces en la literatura (una nave espacial, el calabozo de un castillo, una arena de gladiadores, etcétera), pero que, gracias a la elección precisa de las palabras empleadas, se convierta en un lugar único, cargado de sensaciones vívidas que envolverán a los lectores.

> La oscuridad era morada y bulliciosa, opaca, grana y azul a un tiempo, zumbadora, pecosa, ciega, espesa, honda y brillante a la vez. Estaba infestada de gusanos, de ramas, de temblores, de venas, y manchas indiscernibles que eran las paredes barrigudas de una habitación, el techo, una cama, una mesita de noche, una cómoda y una ventana. Las tinieblas crepitaban. Se agitaban, murmuraban. Roncaban. El ronquido era nasal, mortecino y áspero. Crujía, engullía y se ahogaba. El bramido manaba de la cama, del bulto que dormía en medio. Una mujer vieja. Corpulenta. Bernadeta tenía los ojos cerrados, los párpados de lagartija, sin pestañas, la boca abierta, los labios de color lila desvaído, y el pelo grasiento y largo, esparcido por la almohada. Era fea. O eso creía la otra mujer, Margarida, que estaba sentada a su lado en una silla de mimbre, con las manos juntas en el regazo, dando vueltas a los pulgares.

> *Te di los ojos y miraste tinieblas*
> Irene Solà

En este comienzo de novela, Irene Solà describe la oscuridad. Pero no se conforma con decir que es profunda y negra, sino que lo hace con una serie de adjetivos concretos que definen una oscuridad única e irrepetible, lo cual, de forma inherente, construye la atmósfera opresiva, cargada de muerte, en la que viven las dos mujeres. Además, introduce campos semánticos del entorno donde se encuentra la casa (entre riscos, en la montaña), y es que la presencia de los gusanos, lagartijas o ramas no es ninguna casualidad. Así, mediante la búsqueda de palabras exactas, y con una mayor carga de significado específico, consigue que cada uno de los elementos del texto dibuje la tonalidad emotiva del escenario.

Otra de las claves para construir la atmósfera desde lo concreto es utilizar los cinco sentidos. Por norma general, el sentido que suele predominar en las narraciones es el de la vista, cuando, en realidad, aquellos con mayor carga psicológica son todos los demás. El roce de una rama de enebro puede llevar casi de inmediato al claro de un bosque, al igual que el sonido estático de las chicharras transmite la quietud de un día estival. Al trabajar la sensorialidad del escenario, la atmósfera se cargará de todos estos matices subjetivos, como puede apreciarse en el siguiente ejemplo de A. S. Byatt, donde los olores y los sonidos de una criatura aterrorizan a dos niñas perdidas en el bosque:

> ¿Lo oyeron o lo olieron primero? Tanto el sonido como el olor fueron al principio infinitesimales y dispersos. Ambos dieron la extraña impresión de provenir —en oleadas— de todo el perímetro del bosque. Ambos fueron creciendo muy despacio en intensidad y ambos lle-

gaban entremezclados, un sonido y un olor construidos por muchos sonidos y olores dispares. Un crujido, un chasquido, una presión, un golpe sordo combinado con un martilleo de trilladora y mayal, y, sumado a todo esto, un chiflido de vapor borboteante que se elevaba, bullía, estallaba, lleno de burbujas y flatulencias, de siseos y explosiones, de degluciones y regüeldos. El olor era peor que el sonido, y más agresivo. Era un olor penetrante a putrefacción, el olor de las cosas agusanadas en el fondo de cubos de basura abandonados, el olor a desagües atascados y pantalones sin lavar, mezclado con el olor a huevos podridos, a alfombras carcomidas y sábanas viejas manchadas. Los olores y sonidos nuevos y corrientes del bosque, de hojas y humus, pelo y plumas, se extinguieron como luces, por así decirlo, cuando la atmósfera de la cosa la precedió. Las dos niñitas cruzaron una mirada y se cogieron de la mano. Sin hablar y llevadas por el instinto, se agazaparon detrás de un tronco caído, y temblaron cuando la cosa salió a la luz.

El libro negro de los cuentos
A. S. Byatt

4.2.1.3. EL PUNTO DE VISTA

Resulta fundamental establecer quién percibe el espacio narrativo a la hora de construir la atmósfera. Aunque se utilice un narrador omnisciente, este suele posicionarse respecto algún personaje para realizar una descripción del entorno, y el lugar se percibe a través de sus ojos, lo que, a su vez, define al propio personaje o su estado emocional. Imagínese, por ejemplo, que una nave espacial sufre una avería y se estrella en la superficie de Marte. Solo hay dos supervivientes: la capitana de la nave, a la que se le ha clavado una vara de hierro en la pierna, y no puede caminar, y un asesino marciano —la ubicación es espacial, la humanidad ya ha establecido colonias, y se asume que el cosmos está poblado de diversidad de especies alienígenas— al que llevaban preso a una penitenciaría en Júpiter, y que se ve libre y en su planeta natal.

La capitana verá el planeta como algo inhóspito y peligroso; al contemplar las dunas de arena rojiza y los riscos recortados contra el horizonte violáceo, pensará que va a morir en ese planeta, y que no hay ninguna posibilidad de supervivencia. Además, se encuentra a expensas de un asesino, por lo que se sentirá vulnerable, inútil, desesperada, lo cual ha de transmitirse a través de la descripción que haga del entorno. Por otra parte, si es el marciano quien describe el escenario, lo hará desde un punto de vista completamente distinto. Ha vuelto a casa de buenas a primeras. Se ha criado entre esas dunas, conoce los pasajes hasta la base marciana más cercana, y encima se ha librado de sus captores. Vamos, que no puede estar más contento.

Al construir una atmósfera conviene pensar qué personaje describe el espacio narrativo, o bajo qué punto de vista lo hace el narrador, ya que serán estas percepciones, junto el propio espacio, las que definirán la dimensión psicológica. Incluso los narradores más alejados de los personajes, como un narrador cámara, por ejemplo, vuelcan subjetividad en las descripciones, y es que se fijan en narrar unas acciones concretas (y no otras) o ponen la atención sobre unos objetos (y no otros) que marcan el tono emocional del espacio, y que tienen que ver, siempre, con el punto de vista de los personajes.

En la novela realista *Siempre hemos vivido en el castillo*, de Shirley Jackson, la protagonista es una joven, Merricat, que vive encerrada en una mansión con su hermana y su tío en silla de ruedas. Los demás miembros de la familia murieron envenenados durante una cena que ella misma ayudó a preparar, y Merricat teme (y odia) a los habitantes del pueblo, de ahí que viva recluida. Así es como describe el lugar:

El pueblo era todo igual, de la misma época y el mismo estilo; era como si la gente necesitara la fealdad del pueblo y la alimentara. Parecía que hubieran construido las casas y las tiendas con desdeñosa precipitación para dar refugio a lo insulso y a lo desagradable, y era como si la casa de los Rochester y la casa de los Blackwood e incluso el ayuntamiento estuvieran allí casi por casualidad, provenientes de un país encantador y remoto donde la gente vivía con elegancia. Quizá esas casas selectas habían sido capturadas —¿quizá como castigo a los Rochester y a los Blackwood y a sus corazones secretamente malvados?— y las tenían prisioneras en el pueblo; quizá su lenta putrefacción era un símbolo de la fealdad de los habitantes del pueblo. La hilera de tiendas que había a lo largo de Main Street era de un gris homogéneo. Los propietarios de las tiendas vivían en el piso de arriba, en apartamentos de dos plantas con una línea recta de cortinas en las ventanas, pálida y carente de vida; cualquier cosa que tuviera color, en el pueblo, perdía rápidamente su esencia.

Siempre hemos vivido en el castillo
Shirley Jackson

El pueblo es un lugar grisáceo, feo; es más, absorbe el color (la vida), según los ojos de la narradora, y estas son las emociones que construyen la atmósfera. Si se preguntara a cualquier otro de los habitantes de ese mismo pueblo, seguramente sería un lugar encantador y pintoresco, pero, por supuesto, ellos no son los protagonistas de la historia.

A continuación, otro ejemplo, un tanto más complejo, de Irene Solá:

> Llegamos con las tripas llenas. Doloridas. El vientre negro, cargado de agua oscura y fría, y de rayos y truenos. Veníamos del mar, de otras montañas y de toda clase de sitios, y habíamos visto toda clase de cosas. Rascábamos la piedra de las cimas como la sal, para que no creciera la mala hierba. Elegíamos el color de las crestas y el de los campos, el brillo de los ríos y el de los ojos que miran al cielo. Cuando los animales nos vieron llegar se acurrucaron en lo más profundo de las madrigueras, unos encogieron el pescuezo y otros levantaron el hocico para captar el olor a tierra mojada que se acercaba. Lo cubrimos todo como una manta. Los robles y los bojes, los abedules y los abetos. Chsss. Y todos guardaron silencio porque éramos un techo severo que decidía sobre la tranquilidad y felicidad de tener un espíritu seco.

> *Canto yo y la montaña baila*
> Irene Solà

La autora, con elevada pericia narrativa, ha elegido que el narrador del pasaje sean las nubes de una tormenta. Un poco más adelante, esas mismas nubes descargan un rayo que parte en dos a uno de los personajes de la novela. Por supuesto, a ellas no les importa lo más mínimo. ¿Cómo hacerlo? Son una fuerza de la naturaleza, una tormenta, y la muerte de un hombre no es nada, menos que nada. De esta forma la atmósfera se impregna con un aire de inevitabilidad de las cosas que suceden porque tienen que suceder, al mismo tiempo que genera un gran sentido de la maravilla con la voz narrativa.

Es decir, según cómo sea la percepción del espacio por parte de los personajes, la atmósfera se construirá desde una óptica u otra.

5

CLASIFICACIÓN DE LOS GÉNEROS NO MIMÉTICOS

Alejandro Marcos

5.1. Introducción

5.1.1. Por qué una clasificación

Una vez se han analizado muchas de las características generales que comparten los géneros no miméticos, ha llegado el momento de establecer una clasificación. Todos los conceptos analizados hasta el momento en los capítulos anteriores van a ayudar a realizar dicha clasificación y, sobre todo, a proporcionar unos criterios para separar unos géneros de otros. Más adelante, cuando se analicen dichos criterios, se hará un breve recordatorio de los mismos.

En esta clasificación se va a hacer referencia, sobre todo, a la literatura maravillosa, la ciencia ficción, la literatura fantástica y el terror. Siguiendo, como se ha comentado, la clasificación que realiza Lola Robles en su ensayo *En *regiones extrañas*, aunque la autora incluye en el mismo apartado la literatura fantástica y la de terror. En este manual se separará su análisis para facilitar su comprensión y la posterior escritura de dichos géneros.

Aunque pueda parecer que las clasificaciones de géneros son algo que compete solo a los académicos, es un concepto muy importante para los escritores. Conocer las diferencias entre los distintos géneros ayudará a tener una idea de dónde encajar la obra y, por lo tanto, de las herramientas y la tradición con la que se cuenta para ayudar en la tarea. Es trabajo del escritor decidir si las herramientas tradicionalmente adscritas a un género le son útiles o no para escribir su historia, pero para llegar a ese punto —para llegar a esa posibilidad de toma de decisión— es necesario conocer el género en su sentido más amplio.

Además, cualquier clasificación, por artificial que sea, siempre ayudará a que se fijen los conceptos en la mente del lector, aunque luego en la realidad la clasificación no sea un concepto exacto. La mente humana funciona muchas veces mediante etiquetas y para fijar los conceptos es útil separarlos y establecer límites entre ellos.

Es importante tener en cuenta la teoría de los conjuntos difusos. Es decir, que, aunque se analicen y compartimenten los géneros como conceptos aislados, lo cierto es que en la realidad dichos géneros se van a componer de obras y ejemplos que no siempre se ajustan cien por cien al estudio del género. Y eso está bien, porque indica que los géneros están vivos, evolucionan, y que los escritores no se ven frenados por convenciones a la hora de escribir. La hibridación es un concepto existente, a la orden del día y que se deberá tener en cuenta a pesar de presentar una clasificación más o menos estanca.

La clasificación literaria incluida en este manual no será un libro de recetas, sino que pretende convertirse en una guía que facilite la labor del escritor, siempre alentando la creatividad y la búsqueda de la expresión general en los géneros. Esta clasificación no pretende convertirse en un corsé normalizador, sino en un punto de partida para el desarrollo artístico y creativo de la persona interesada en escribir cualquiera de los géneros no miméticos.

Al contrario que ocurre con las literaturas realistas; en este caso, las similitudes entre los géneros hacen que sea necesario estudiarlos en su conjunto. Con las literaturas realistas es más sencillo estudiar cada género por separado ya que, además de las técnicas básicas de escritura, solo comparten entidades de ficción miméticas. Los géneros no miméticos, por su parte, además de compartir entidades de ficción no miméticas (y las técnicas básicas que comparten, evidentemente, con cualquier tipo de literatura), tienen muchos otros elementos en común que hacen que pueda aglutinarse su estudio.

Sin embargo, a pesar de todas estas similitudes, las literaturas no miméticas están compuestas por géneros muy diferentes entre ellos, por lo que es imprescindible, además de un estudio general, uno pormenorizado que preste atención a todas esas individualidades que hacen única cada una de dichas literaturas.

5.1.2. Los géneros no miméticos

En el primer capítulo de este manual se definían los géneros no miméticos de la siguiente forma: las literaturas no miméticas son aquellas que contienen algunas entidades de ficción que no imitan a la realidad y no tienen un referente en ella, aunque siempre presentadas dentro de la ficción como reales o racionales. Dichas entidades de ficción no miméticas, además, tendrán cierta importancia para la narración.

A priori puede parecer que estas literaturas, sobre todo las más alejadas de la representación de la realidad, son superficiales e intrascendentes para muchos lectores y solo pueden funcionar como evasión, como entretenimiento. Dejando aparte el hecho de que no habría ningún problema en que fuera así, estas literaturas, por mucho que hablen de mundos, personajes o elementos que no existan, siempre tienen la intención de reflexionar sobre la realidad.

La razón de estudiar estas literaturas separadas de las literaturas realistas no viene de que estas traten temas diferentes o ajenos a los que trata la literatura realista. Toda la literatura, al igual que el arte en general, tiene interés para las personas porque conmueven o reflexionan sobre un aspecto de la realidad humana que, a la vez, hace reflexionar a los lectores. Y los mismos temas que se tratan en el realismo pueden tratarse sin ningún problema en los géneros no miméticos. A veces, incluso, se elegirá emplear un género no mimético precisamente para potenciar dicho tema.

Señalado esto, es cierto que los géneros no miméticos se prestan más a unos temas que a otros y a ciertas reflexiones. Aunque estos sean asiduos o importantes, no serán definitorios del género en sí; tal y como ocurre, por ejemplo, con la defensa de la naturaleza, que no es tema exclusivo de la literatura maravillosa, aunque se explore con frecuencia en sus historias.

Esta es una de las razones de que, como se verá más adelante, los criterios de clasificación elegidos no estén directamente relacionados con la temática, sino con otros elementos narrativos.

> La característica especial de los géneros fantásticos, de ciencia ficción o de lo maravilloso es que funcionan no de manera mimética sino mediante un proceso de abstracción que exige a los lectores un modo de acercamiento diferente al que utilizan para leer realismo. Y es necesario aprender esos procesos, como tantas otras cosas.
> (…)
> Y es que toda buena literatura es simbólica, nos habla del ser humano, de la vida, del mundo y del universo.
> (…)
> Si un/a autor/a quiere tratar sobre el miedo al otro, al diferente, puede hacerlo con una ficción realista donde explica cómo la población autóctona de una ciudad (por ejemplo, Madrid) se relaciona con los inmigrantes; pero del mismo modo, otro autor escribiría una historia en que la relación se establece entre terrestres y alienígenas (ciencia ficción), o entre humanos «normales» y monstruos o vampiros (fantástico, terror, gótico). Los lectores encontrarán entonces, en esos personajes literarios, símbolos a interpretar, por ejemplo: vampiro=depredador=monstruo=diferente, y así es cómo se produce la abstracción.

En regiones extrañas
Lola Robles

El ejemplo del miedo al otro es muy ilustrativo de cómo puede trabajarse cualquier tema independientemente del género elegido para hacerlo. Evidentemente, elegir uno u otro tendrá unas implicaciones que van desde el plano formal hasta el plano comercial. Será labor de cada escritor decidir cuál es el vehículo que mejor se adapte a aquello que quiera contar. Por ejemplo: si a un autor le interesa exclusivamente explorar y hablar del miedo al otro, quizás el realismo no sea la mejor manera de abordar el tema puesto que si se sigue el ejemplo dado por Lola Robles, será inevitable hablar de racismo, de crítica social y, por tanto, de política. No abordar estas situaciones podría estropear la obra y abordarlas podría desviar la atención del texto hacia lugares que no son interesantes para el escritor. Un autor que conozca esto y haya estudiado los géneros no miméticos contará con un abanico mayor a la hora de elegir, lo que facilitará que alcance sus objetivos literarios.

5.2. Criterios de clasificación

La clasificación de los géneros no miméticos que se estudiará en este manual no se guiará por motivos extratextuales, como pueden ser comerciales, sociológicos o derivados de las características espaciotemporales que envuelvan a la obra o al autor. Estas características son, en gran medida, ajenas al texto y podrían dar lugar a clasificaciones un tanto arbitrarias y poco útiles para el futuro escritor. Algo que también señala, en este caso aplicado a la ciencia ficción, Fernando Ángel Moreno en su obra *Teoría de la Literatura de Ciencia Ficción*:

> Por todo ello, los tipos de análisis genéricos basados en temas, discurso o personajes han resultado del todo ineficaces con la ciencia ficción. El género no se construye en torno a un tipo de personaje ni de espacio,

tampoco en función de un discurso ni de una ideología. Existen ciertos tópicos, por supuesto, propios del género; sin embargo, son tan variados y diferentes entre sí, según las obras, que difícilmente pueden tomarse como los rasgos dominantes del género.

Teoría de la Literatura de Ciencia Ficción
Fernando Ángel Moreno

Los criterios elegidos serán, por tanto, narrativos. Algunos serán formales y otros pertenecerán al fondo de la obra. Excluyendo, eso sí, aquellos elementos que podrían hacer la clasificación confusa, demasiado extensa o difícil de manejar.

En palabras de Lola Robles:

Algo importante: no se puede definir estos géneros ni por sus personajes, ni por sus temáticas, ni por los subgéneros que cada uno incluye: pues de hacerlo así obtendríamos categorías basadas en conjuntos no cerrados, donde siempre habría que añadir nuevos elementos.

Hay que utilizar los rasgos dominantes, aquellas características compartidas por las obras pertenecientes a un género y que lo distinguen de los otros, y la forma interior, el esquema profundo que subyace bajo estos rasgos dominantes.

En regiones extrañas
Lola Robles

La autora toma el concepto de «rasgos dominantes» del libro *Teoría de la Literatura de Ciencia Ficción* de Fernando Ángel Moreno quien, a su vez, lo toma de Fernando

Lázaro Carreter —*Estudios de poética (la obra en sí)*— y de Boris Tomashevski —*Teoría de la literatura de los formalistas rusos*—.

> (…) un conjunto perceptible de procedimientos constructivos, a los que podría llamarse «rasgos» del género. Estos rasgos constituyen un esqueleto estructural que yace bajo las obras concretas de ese género, las cuales pueden poseer rasgos propios, pero siempre subordinados a los dominantes. Cuando esos rasgos propios se hacen atractivos para otros autores, pueden convertirse en principales y ser centro de un nuevo género. Los géneros pueden sufrir evoluciones lentas o revoluciones; estas las hacen siempre los genios, que destronan los cánones dominantes e imponen muchas veces los rasgos subordinados. Los epígonos, en cambio, prolongan la vigencia de un género, hasta hacerlo estereotipado y tradicional.

Estudios de poética (la obra en sí)
Fernando Lázaro Carreter

Como puede observarse, el uso de los rasgos dominantes para definir y clasificar un género ya contempla la existencia de obras que en cierta medida se separen de ellos si además de los dominantes contienen otros rasgos que son propios. Fernando Ángel Moreno considera que la hibridación se produce cuando una obra contiene rasgos dominantes de diferentes géneros, lo cual es interesante para ayudar al lector a clasificar las obras más complicadas.

Estos rasgos dominantes serán tres para la clasificación que se va a abordar: Las ubicaciones espacio-temporales, las entidades de ficción no miméticas y los efectos provocados en personajes y lectores.

A medida que se avance en el estudio de los géneros no miméticos y se profundice en sus subgéneros se descubrirá que para la subclasificación serán necesarios otros criterios.

También hay que señalar que estos criterios en la mayoría de las ocasiones no son definitorios de un género por sí mismos, sino que necesitará observarse su relación con los otros rasgos dominantes de la obra. Esto será muy claro, por ejemplo, cuando se hable de ubicaciones espacio-temporales realistas. Habrá ocasiones en las que dicha relación, que podrá ser de predominancia o igualdad, sea la que determine la clasificación en un género o en otro.

Como conclusión, antes de comenzar a desgranar por separado los criterios de clasificación, el manual se ha basado en la teoría matemática de los conjuntos difusos o borrosos y la teoría literaria de los rasgos dominantes. De manera que se ha elaborado una clasificación clara y a la vez flexible que sea fácilmente comprensible por el lector y efectiva a la hora de ayudar a la creación literaria.

A continuación, se repasarán cada uno de los rasgos dominantes, o lo que es lo mismo, cada uno de los criterios de clasificación:

5.2.1. Ubicaciones espacio-temporales

El primer concepto que se empleará en la clasificación será el de las ubicaciones espacio-temporales. En el capítulo dedicado al espacio narrativo se explicaba que «La ubicación espacio-temporal establece el marco pseudo-histórico, climático, social y de desarrollo tecnológico en el que suceden los acontecimientos, y ha de ser suficiente para visualizar a los personajes en una época u otra, sea real o inventada».

¿En qué sentido puede una evocación ayudar a clasificar la obra en un género o en otro? Para empezar, nos ayudará a diferenciar si las obras se encuadran en un marco realista o, por el contrario, lo hace en uno inventado (distinción que será clave cuando se diferencie entre fantasía y realismo maravilloso, por ejemplo, o cuando hablemos de la ciencia ficción).

Es decir, que es habitual que a ciertas ubicaciones les corresponda un cierto género. Por supuesto, esto no siempre es así. Sobre todo, cuando hablamos de ubicaciones realistas. Una obra cuya ubicación espacio-temporal sea el siglo XX occidental puede pertenecer sin problema a la literatura maravillosa, la fantástica o la ciencia ficción. Para diferenciar y clasificar estas obras será necesario observar sus otros rasgos dominantes.

Como se puede deducir, una ubicación espacio-temporal concreta llevará aparejadas ciertas entidades de ficción y provocará con mayor facilidad unos efectos que otros. Sin ir más lejos, es más probable que una ubicación futurística o espacial provoque en el lector el efecto de la prospección que una ubicación pseudomedieval. Y es más probable que en dicha ubicación puedan aparecer entidades de ficción relacionadas normalmente con la ciencia ficción: extraterrestres, naves, láseres, etcétera.

Generalizando, podemos establecer una división clara entre los géneros y las ubicaciones en las que se ambientan habitualmente:

- La literatura maravillosa tenderá a emplear ubicaciones realistas si hablamos de realismo mágico (o real maravilloso), ubicaciones feéricas, mágicas o fantasiosas si hablamos de fantasía o pseudomedievales si hablamos de épica fantástica (aunque también existe bastante fantasía con esta ambientación).

• La literatura fantástica usará exclusivamente ambientaciones realistas porque su razón de ser será precisamente las consecuencias de la irrupción de una entidad de ficción no mimética dentro de la realidad.

• El terror, por su parte, aunque suele emplear también ubicaciones realistas en la gran mayoría de los casos, puede ambientarse en mundos inventados o futuristas.

• La ciencia ficción, dependiendo de lo alejada que esté de la realidad del autor, empleará ubicaciones realistas, espaciales, distópicas, etcétera.

Como se puede observar, un elemento que a primera vista puede parecer casi ornamental y cuya utilidad podría ser «simplemente» la de construir mundo, ya nos da muchas pistas del tipo de historia que se está contando. Hasta el punto de que en ocasiones será la ubicación espacio-temporal la que incline la balanza hacia un género determinado.

5.2.2. ENTIDADES DE FICCIÓN

Como define Lola Robles, una entidad de ficción es cualquier elemento creado por el autor dentro de su obra (en el campo referencial interno) y que está relacionada bien con los personajes, bien con el lugar, bien con el tiempo en el que se desarrolla.

Las entidades de ficción dentro de la obra pueden ser de dos tipos: miméticas o no miméticas. Las miméticas serán de dos tipos: o bien tienen un referente que existe en la realidad (por ejemplo, si se ambienta una escena en el Museo del Prado), o bien pueden imitar la realidad (si en la obra se habla de un jarrón verde, aunque dicho jarrón no exista como tal en nuestra realidad. No existe, pero podría hacerlo). Si las entidades de ficción no tienen un referente real ni imitan la realidad (como ocurriría, por ejemplo, con un vampiro), nos encontraríamos ante entidades de ficción no miméticas.

Dichas entidades de ficción no miméticas son las que definen por sí mismas si nos encontramos ante una obra no mimética o una obra realista. Según lo explicado en el primer capítulo, para que una obra sea considerada no mimética es necesario que contenga alguna entidad de ficción no mimética y que esta sea lo suficientemente significativa como para ser relevante dentro de la historia. Por ejemplo, que no exista el condado de Yoknapatawpha en el que Faulkner ambientó muchas de sus historias no convierte dichas obras en literatura no mimética.

Es decir, no todas las obras que contienen alguna entidad de ficción no mimética pertenecen a estos géneros, pero sí todas las literaturas no miméticas contienen al menos una entidad de ficción no mimética.

Al igual que ocurría con las ubicaciones espacio-temporales, y que ocurrirá con los efectos, ciertas entidades de ficción no miméticas son más susceptibles de encontrarse en un tipo de historias que otras. Es decir, que también ayudarán a inclinar la balanza de la clasificación de dicha obra hacia un género o hacia otro.

Como es evidente, habrá algunas entidades de ficción que podrán aparecer en cualquier historia dependiendo del origen de la misma o de la explicación que se le dé dentro de la lógica de la historia. Por ejemplo: una aparición puede ser el resultado de unas fiebres (realismo), de un fantasma (literatura fantástica o terror) o de un holograma (ciencia ficción).

Por esto es importante prestar atención no solo al tipo de entidades de ficción, sino a la ubicación en la que se incluyen y los efectos que provocan. Será el conjunto de los tres criterios el que decida el género al que pertenece la obra.

En el caso de las entidades de ficción no miméticas es complicado enumerar aquellas que pertenecen a cada uno de los géneros, aunque existen ciertas generalidades que puede ser interesante observar.

- La literatura maravillosa cuenta con seres mitológicos, fabulosos o feéricos, lugares mágicos, o de paso como puede ser el armario de Narnia, objetos mágicos, magos, brujas, encantamientos, maldiciones, etcétera.
- La literatura fantástica y el terror cuentan con otras tantas entidades de ficción típicas como son los fantasmas, monstruos, apariciones, dobles, alteraciones de la percepción, rupturas de la realidad, etcétera. En este caso concreto, además, determinar si la entidad de ficción es mimética o no es gran parte de la construcción de la trama, puesto que estas historias, especialmente las fantásticas, se centran en explorar las consecuencias de que una entidad de ficción no mimética cruce a la realidad.
- Las obras pertenecientes a la ciencia ficción suelen incluir entidades de ficción que refuercen sus ubicaciones espacio-temporales y sus efectos, como pueden ser naves espaciales, máquinas del tiempo, inteligencias artificiales con autonomía, robots, enfermedades, extraterrestres, sociedades inventadas, etcétera.

En conclusión, a pesar de que las entidades de ficción no miméticas son las que determinan que una obra sea realista o no lo sea, es mucho más complicado que por sí solas determinen a cuál de los géneros no miméticos pertenece la misma; aunque serán útiles para reforzar los otros criterios de clasificación.

5.2.3. Efectos

El tercer criterio de clasificación que ayudará a delimitar los diferentes géneros miméticos será el de los efectos. Concretamente, el de los efectos que produzca la obra tanto en lectores como en personajes.

Un efecto en literatura, como se vio en el capítulo correspondiente, es una reacción emocional provocada por las diferentes entidades de ficción aparecidas en la obra y su ubicación espacio-temporal. Dependiendo de si esa reacción se produce por la lectura de los mismos o por la aparente vivencia de ellos, hablaremos de efectos en los lectores o en los personajes. Evidentemente, en esa división, los personajes son los que sufrirán los efectos de las vivencias, mientras que los lectores experimentarán dichos efectos durante la lectura.

En ocasiones estos efectos serán iguales para los lectores y para los personajes y en otras diferirán, aunque lo común es que sean parecidos para que el lector pueda empatizar con los personajes.

Cuando se habla de efectos referidos a la literatura no mimética, se suele asociar dicho efecto al provocado por las entidades de ficción no miméticas aparecidas en las obras. Esto es así porque para el lector será casi siempre más llamativa una entidad de ficción no mimética que una que tenga un referente en la realidad. Es decir, que un lector se fijará antes en un dragón, que, en un coche, por lo que el efecto que provoque el dragón tendrá más peso dentro de la obra que el que pueda provocar la aparición de un coche.

La reacción que provoque la aparición de esa entidad de ficción no mimética, de esa imposibilidad (imposibilidad para la realidad comúnmente aceptada por los lectores, no necesariamente para la de la obra), determinará en gran medida el género no mimético al que nos enfrentamos.

Que en el mundo presentado en la obra tengan cabida (o no) esas entidades de ficción no miméticas será determinante, por ejemplo, a la hora de diferenciar entre la literatura maravillosa y la fantástica, puesto que en esta última el rechazo y el sobrecogimiento ante la ruptura con la realidad será normalmente el centro del conflicto, mientras que en la literatura maravillosa esa ruptura con la realidad será solo para el lector (y no provocará rechazo), mientras que los personajes la aceptarán con total naturalidad como parte de su propio mundo.

Los efectos, como ya puede suponerse, no pertenecen en exclusividad a la literatura no mimética. Sin ir más lejos, el terror puede provocarse tanto a lectores como a personajes en obras realistas o no miméticas. Todo dependerá de la entidad de ficción que provoque dicho efecto. El efecto seguirá siendo terrorífico tanto si lo provoca un asesino en serie, un extraterrestre o un vampiro. Lo mismo sucede, por ejemplo, con el efecto de la maravilla, que no será exclusivo de la literatura maravillosa, sino que también estará presente en géneros realistas como la literatura de viajes o de aventuras.

También es importante señalar que algunos géneros (sobre todo subgéneros) provocarán varios efectos en sus obras. En esos casos, habrá que observar cuál de ellos es el predominante para poder clasificar la obra (o el género). Es algo que sucede, por ejemplo, con muchos subgéneros de la ciencia ficción, que pueden compartir el terror (obras apocalípticas) o el sentido de la maravilla (*space opera*) con el prospectivo.

Como conclusión, es interesante señalar que, aunque algunas entidades de ficción no miméticas suelan asociarse generalmente a ciertos efectos, será el autor el que determine con su escritura qué efecto quiere provocar en el lector o en los personajes. Existen, por ejemplo, dentro de la literatura infantil y juvenil algunas obras que se han reapropiado de los monstruos clásicos como son el vampiro, el zombi o la momia y se lo han presentado a sus lectores provocando sentido de la maravilla. En la otra dirección, no es extraño encontrar libros y películas de terror que emplean elementos cotidianos o aparentemente maravillosos para provocar miedo.

En general, los efectos que provocan las literaturas no miméticas se reparten de la siguiente manera:

- La literatura maravillosa se caracteriza por provocar el sentido de la maravilla en los lectores. Es decir, por generar una sensación de asombro y de interés. Es usual que los lectores fantaseen con trasladarse al mundo en el que se desarrolla la acción (fantasía) o vivir los acontecimientos que se narran (realismo mágico o real maravilloso). Para los personajes, muchas de las entidades de ficción no miméticas no provocarán sentido de la maravilla, puesto que las considerarán naturales o cotidianas, aunque en ocasiones sí se da ese sentido a medida que va avanzando la historia y los personajes encuentran elementos más insólitos.

- La literatura fantástica, por su parte, genera un sentido de inquietud, angustia o miedo intelectual; es decir, hace que el lector y los personajes se planteen la estabilidad de su concepto de realidad y los límites de la misma. También se puede llamar a este efecto: lo espeluznante u ominoso.

- El terror, por su parte, intenta provocar un miedo físico o terror. El lector y los personajes temerán por la integridad física de los protagonistas de la obra. Para diferenciar el terror de la literatura fantástica se suele decir que esta segunda provoca miedo intelectual y el terror, miedo físico.

- La ciencia ficción genera normalmente un efecto prospectivo: los lectores se preguntan qué pasaría si se produjera una deriva científica o social desde su realidad a la realidad narrada en la obra. Es una suerte de inquietud intelectual lanzada hacia el futuro (o el pasado si la obra se pregunta qué hubiera pasado si, como sucede en las ucronías).

5.3. Clasificación

Una vez se han aclarado los conceptos que se van a emplear a la hora de definir y separar los géneros que componen las literaturas no miméticas, el lector se encuentra en disposición de adentrarse en dicha clasificación.

Como ya se ha dejado entrever en los apartados y capítulos anteriores, la clasificación de este manual separará los géneros no miméticos en cuatro: literatura maravillosa (dividida a su vez en fantasía, lo real maravilloso y épica fantástica), literatura fantástica, terror y ciencia ficción.

A decir verdad, la literatura fantástica y el terror formarían parte del mismo género contenedor que se llamaría (también) literatura fantástica. Para evitar los problemas derivados de que un subgénero se denomine igual que el género contenedor, se ha optado por la separación de los mismos. Como se verá más adelante, estos dos géneros comparten un rechazo por el elemento no mimético que irrumpe en la realidad de la obra y tienen ubicaciones espacio-temporales y entidades de ficción similares. Se diferenciarán primordialmente en el efecto que buscan producir.

A continuación, se mostrará de manera visual esta clasificación a través de un cuadro divisorio inspirado en los realizados por Lola Robles. Hay que advertir que se trata de un cuadro resumen, se presentarán estos géneros en el siguiente apartado y se ahondará en cada una de sus características a lo largo del manual.

	Ubicación espacio-temporal	Entidades de ficción no miméticas	Efectos
Literatura maravillosa	Varias	Feéricas, míticas, maravillosas, etcétera.	Maravilla
Fantasía	Feéricas o míticas		
Real maravilloso	Realistas		
Épica fantástica	Evocadoras, generalmente pseudomedievales		

Literatura fantástica	Realistas	Extrañas, incómodas, raras, espeluznantes, etcétera.	Inquietud
Terror	Realistas y, en bastante menor medida, futuristas o evocadoras	Monstruosas, demoniacas, peligrosas, etcétera.	Miedo
Ciencia ficción	Futuristas, galácticas, postapocalípticas, distópicas	Futuristas, sociales, tecnológicas, espaciales, extraterrestres, etcétera.	Prospección

Como puede apreciarse en el cuadro, habrá algunos géneros que compartan ciertas características. Esto provocará que en ocasiones sea complicado distinguir entre unos y otros. Además de la ya mencionada dificultad existente en la diferenciación entre fantástico y terror, también puede ser complicado diferenciar en ocasiones entre lo real maravilloso y lo fantástico. Una entidad de ficción no mimética de origen feérico o mítico puede convertirse con facilidad en algo extraño, incómodo o espeluznante, por lo que la única forma de diferenciar entre un género u otro será atendiendo al efecto que provoca la irrupción de dicha entidad de ficción en los personajes y en los lectores. Además, habrá obras en las que pueda pasarse del sentido de la maravilla a la inquietud con facilidad.

Toda clasificación es imperfecta y en ningún caso se pretende marcar unos límites claros entre los géneros. La hibridación existe, como ya se ha señalado, y habrá obras que se escapen a esta clasificación o que varíen su lugar en función del elemento narrativo al que se le preste más atención.

Por último, conviene señalar que existen otros géneros que no pertenecen del todo ni al realismo ni a las literaturas miméticas, como pueden ser, por ejemplo, el absurdo y el surrealismo. En este manual se les dedicará un capítulo por su cercanía con los géneros no miméticos, pero no se incluirán en la clasificación.

5.4. RESUMEN DE GÉNEROS

A continuación, y a modo de resumen, ya que serán analizados con detalle en sus respectivos capítulos, se presentarán los géneros que componen la clasificación elegida de las literaturas no miméticas. Además, se añadirán los géneros del absurdo y el surrealismo.

5.4.1. LITERATURA MARAVILLOSA

El primer género que se estudiará será la literatura maravillosa. Es, además, el primero en aparecer en la historia de la literatura universal.

La literatura maravillosa está dividida en varios subgéneros con diferencias claras, aunque todos ellos tienen en común ciertas características:

Las entidades de ficción no miméticas que aparecen habitualmente en la literatura maravillosa son de origen fantasioso, feérico, mitológico o maravilloso. Por ejemplo: hadas, duendes, bosques encantados, animales que hablan o con entendimiento, objetos con poderes mágicos, hechizos, magos, lugares secretos, unicornios, sirenas, centauros, transformaciones, maldiciones, etcétera.

Todas esas entidades de ficción, además, serán tratadas dentro de la obra de manera que provoquen en el lector el efecto de la maravilla. Esto es, que el lector se quede ensimismado por el elemento aparecido y quiera trasladarse a vivir en el mundo que recrea el libro. Los personajes, por su lado, pueden también verse envueltos en el efecto de la maravilla si provienen de otro mundo diferente o tratar dichas entidades de ficción con naturalidad si provienen del propio mundo recreado en la obra.

Las ubicaciones espacio-temporales de la literatura maravillosa pueden ser de distintos tipos y serán ellas las que diferencien entre cada uno de los subgéneros de la literatura maravillosa:

- Fantasía

En la Fantasía, la ubicación espacio-temporal suele ser feérica o maravillosa. El País de las Hadas, Nunca Jamás, la aldea de los pitufos, Fantasía, etcétera. Es frecuente, además, que muchos de estos lugares se encuentren escondidos en la obra dentro de una realidad parecida a la del lector, de la que se viaja de alguna manera (cruzando un armario, leyendo un libro, en un tren…). Normalmente, la temporalidad de estos mundos parece haberse quedado detenida en un ambiente pseudomedieval. Las obras de fantasía suelen decantarse por las aventuras y en ocasiones pueden confundirse con la épica fantástica si dichas aventuras tienen cierta violencia o derivan en un cambio de paradigma en el mundo inventado. Muchos cuentos de hadas se encuadran en este género.

- Real maravilloso

Lo real maravilloso estaría conformado por aquellas obras de literatura maravillosa cuya ubicación espacio-temporal imite a la realidad del escritor y en la que se introduzca una entidad de ficción no mimética que provoque asombro tanto en el lector como en el personaje. Este género, como ya se ha comentado, puede confundirse en ocasiones con la literatura fantástica si no queda claro el efecto que produce esa ruptura con la realidad. Muchos ejemplos de este género pueden encontrarse dentro del realismo mágico latinoamericano.

- Épica fantástica

Por último, la épica fantástica sería aquella rama de la literatura maravillosa cuya ubicación espacio-temporal sea principalmente evocadora e imite algún tiempo pasado de la Historia, normalmente la Edad Media europea. No se trata de reproducir la época concreta, sino adoptar ciertos elementos que recuerden al lector a dicha época. Además, las historias de épica fantástica suelen estar impregnadas de luchas o violencia y terminar con un cambio de paradigma social dentro del mundo representado. En ocasiones podrá viajarse de la realidad hacia ese mundo, pero el peso narrativo de la obra lo tendrá la ubicación espacio-temporal no realista.

5.4.2. LITERATURA FANTÁSTICA

La literatura fantástica ha sido el género no mimético que más atención ha recibido por parte de la academia y la crítica. Eso ha hecho que en ocasiones se utilice el término para englobar el resto de literaturas que componen los géneros no realistas.

El principal rasgo que se puede destacar en la literatura fantástica es que el efecto que se busca conseguir es el de la inquietud, el miedo intelectual que hace que tanto los personajes como los lectores se cuestionen de cierta manera su realidad.

Para ello, se sirve de la introducción de una entidad de ficción no mimética dentro de la realidad de la obra, que imita, evidentemente, la realidad del escritor. Esas entidades de ficción se presentan de manera que no produzcan asombro ni maravilla, sino desasosiego. Suelen ser entidades de ficción espeluznantes o raras. En ocasiones podrán presentarse inicialmente como algo maravilloso, pero a medida que la narración avance, esa ruptura con la realidad provocará desasosiego y extrañeza. En general, la literatura fantástica comparte entidades de ficción con el terror y la literatura maravillosa. Pueden encontrarse portales a otros mundos, intercambio de personalidades, viajes astrales, criaturas sobrenaturales, viajes temporales, aparición de dobles, etcétera.

Como se deduce de lo anterior, la única ubicación espacio-temporal en la que puede ambientarse este tipo de obras es la realista porque el eje central del conflicto y el tema de la narración será, precisamente, la ruptura de algún aspecto de la realidad. Clásicamente, se ha interpretado, sobre todo por el lingüista Tzvetan Todorov, que la literatura fantástica solo se produce en los momentos en los que el lector duda de si esa entidad de ficción que ha roto la realidad existe o es producto de una explicación racional. En este manual se entenderá la literatura fantástica como aquella en la que la entidad de ficción que irrumpe en la realidad de la obra existe y no tiene una explicación racional.

La literatura fantástica se encuentra a medio camino entre la maravillosa, con la que puede confundirse si la entidad de ficción no mimética pertenece usualmente al mundo de la maravilla y no está trabajada para producir desasosiego; o con el terror, con el que guarda muchas más semejanzas.

5.4.3. TERROR

El terror, por su parte, se consigue cuando lo narrado en la obra provoca en los lectores y en los personajes temor hacia la integridad de los personajes. Hablamos, por tanto, de un miedo físico, temor al daño, al sufrimiento o a la muerte. En este caso no prima tanto el cuestionamiento de la realidad —el miedo de que haya algo más, desconocido—, sino el temor de que los personajes puedan morir o sufrir daños.

Como es evidente, los personajes temerán por su propia integridad, mientras que el lector no temerá por la suya propia, sino solo por la de los personajes.

Por tanto, el terror usualmente puede confundirse con la literatura fantástica y, en ocasiones, se estudian como subgéneros de la misma categoría.

Las entidades de ficción que suelen aparecer en estas historias son principalmente terroríficas, como pueden ser monstruos, extraterrestres, parásitos, animales mitológicos, asesinatos, mutilaciones, torturas, posesiones, fantasmas, etcétera. Evidentemente, también es muy común encontrar entidades de ficción que no se asocian usualmente al terror, pero que se trabajan para conseguir ese efecto. Hoy en día se ha convertido casi en un tópico, sin ir más lejos, el uso de muñecas o juguetes como entidades de ficción terroríficas.

La ubicación espacio-temporal del terror suele ser realista ya que de ese modo es más fácil que el lector empatice con el personaje y sienta cierto temor. De todos modos, podemos encontrar terror en casi cualquier ubicación espacio-temporal, sobre todo si las relacionadas con la ciencia ficción. Es un género que se presta muy poco a ubicaciones espacio-temporales de corte maravilloso, donde es muy complicado mezclar la ubicación con el efecto terrorífico.

Es importante señalar que en el manual solo se prestará atención a aquel terror que sea provocado por una entidad de ficción no mimética. El terror en sí mismo es un género transversal que puede encontrarse en el realismo si las entidades de ficción son miméticas, como pueden ser, por ejemplo, los asesinos en serie, los secuestros, las enfermedades o las torturas.

5.4.4. Ciencia ficción

La ciencia ficción tiene unos elementos bastante únicos que la diferencian de manera sencilla del resto de géneros que se estudiarán en el manual. La dificultad con este género vendrá cuando se aborden los diferentes subgéneros que pueden encontrarse.

Sus entidades de ficción no miméticas suelen ser bastante únicas y es complicado encontrarlas en otros géneros que no sean la propia ciencia ficción. Podemos hablar, por ejemplo, de: armas láser, naves espaciales, apocalipsis, pandemias, extraterrestres, enfermedades, derivas sociales, formas de gobierno, sociedades diferentes a las que conocemos, robots, inteligencias artificiales, superpoderes, etcétera. Todas ellas tienen en común que facilitan el efecto de la prospección al suponer caminos posibles o alternativos al desarrollo de la humanidad. Dentro de estas obras suele haber una entidad de ficción que se convierte en la premisa de la historia y que se conoce como *novum*.

Estas entidades de ficción, como se ha dicho, ayudarán a conseguir el efecto de la prospección. Este efecto busca que el lector haga el ejercicio intelectual de plantearse qué podría pasar (o podría haber pasado, en las ucronías) si el desarrollo de la humanidad (tanto tecnológica como socialmente) fuera (o hubiera ido) en una dirección determinada. No es extraño encontrar historias de ciencia ficción que buscan ser una suerte de advertencia para el presente. El efecto de la prospección puede parecerse un poco al miedo intelectual que provocan las historias de la literatura fantástica, pero se diferencia en dos aspectos fundamentales: el primero es que está provocado por un *novum*, una entidad de ficción no mimética que posee una explicación racional. La segunda es que en ocasiones acompañando al efecto prospectivo encontraremos el efecto de la maravilla o el asombro, cosa que no ocurre en la fantástica. Aunque la prospección pueda provocar cierto miedo psicológico, no lo hace basándose en lo desconocido, en que puede haber algo más en la realidad que el ser humano desconoce, sino precisamente en el desarrollo del ser humano.

En cuanto a las ubicaciones espacio-temporales, en la ciencia ficción pueden encontrarse muchas de ellas, desde las realistas, hasta las galácticas, futurísticas, distópicas o posapocalípticas. Su uso dependerá del subgénero al que pertenezca la obra en cuestión.

5.4.5. El absurdo y el surrealismo

La creatividad y la experiencia artística siempre escapan a los moldes que desde la crítica o la academia se quieran imponer, por eso no todo iba a ser tan «sencillo» como diferenciar entre literaturas miméticas y no miméticas.

El absurdo y el surrealismo son ejemplos de géneros que se escapan a esa clasificación y que nadan entre las fronteras de los mismos. Es decir, que tienen elementos del realismo y de los géneros no miméticos, sin que su peso sea tal que llegue a encuadrarse dentro de ninguno de esos dos paraguas. Hay otros géneros que no entrarían dentro de esta división binaria entre mimético y no mimético, pero en el manual se observarán estos dos ya que son los que más atención reciben por parte de los escritores.

Cada uno de ellos tiene sus peculiaridades que serán estudiadas en el capítulo pertinente. Antes de eso, conviene señalar algunas características generales que hace que estos géneros sean tan peculiares.

La primera de ellas es que en dichos géneros aparecen entidades de ficción no miméticas, por lo que conviene que la persona que quiera escribirlos conozca las técnicas de los géneros no miméticos para trabajar dichas entidades de la manera más eficaz para la historia.

La segunda es que dichas entidades de ficción no siempre serán tomadas de manera literal en la historia, sino que la mayoría de las veces serán alegorías o representarán otro elemento de la narración.

Esta peculiaridad será la que haga que estos géneros sean tan difíciles de clasificar. El tratamiento que se hace de las imposibilidades es igual que en los géneros no miméticos, pero la mayoría de las veces, dichas imposibilidades no deberán ser tomadas de manera literal.

Sus ubicaciones espacio-temporales partirán muchas veces del realismo, pero se moverán en ambientes oníricos o surrealistas. Al trabajar dichos ambientes, será fácil que el efecto buscado sea también variable según el tipo de historia que se esté escribiendo.

Por tanto, será necesario ver cada uno de estos géneros por separado para entender sus peculiaridades. Por el momento, baste con esta diferenciación.

Nos dedicaremos en próximos capítulos a abordar cada uno de estos géneros no miméticos (además del surrealismo y el absurdo) por separado, mostrando al lector sus principales características, obras representativas y, también, las técnicas narrativas que se emplean con asiduidad en la escritura de cada uno de estos géneros, con la finalidad de facilitar su estudio y su escritura.

COSMOGÉNESIS

Alejandro Marcos

6.1. Construir un mundo

La construcción de mundo o cosmogénesis es una técnica literaria característica de la literatura no mimética que consiste en la creación de universos (en su más amplio sentido) en los que ambientar narraciones. En ocasiones, se emplea también el término en inglés, *worldbuilding*, aunque se desaconseja su uso.

No es una técnica exclusiva de la narrativa (cine, cómic, literatura, etcétera), puesto que también se emplea en videojuegos, juegos de mesa y de rol.

En la cosmogénesis, es necesario tomar decisiones que construyan el mundo social y físicamente. Lo más habitual es partir de algunos elementos conocidos en la realidad y conformar el mundo a partir de ellos según los personajes o la historia que se quiera contar.

La construcción de mundo debe respetar la verosimilitud y tener un alto grado de cohesión, coherencia y consistencia.

6.2. Lo más importante para la construcción de mundo

Vamos a comenzar este punto con una cita que ilustra la principal norma a tener en cuenta cuando se crean mundos imposibles: la construcción de mundo debe estar supeditada a la historia. Nunca al revés.

> (…) voy a recomendaros un par de trucos. El primero es pensar siempre que la construcción de mundo está al servicio de la historia que contáis y de la creación de unos buenos personajes. Os interesa encontrar la forma de transmitir los datos sobre la ambientación a través de los ojos de vuestros personajes, de un modo que ejemplifiquéis quiénes son. La intención de toda frase o todo párrafo que empleéis para hacerlo debe ser en realidad facilitar al lector más información sobre el personaje, y, casi como efecto secundario, hablar de la ambientación.
>
> *Curso de escritura creativa*
> Brandon Sanderson

La cita está extraída de *Curso de escritura creativa*, de Brandon Sanderson. Es decir, que viene de la mente de uno de los más populares y prolíficos escritores de fantasía y ciencia ficción del siglo XXI. Hay que advertir que el autor se refiere a ambientación cuando en realidad habla de construcción de mundo; usa los dos términos como sinónimos, aunque en el manual hayamos hecho una distinción clara entre ambos conceptos.

Hemos comenzado con esta idea porque es la única verdad universal en la cosmogénesis. Es lo único que en realidad puede echar a perder una historia. Y los escritores de maravillosa y de ciencia ficción, sobre todo primerizos, tienen mucho riesgo de dejarse arrastrar por la construcción de mundo. Es lo que Brandon Sanderson llama, en el mismo libro, la «dolencia del constructor de mundos»:

> Sucede cuando alguien se queda tan absorto creando la ambientación de una historia, que nunca deja de desarrollarla para empezar a escribir dicha historia. Y en caso de que la empiece, ha dedicado tanto tiempo a crear un mundo maravilloso que quiere llenar hasta el último rincón de la historia con elementos de ese mundo y, al hacerlo, empeora la historia que en realidad está narrando.

Curso de escritura creativa
Brandon Sanderson

Es decir, que hay que tener claro que no toda la información que hayamos generado a la hora de imaginar un universo va a tener cabida en la narración. La construcción de mundo viene bien para dar tridimensionalidad y verosimilitud a las historias, pero, como las buenas especias, hay que emplearla en la justa medida.

Para saber cuál es esa medida, es importante conocer cuáles son las funciones de la cosmogénesis. A saber: caracterizar personajes, hacer avanzar la peripecia y aumentar la verosimilitud o el efecto buscado.

Sanderson habla en el primer ejemplo de supeditar la información del mundo a los personajes, es decir, que, si el dato aportado no enriquece la visión del personaje que está protagonizando la historia en ese momento, debe eliminarse.

A esto podemos añadir también la historia. La construcción de mundo debe servir para hacer avanzar la historia. No se debe hacer una descripción de doscientas palabras sobre la economía de una ciudad sin que vaya a ocurrir nada relacionado con dicha economía en la historia.

Hasta ahora, parece sencillo diferenciar qué información se debe incluir en la historia y qué información eliminar. El problema puede venir con la tercera función. No es tan fácil discernir cuánta construcción de mundo es necesaria para crear la verosimilitud o el efecto buscado. ¿Cuántas descripciones hacen falta para que el lector crea que se encuentra en otro mundo o para que le invada el sentido de la maravilla? No se puede dar una respuesta exacta, pero sí decir que menos de las que se cree normalmente. Es evidente que el lector necesitará descripción e información sobre las entidades de ficción no miméticas, especialmente si son creaciones originales (hoy en día no haría falta describir un centauro); pero aun así habrá que pasar sobre ellos casi de puntillas; a excepción de aquellas entidades de ficción no miméticas que tengan relación directa con el desarrollo de los personajes o de la historia, evidentemente.

Un truco muy recomendable es pensar en el realismo. Si el escritor de la historia procediera del mundo que se acaba de crear, ¿se detendría a describir la reproducción de un animal inventado? Probablemente, no. Quizás el escritor no mimético preocupado, haya estudiado cómo se reproducen, de qué se alimentan y cómo es su hábitat, pero seguramente al lector solo le distraiga de la historia.

Es complicado de medir, no hay fórmulas matemáticas, pero los años, las escrituras y las lecturas ayudan a afinar la intuición para detectar este exceso de información que se conoce como *infodumping*.

El *infodumping* es un párrafo o conjunto de párrafos en el que el escritor diserta sobre un elemento de la construcción de mundo de una forma totalmente ajena a la historia. La acción se detiene y se pasa generalmente a un registro divulgativo. Se detecta fácilmente si puede eliminarse sin que el resto de la narración sufra ningún cambio. El lector tiene la impresión de estar leyendo una enciclopedia sobre el mundo inventado en lugar de estar leyendo una narración.

Poco a poco el escritor verá que esa selección de información no se hace de manera consciente, sino que se va echando mano de los datos de construcción de mundo y ambientación a medida que sean necesarios o que la historia los pida. No es recomendable agobiarse con ello antes de ponerse a escribir, aunque sí lo es tenerlo en cuenta cuando se está revisando.

Antes de la selección, como hemos apuntado previamente, es probable que ya hayamos realizado la cosmogénesis propiamente dicha o, al menos, esbozado sus rasgos generales. Tampoco es recomendable ponerse a escribir una historia ambientada en un mundo inventado sin conocer, al menos, sus reglas físicas, geográficas y sociales básicas. Previa o simultánea a esa construcción de mundo, tendremos que realizar la documentación.

Sí, también hay que documentarse en los mundos inventados.

En la cosmogénesis podemos imaginar cualquier elemento social y físico; tenemos plena libertad creativa, pero eso no significa que podamos hacer lo que nos venga en gana. Especialmente si hablamos de ciencia ficción. Siempre será necesario documentarse en mayor o menor medida.

¿A qué nos referimos con documentación cuando hablamos de un mundo inventado? Es evidente que no se pueden consultar webs o libros en los que esté la información histórica o geográfica del mundo que recién hemos inventado.

Para documentarnos cuando estemos construyendo un mundo, hay que centrarse en aquellos elementos que comparta nuestro mundo con el inventado. Por ejemplo: en fantasía épica es muy común escribir historias con una ambientación medieval europea. No estaría mal que, si se pretende hacer algo así, se conozca cómo funcionaba el mundo en Europa durante la Edad Media. ¿Es obligatorio? Por supuesto que no, los anacronismos en ese aspecto están a la orden del día (sobre todo cuando se introducen patatas o capitalismo en un sistema feudal). No se trata aquí de calcar la Edad Media europea o, de otro modo, se estará escribiendo un libro de literatura histórica. Se trata de seleccionar aquellos elementos que interesen para la historia y trasladarlos de manera creíble al mundo creado. Es decir, que, si se le dice a un lector, por seguir con el mismo ejemplo, que la ambientación es medieval europea, no se extrañará demasiado si ve una patata, pero se saldrá completamente de la historia si metemos un coche de Fórmula 1. Cuanto más cerca se quiera que esté un mundo de unas normas naturales, sociales, políticas o históricas concretas, más documentación es necesaria.

Esta documentación es más evidente aún si estamos escribiendo ciencia ficción. Si se quiere escribir un libro ambientado en un mundo en el que haya un sistema con varios soles, convendría documentarse sobre cómo cambiaría la luz, la gravedad, la longitud de los días, los años, etcétera. La documentación en ciencia ficción se hace más importante cuanto más «fidedigna» sea.

Dicho lo anterior, el escritor es el dueño de su mundo, puede hacer lo que quiera con él, pero, como ya se ha explicado, es muy importante no romper ni la coherencia ni la cohesión del mismo. «Lo hizo un mago» no puede ser la respuesta constante a por qué suceden las cosas en nuestro mundo. Muchas veces (la mayoría), el lector no tendrá que conocer esas razones; lo importante no es que las conozca, sino que no se llegue a hacer esas preguntas porque hemos construido de manera verosímil el entramado del mundo.

Es decir, que la documentación tiene que ser un apoyo, una manera de decirle al lector: esto lo conoces, mi mundo se parece a esto otro. Cuando el lector reacciona con un: «Ah, vale, conozco la Edad Media europea, ya sé cómo funciona tu mundo»; es el momento de introducir aquellos cambios y personalizaciones que se quieran incluir. Puede ser la existencia de dragones, pero también puede ser una igualdad real entre hombres y mujeres.

Realizadas las advertencias y el preámbulo, es el momento de pasar a la cosmogénesis en sí misma. Vamos a ver a continuación los diferentes elementos con los que se puede trabajar a la hora de construir un mundo y los principales consejos y herramientas que se emplean para ello. Dentro de estos apartados el escritor puede extenderse durante horas infinitas, pero recordando las advertencias de Brandon Sanderson y teniendo cuidado con usar la cosmogénesis como excusa para no escribir. No estamos haciendo enciclopedias, estamos escribiendo historias.

6.3. MITOLOGÍA, RELIGIÓN Y MAGIA

En este apartado vamos a hablar sobre cómo construir las creencias del mundo. Juntamos la magia a la mitología y la religión porque, en muchos mundos inventados, el sistema de magia está muy vinculado al sistema de creencias.

Por supuesto, no es obligatorio que el mundo tenga un sistema mitológico o religioso para funcionar perfectamente. Hay algunos mundos en los que no hay religión (por ejemplo, el mundo de *Harry Potter*, de J. K. Rowling; aunque celebren la Navidad) y otros en los que no habrá un sistema mitológico o tendrá un peso mínimo (como en *Elantris*, de Brandon Sanderson).

Antes de continuar, vamos a aclarar a lo que nos referimos con mitología y religión. Como el sistema de magia funciona de manera ligeramente distinta, se verá por separado.

La mitología de un mundo es el conjunto de historias fundacionales en las que se basa el relato legendario de dicho mundo. Es decir, las leyendas. Puede que hubiera un tiempo en el que se creyera en esas leyendas, pero, en el momento en el que sucede la acción, se da por hecho que son parábolas para explicar determinada situación o acontecimiento histórico. Es recomendable asociar a cada poder estamental una historia fundacional, un mito sobre su fundador o un antepasado que justifique la ostentación actual de dicho poder. Muchas veces, esa mitología servirá para guiar al héroe, que demostrará que alguna de dichas leyendas era cierta. Algunas religiones pueden basarse en estos mitos para su fundación o pueden usarlos en su beneficio.

Además, la mitología de un mundo enriquece el mismo, haciendo que se tenga la sensación de que hay algo más allá de lo que se cuenta, que el mundo no es un fondo de cartón piedra. Los mitos y leyendas pueden usarse como guía para el héroe, como se ha mencionado, como pistas sobre lo que va a suceder a continuación y, sobre todo, para justificar la existencia de determinados elementos de construcción de mundo que puedan resultar más complicados de creer. En la saga de J. K. Rowling, *Harry Potter*, existen muchísimos mitos sobre los fundadores de Hogwarts —e incluso sobre la fundación del propio colegio— que justifican muchas de las situaciones en las que se ven envueltos los protagonistas. Al ser elementos que sucedieron en un pasado lejano, es complicado que sean disparadores de acción o que hagan avanzar la trama. Los mitos suelen formar parte del telón de fondo del mundo y estar un poco más desconectados de los protagonistas de lo que lo está la religión.

Las religiones, por otro lado, son sistemas organizados con pleno funcionamiento en el momento en el que sucede la acción. Tienen una estructura que determina la moral de los creyentes y determina lo que se debe o no se debe hacer. Puede contar con un panteón de dioses o no. En Poniente, el mundo en el que se desarrolla la saga de *Canción de hielo y fuego*, de George R. R. Martin, podemos encontrar ejemplos de religiones monoteístas (el dios ahogado), sintoístas (el árbol corazón) y politeístas (los siete).

Es habitual que la religión controle la magia o, al contrario, se oponga a ella, dependiendo del mundo que estemos desarrollando.

Al revés que la mitología, la religión suele conectarse directamente con el personaje. Si se trata solo de un telón de fondo, habrá que pasar sobre ella de puntillas, haciendo que simplemente sirva para aumentar la tridimensionalidad del mundo y su verosimilitud. Para que una religión aparezca con sus normas y estructuras, debe afectar a la historia o a los protagonistas. Usando el ejemplo de *Canción de hielo y fuego*, la religión conforma un rasgo importante de los personajes y la creencia en una u otra religión hace que se comporten de una u otra manera. Es decir, que George R. R. Martin usa la religión para que nos creamos el mundo y para que entendamos de dónde vienen y cómo son los protagonistas. A veces, incluso, emplea la religión para hacer avanzar la trama. El personaje de Cercei, por ejemplo, tiene un gran arco argumental, que provoca un profundo cambio en ella, cuando se enfrenta a la religión imperante en Desembarco del Rey.

¿Hay que estructurar todos los mitos del mundo y los estamentos religiosos, así como las creencias en el paraíso y el infierno? No, ni mucho menos. Puede hacerse, qué duda cabe, pero siempre sabiendo que mucha, muchísima, de esa información no aparecerá en la historia.

No hay trucos para construir la mitología y la religión de un mundo. Es uno de esos ejemplos en los que lo mejor que puede hacerse es investigar. Eso sí, las religiones y las mitologías son reflejos de la sociedad en la que se encuadran. Un mundo moderno tenderá a tener menos religión, aunque probablemente no prescinda de los mitos. Puede, incluso, que, en cierta medida, esas figuras mitológicas sustituyan a la religión. Esto mismo sucede con Ford en la novela de Aldous Huxley, *Un mundo feliz*.

Si hablamos de fantasía épica, que es el género en el que típicamente se trabaja más la construcción de mundo, hay que tener en cuenta que estas historias normalmente hablan de un cambio de paradigma social y que la religión, sobre todo en ambientaciones clásicas, es un elemento muy importante de ese paradigma, por lo que probablemente se vea afectada por el desarrollo de la trama y su resolución.

También habrá ocasiones en las que la religión y la mitología estén mezcladas y no se sepa bien qué pertenece a qué. En este caso, solemos hablar de mundos en los que no se ha evolucionado desde hace mucho tiempo, como sucede con el segundo libro de la saga de *Terramar*, *Las tumbas de Atuan*, de Ursula K. Le Guin. Este libro es, además, un ejemplo perfecto de cómo la religión puede ser un ente indispensable para la construcción de mundos. A lo largo de la novela, la autora explica con detalle cómo está establecida y cómo funciona la religión en ese mundo (religiones, más bien). Y puede detenerse tanto en ello porque precisamente la protagonista es una gran sacerdotisa de uno de los ritos. En la novela también encontramos un enfrentamiento entre magia y religión. Algo parecido a lo que sucede en la ya mencionada *Elantris*, de Brandon Sanderson, en la que la magia y la religión se oponen y en la que, además, uno de los protagonistas también es un representante de la religión.

Hay que tener en cuenta que las creencias del mundo inventado influirán en la forma de hablar y de vestir de los personajes. Un ejemplo estupendo de esto es la novela *El cuento de la criada*, de Margaret Atwood.

Lo más habitual es basarse en alguna religión o mitología existente (o que ha existido) en la realidad y adaptarla al mundo. Si se hace eso, hay que documentarse mínimamente y recordar que no es necesario calcar la religión o la mitología tal cual, sino seleccionar aquellos elementos atractivos para la trama y potenciarlos, transformando todo lo que haya que transformar. Siempre es recomendable tener un mínimo sistema de mitos y religiones de las que echar mano.

Algunas preguntas que el escritor puede hacerse a la hora de dar vida a estas creencias son: ¿en qué se cree?, ¿es un dios, un personaje del pasado?, ¿son varios?, ¿es una energía, potencia, ser de otro planeta?, ¿estas creencias establecen un sistema moral?, ¿cuáles son las normas en las que se basa, es decir, cuál es su dogma?, ¿quién dirige el sistema, si es que lo dirige alguien?, ¿cómo se difunde?, ¿hay edificios destinados a la adoración?, ¿los mitos y religiones controlan o tienen relación con otros poderes o estamentos?, ¿en qué nivel afecta a la vida cotidiana de los personajes?, ¿conviven varias religiones o mitologías?, ¿existe un sistema de castigo recompensa como el cielo y el infierno?, ¿existe la magia?, ¿cómo se relaciona la religión con ella?, ¿son los protagonistas creyentes?

No es necesario que todas estas preguntas estén respondidas, evidentemente, pero cuantas más claras estén, mejor va a poderse transmitir esa creencia. Lo más importante es saber seleccionar la información que le va a llegar al lector de todo lo que hemos planificado.

6.3.1. Sistemas de magia

La magia y los poderes sobrenaturales son, muchas veces, los principales atractivos para un escritor a la hora de construir el mundo. En ocasiones, incluso, es el germen de la propia historia en sí. Por eso precisamente vamos a detenernos un poco en su construcción y a daros algunos consejos para su transmisión a los lectores.

Antes de comenzar, es importante señalar que no se habla aquí únicamente de mundos de literatura maravillosa, sino que los sistemas de magia pueden emplearse también en mundos de ciencia ficción. Seguramente sean poderes explicados de una manera racional (como ocurre con los *jedi* y los *midiclorianos* en *Star Wars*), pero su construcción se trabaja igual que la de un sistema de magia surgido de lo maravilloso.

Se llama sistema de magia al conjunto de normas que regulan cómo se obtiene la magia, qué se puede hacer con ella, sus limitaciones y cuáles son sus consecuencias. Lo más importante, siempre, es tener estas normas muy claras y que no cambien a conveniencia a medida que la historia avanza. Si en la historia la magia no puede resucitar a los muertos, no se debe resucitar a un muerto con magia al final de la historia para resolver un conflicto. Es decir, cuidado con hacer un *Deus ex machina* con el sistema de magia.

Brandon Sanderson, conocido especialmente por crear sistemas de magia originales y complejos, tiene tres leyes sobre la construcción de estos sistemas y la primera de ellas recoge, precisamente, este consejo. Se pueden encontrar todas estas leyes en el libro *Curso de escritura creativa*:

> La capacidad de un autor para resolver un conflicto mediante la magia de manera satisfactoria es directamente proporcional a lo bien que el lector haya comprendido dicha magia.
>
> *Curso de escritura creativa*
> Brandon Sanderson

Es decir, que si la resolución del conflicto va a pasar por resucitar a alguien con la magia, hay que dejar claro que de alguna manera puede hacerse antes de que esa magia sea necesaria. No hace falta que sea algo sencillo o al alcance de cualquier personaje, pero el lector debe tener la sensación de que puede hacerse. Tampoco es necesario que se repita constantemente, pero, si el lector relee la historia, debe darse cuenta de que ya se lo habíamos avisado.

Lo contrario a esto es lo que hace J. K. Rowling en la saga de *Harry Potter*. Las normas del mundo mágico no van cambiando a lo largo de la saga, pero sí se van creando nuevas normas a medida que los libros avanzan. Por ejemplo, la existencia y uso de las reliquias de la muerte en *Harry Potter y las reliquias de la muerte*, los giratiempos en *Harry Potter y el prisionero de Azkaban* o los *horrocruxes* en *Harry Potter y el misterio del príncipe*. Es cierto que en esta saga priman otras virtudes y hay que tener en cuenta que está escrita a lo largo de mucho tiempo, pero eso no excusa los fallos de coherencia interna que presenta el sistema de magia.

Hay escritores que piensan que una vez se introduce la magia en un mundo, todo es posible. No solo escritores de realismo, sino escritores que se acercan a estos géneros pensando que son más sencillos porque no tienen que seguir reglas. Nada más lejos de la realidad. Por eso hemos destacado al comienzo de este punto que un sistema de magia debe tener en cuenta las limitaciones y las consecuencias del uso de la magia. Una magia sin límites y al alcance de cualquiera, por contradictorio que parezca, limita el argumento y los personajes. Si todo puede resolverse con un simple conjuro, no hay historia.

Por eso, la Segunda Ley de Sanderson dice: «Los defectos, las limitaciones y los costes son más interesantes que los poderes».

Como en cualquier historia, el interés del lector aumentará si ve que el personaje tiene problemas para conseguir lo que desea. Es posible alcanzar su deseo y, quizás, es posible que lo alcance usando la magia, pero ¿podrá pagar el precio o superar las limitaciones?

Podemos imaginar un mundo en el que se resucite a la gente, pero, a cambio, la bruja deba entregar su propia vida. ¿Estará dispuesto el personaje a hacerlo? (un coste). O un mundo en el que exista un hechizo para devolver la vida, pero para hacerlo se necesite reunir ciertos materiales muy escasos o cuya obtención sea peligrosa (una limitación). O incluso un hechizo de resurrección que no garantice que la persona que vuelve a la vida sea la persona deseada (un defecto). Aquí hay tres historias diferentes que resuelven conflictos con magia y que son interesantes. Puede hacerse, pero debemos ser conscientes del tipo de sistema de magia que estamos empleando.

La Tercera, y última, Ley de Sanderson se refiere a la optimización de recursos a la hora de construir un mundo: «Antes de añadir algo nuevo, procura ampliar lo que ya tienes».

Con esto, lo que Sanderson quiere decirnos es que si se dedica mucho tiempo a crear un sistema de magia (trasladable a cualquier elemento de la construcción de mundo), podemos hacer que ese sistema de magia se extienda a otros ámbitos, haciéndolo un poco más complejo, pero dando más consistencia al mundo. Lo habitual es que haya elementos que se mezclen. Pasa mucho con la religión y la magia. En lugar de crear por un lado una religión y por otro un sistema de magia, optimizaremos recursos si lo mezclamos. En *Star Wars*, por ejemplo, el sistema de magia *jedi* está mezclado con la religión y con el sistema político. Los *jedi* son a la vez sacerdotes, policías, jueces y políticos en el mundo de la saga.

Como recordatorio final a la hora de crear un sistema de magia, es importante resaltar que se adapta a la historia y no al revés. Si hace falta modificarlo para que la narración sea coherente y el argumento verosímil, hay que hacerlo. Si se tiene un sistema de magia estupendo, pero estropea la historia, será mejor guardarlo para una partida de rol o para otro texto.

Todo esto está muy bien, pero ¿cómo transmitir al lector las normas del sistema de magia? Habrá veces en las que no será necesario hacerlo porque el sistema de magia es simple, primitivo o secundario en la historia. ¿Alguien sabe cuáles son los límites de la magia de Gandalf en *El Señor de los Anillos*? No. Sabemos que no puede enfrentarse a un ejército por sí mismo y que no puede derrotar a Sauron o al Anillo. Y con eso nos basta porque lo que su autor, J. R. R. Tolkien, nos está diciendo es que no puede resolver el conflicto con magia. El resto de limitaciones no las conocemos porque así mantiene el misterio sobre el personaje y el sentido de la maravilla.

Si no es el caso, si hemos creado un sistema completo con muchas normas, te recomiendo seguir los consejos de Sanderson (incluidos también en su *Curso de escritura creativa*):

> Lo peor que se puede hacer es incluir una parrafada enciclopédica sobre cómo funciona la magia. La segunda opción es que los personajes se sienten y hablen de la magia para explicársela al lector. Sigue siendo bastante mala elección, pero al menos se pasa al diálogo. La tercera opción es que la alumna salga, experimente,

tenga problemas para utilizar la magia y el maestro le dé instrucciones.

[…]

Por supuesto, hay que guardar un equilibrio, porque al incluir información sobre la magia en una escena tensa corréis el riesgo de que el lector se pierda y se confunda con tanta acción, lo cual suele ser mala idea.

[…]

Uno de los mayores retos al escribir ciencia ficción y fantasía es transmitir al lector los elementos del mundo que habéis creado de una forma que no resulte aburrida. Para lograrlo, deberéis construir las escenas de manera intencionada, para mostrar no solo el funcionamiento de la magia, sino también rasgos de los personajes y la ambientación. De hecho, aunque el objetivo de una escena concreta sea explicar la magia, el énfasis debería estar en que los personajes sean interesantes, en mostrar tanto o más sobre ellos que sobre la magia, o al menos en proporcionar al lector una emoción equivalente. Intentad hacer varias cosas a la vez, sin perder el foco en los personajes.

Curso de escritura creativa
Brandon Sanderson

6.4. Razas y lenguas

Si hay un elemento en la construcción de mundo que compite con los sistemas de magia, ese es el de la creación de razas. Es muy habitual que queramos dotar a nuestro mundo de seres de razas diferentes a la humana para generar sentido de la maravilla o para apuntalar algún rasgo distintivo de la trama. Además, este elemento de cosmogénesis es compartido muchas veces con las historias de terror, que no suelen dedicar a la construcción de mundo tanto espacio.

Las razas inventadas, tanto las maravillosas como las de ciencia ficción o fantásticas, pueden crearse de diferentes maneras:

- Uniendo varias ya existentes. Por ejemplo, podemos crear una raza de unicornios vampiros y llamarlos vampicornios. O, sin emplear seres maravillosos, crear un ser que sea mitad pez y mitad elefante.
- Dando una vuelta de tuerca a una raza ya existente. Como hizo R. A. Salvatore con sus elfos oscuros o J. K. Rowling con los elfos domésticos.
- Eligiendo un rasgo de personalidad y exagerándolo al máximo. Por ejemplo, una raza de seres extremadamente empáticos que perciben de forma clara los sentimientos de las personas. Podemos llamarlos empáticos o áuricos.
- Inventando una raza desde cero basándonos en conceptos, objetos o ideas ya existentes. Por ejemplo, una raza alienígena de forma humanoide, pero recubiertos de felpa y con cuernos.

Nuestro consejo siempre es echar mano del folklore cercano y conocido por el autor. Hay muchas criaturas mitológicas y fantásticas dentro de cada región y todas ellas son susceptibles de convertirse en literatura. Se pueden emplear elfos y vampiros en las historias, qué duda cabe, pero la ficción será más rica (y probablemente más verdadera) si se usan aquellos elementos con los que el autor está familiarizado y que pertenecen a su acervo cultural.

Hay leyendas acerca de vampiros, duendes y dragones en casi todas las culturas, solo hay que saber buscarlas. En ocasiones es imposible escapar de la influencia anglosajona en estos aspectos, puesto que se consume mucha producción literaria y audiovisual procedente de esos entornos, pero puede hacerse.

Inventar de la nada es prácticamente imposible, pero siempre se puede intentar ser original. La creación de razas no siempre supone ni dotarlas de inteligencia ni darles forma humanoide. Ni siquiera tenemos por qué entender a la criatura que aparece en la narración. No olvidemos el ser planetario que se investiga en *Solaris*, de Stanislaw Lem, o los que aparecen en las historias de H. P. Lovecraft.

Lo importante de este apartado es no dejarse llevar por la invención. La raza debe cumplir con la finalidad para la que haya sido creada. En el caso de *Solaris*, por ejemplo, la creación de la raza es central porque es ese ser de tamaño planetario el eje de toda la trama y el argumento. Sin embargo, lo más habitual es que sean puramente ornamentales (que no accesorias) porque sirven para potenciar la verosimilitud del mundo y para generar sentido de la maravilla. Si la raza creada entra dentro de este segundo caso, es evidente que habrá que prestarle mucha menos atención en la historia; no se podrá dedicar un capítulo completo a describir la reproducción de los vampicornios si el protagonista solo los ve una vez en un circo.

Aparte de como impulso de la trama y como ambientación, las diferentes razas inventadas pueden servir como alegoría cuando representan un rasgo de personalidad, un tipo de persona o algún conjunto humano existente. En la serie de películas de *Avatar*, los *na'vi* son una clara representación de los pueblos indígenas norteamericanos durante la conquista inglesa. En *El Señor de los Anillos*, los elfos, los enanos, los humanos y los *hobbits* representan diferentes rasgos del ser humano y la manera en la que cada uno de ellos reaccionaría ante la codicia, el poder o ante un peligro global como el que experimentó el propio autor durante sus vivencias en la Primera Guerra Mundial.

Como imaginadores, la creación de razas es algo muy atractivo, pero como escritores hay que saber ponerle freno a la creatividad desbocada y sin aplicación narrativa. Por eso es tan importante conocer qué función va a desarrollar cada raza dentro de la trama y de la narración general. Esta finalidad será la brújula que ayude a distinguir lo necesario de lo accesorio.

Una vez creadas las razas, si estas son humanoides o, al menos, están dotadas de inteligencia, lo más normal es que se quiera crear un lenguaje acorde. También podemos querer crear un lenguaje para diferenciar territorios o pueblos dentro de nuestro mundo. No hacerlo puede ser contraproducente porque pone en peligro la verosimilitud y el pacto con el lector. Por supuesto, no es obligatorio y, como veremos, podemos profundizar en el lenguaje todo lo que queramos, pero es importante detenerse y pensar en el lenguaje mientras estamos creando el mundo.

El lenguaje inventado debe ser representación del pueblo o la raza a la que pertenece. Un lenguaje fluido y suave, con frases largas y ritmos melódicos, por ejemplo, suele pertenecer a pueblos pacíficos, probablemente de entornos naturales agradables y que comercian o están aislados. Si ese lenguaje perteneciera a una raza guerrera, como pueden ser los orcos, habría que dar una explicación para que resultara verosímil y esa explicación, probablemente, nos distrajera de lo verdaderamente importante en la historia.

Este tipo de lenguajes inventados es lo que se conoce en internet como *artlangs* (*artistics languages*); un subgénero dentro de los *conlangs* (*constructed languages*), que se oponen a los *natlangs* (*natural languages*). Dentro del estudio de estos lenguajes, destaca el trabajo de David J. Peterson, escritor del libro *The art of language invention*. David J. Peterson ha creado varios idiomas para la serie *Juego de tronos* a partir de las expresiones aisladas que George R. R. Martin introduce en sus libros.

Y con este ejemplo encontramos los dos extremos en la profundidad de creación de lenguajes: Martin creó solo unas cuantas expresiones y palabras para el idioma *dothraki* en sus libros porque no era necesario nada más para que fuera creíble. El resto iba en la narración. Sin embargo, cuando el libro pasó a ser una serie, todos esos diálogos que aparecían narrados en estilo indirecto, pasaron a ser diálogo en estilo directo y, además, con sonido. David J. Peterson tuvo entonces no solo que crear una gramática y un vocabulario para el idioma, sino que, además, tuvo que inventarle una fonética.

Este caso ejemplifica perfectamente cómo hay que crear idiomas en caso de querer hacerlo. Aconsejamos darle una estructura básica al idioma con un par de normas gramaticales, un estilo (cómo suena), decidir cuáles son los sonidos predominantes y establecer un pequeño vocabulario. A partir de ahí, solo hay que complicarse más la vida si la historia lo pide. Lo más normal, a no ser que el propio lenguaje forme parte de la trama, es que la creación de lenguajes solo sirva para establecer la verosimilitud del mundo, por lo que no merece la pena darle más protagonismo. Es cierto que Tolkien había creado varios idiomas completos antes de sentarse a escribir *El Señor de los Anillos*, pero es un caso aislado que responde más a la afición de Tolkien (no olvidemos que era lingüista) que a un verdadero trabajo de construcción de mundo como tal.

Otro aspecto para tener en cuenta es el uso del lenguaje. A veces, no será necesario ni siquiera inventarse palabras para ayudar a la construcción de mundo. Bastará con prestar atención para que el lenguaje refleje la sociedad en la que se enmarca. Un mundo inestable a causa de los terremotos y en el que el sistema de magia se base en el dominio de los movimientos de la tierra tendrá mucho vocabulario geológico y contará con expresiones que se refieran a la tierra y a sus fenómenos. Eso mismo es lo que hace N. K. Jemisin en su trilogía *La tierra fragmentada*. En ella, los personajes usan expresiones como: «Por el óxido de la Tierra», «Tu herrumbrosa historia», «Por los fuegos de la Tierra», etcétera.

6.5. EL MAPA Y LA BIODIVERSIDAD

El mapa es también un buen punto de comienzo a la hora de construir un mundo. No será igual un mundo constituido por cientos de islas (como las historias ambientadas en Terramar de Ursula K. Le Guin) o un mundo que viva precisamente de espaldas al mar (como la Tierra Media de Tolkien). La configuración física y geográfica de un mundo condicionará, o debería condicionar, muchos de los elementos que compondrán el resto de la construcción de mundo. A veces, elaborar un mapa puede ser inspiración suficiente para que las historias comiencen a surgir, como cuenta Ursula K. Le Guin en la introducción del libro *Los libros de Terramar*:

(…) lo primero que hice fue sentarme y dibujar un mapa. Vi y di nombre a Terramar y a todas sus islas. No sabía casi nada sobre ellas, pero sabía sus nombres. En el nombre está la magia.

[…]

Su uso para mí fue práctico. Un navegante necesita un mapa. Cuando mis personajes navegaban, necesitaba saber lo lejos que estaban las islas entre sí y en qué dirección se encontraban las unas respecto de las otras. El primer libro seguía una especie de espiral de Gont a Roke y de nuevo a Astowell, todo dentro del Archipiélago. Para el segundo libro, el mapa me dio la tierra karga de Atuan. Y después de eso, siempre había una isla o lugar que aún no había visitado, y también había una historia allí. ¿Qué isla se encuentra más al oeste? Selidor… Mira Havnor: lo suficientemente grande como para que haya personas que vivan tierra adentro que nunca hayan visto el mar. ¿Qué tipo de magia hacían realmente en Paln? ¿Qué hay de la gran tierra karga de Hur-at-Hur, allá en el extremo oriental de Astowell y bastante desconocida para los habitantes del Archipiélago? ¿Alguna vez hubo dragones allí?

El último relato de Terramar que escribí, *La hija de Odren*, surgió de una mirada distraída al mapa y de preguntarme cómo sería la vida allí en los viejos tiempos.

«Introducción a *Los libros de Terramar*»
Ursula K. Le Guin

Hay muchas opciones para construir el mapa de una historia. La primera y más sencilla es dibujarlo. Esta opción es recomendable incluso si no se tienen dotes plásticas. Con un sencillo esquema será más que suficiente, pero ayudará a saber la disposición de los accidentes geográficos, las regiones, las ciudades, posibles rutas comerciales, puertos y, muy importante, distancia entre diferentes puntos. Recomiendo tener una escala o incluso emplear papel cuadriculado para poder calcular con sencillez la distancia entre los diferentes lugares. Uno de los puntos que más hace temblar la verosimilitud es la sensación de que las distancias no son claras. Aunque hagamos elipsis para contar determinados desplazamientos, es necesario que el lector siempre tenga la sensación de que sabe hacia dónde va el personaje (o dónde se encuentra). De nada sirve hacer un mapa detallado y elaborado, si el lector se va a perder.

Aquí se encuentra otro elemento importante: aunque en el momento de la planificación se tenga un mapa lleno de nombres y de detalles, será importante resaltar en el mapa final aquellos que sean relevantes para la historia o que sirvan para que el lector se oriente. Es preferible que haya lugares que se mencionen de pasada en la historia y que no aparezcan en el mapa a que sea imposible encontrar un lugar importante cuando el lector lo esté buscando.

Hoy en día existe la opción de emplear un generador de mapas en línea. Es una herramienta muy útil porque puedes introducir las características de un mundo en una inteligencia artificial y esta generará un mapa que cumpla tus requisitos. Muchas de ellas funcionan no solo con mapas de continentes o regiones, sino con mapas planetarios, lo cual será muy útil para los escritores de ciencia ficción. Como advertencia, es importante que estos generadores de mapas sean esquemáticos, no artísticos, es decir, que no se alimenten ni aprovechen del trabajo de otros artistas.

El mapa os va a servir, además, para hacer preguntas acerca de la composición del mundo. Por ejemplo: ¿estas dos ciudades o regiones vecinas se llevan bien?, ¿comercian?, ¿guerrean?, ¿antiguamente eran una sola? La disposición de los centros urbanos será importante para determinar el tipo de sociedad que vive en ellos.

Lo mismo pasa con la orografía, la hidrografía y la geología del mundo. La abundancia o escasez de agua, recursos minerales, metales y tierras de cultivo debería influir en la composición del mundo. Estos detalles son pasados por alto con bastante frecuencia y provocan agujeros de verosimilitud muy graves. ¿Cómo se solucionan? Documentándose, por supuesto. Habrá que seleccionar aquello en lo que esté basada la historia (Edad Media europea, por ejemplo) y ver qué características se daban en cuanto al terreno y la composición para ver si nos conviene replicarlas o si algún cambio en ellas daría una situación diferente que haya que introducir en nuestra historia.

También hay que tener en cuenta la biodiversidad cuando se dibuja el mapa. Aunque la historia esté poblada de seres inventados, hay que seguir una cierta lógica para que resulten creíbles. Si se crea una raza basada en los batracios, probablemente no se deba colocar su hábitat en un desierto. Una vez más, documentarse sobre los diferentes ecosistemas y su equilibrio ayudará a crear mundos más coherentes y con menos problemas de verosimilitud. No hace falta copiar los ecosistemas conocidos en la realidad, pero sí podemos usarlos como base para coger ideas y para comprobar qué funciona y qué no. Siempre es más sencillo hacer que un lector se crea algo que le recuerda a elementos conocidos de su realidad, que tratar de inventar desde cero solo por ser originales.

Como ocurría con los otros elementos del mapa, la biodiversidad y los ecosistemas también afectarán a los seres que vivan en ellos y, en consecuencia, a la historia. Seguramente no se comporte igual un personaje criado en un pantano que aquel que lo ha sido en una ciudad o en medio de un bosque. Tampoco será igual la manera de obtener recursos. ¿De qué se alimentan las personas que viven en el pantano?, ¿están elaborando pan sin que exista posibilidad alguna de cultivar cereales?

Con esto no estamos defendiendo que la historia y el mundo deban plegarse al mapa, al revés. Estamos diciendo que, si tenemos una sociedad feudal asediada por la guerra y la escasez, la composición física de dicho mundo debe ir acorde. Al igual que sucede con cualquier elemento de la cosmogénesis, debe estar supeditado a la historia y no al revés. Tener el mapa es no tener nada, narrativamente hablando. Hay que ser cuidadosos con eso. Existe la posibilidad de que el escritor se bloquee al no encontrar la historia que se ajuste al mundo creado, creyendo erróneamente que es la historia la que falla. Si hay que cambiar algo, seguramente sea el universo en sí. Y esto es algo que puede aplicarse a todos los elementos de la cosmogénesis.

Por supuesto, que el autor sepa que las gentes del pantano se alimentan del musgo que cultivan en las cortezas de los árboles, que su población surgió cuando un grupo fue expulsado de la ciudad vecina —con la que actualmente se encuentran en paz, pero con la que han guerreado durante muchos años—, y que comercian con sus vecinos con carne de rana; no significa que esa información deba aparecer en la narración. De nuevo, además de la documentación, la selección de la información será fundamental.

6.6. SISTEMAS POLÍTICOS Y SOCIOECONÓMICOS

Yendo un paso más allá de lo visto en el apartado anterior, será importante que determinemos el tipo de sistema político y socioeconómico del mundo creado. No tiene que haber solo uno, por supuesto. Se puede mostrar un universo en el que haya algunas regiones que hayan avanzado desde la Edad Media y otras que todavía se encuentren en ella, como hace Joe Abercrombie en *Los Héroes*, pero habrá que encontrar una buena razón narrativa para introducir esa mezcla. En la novela de Abercrombie, por ejemplo, el conflicto principal es precisamente el choque entre dos civilizaciones distintas y cómo la más avanzada trata de conquistar territorios para «civilizar» a la otra. Esa construcción de mundo tiene, por lo tanto, una justificación narrativa porque sustenta la trama. Digamos que el centro de la novela es la llegada del Renacimiento a un mundo inventado y el choque que eso produce en las diferentes sociedades.

Si no es el caso, la recomendación es no mezclar excesivamente diferentes sistemas políticos o socioeconómicos porque tendremos que hacer un esfuerzo doble en la construcción de dichos sistemas y su verosimilitud.

Dicho esto, una vez más, hay que recomendar la documentación. No por fidelidad a la realidad, sino para no cometer incoherencias involuntarias. No es extraño el caso en el que se ambientan historias de épica fantástica en la Edad Media europea, completamente feudalista, y se establecen comportamientos capitalistas como la propiedad privada y las clases socioeconómicas. Esta elección en sí misma no debería causar ningún problema, puesto que se está creando un mundo, no escribiendo realismo; pero puede devenir en un problema cuando se hace por desconocimiento y se mezclan elementos pertenecientes al feudalismo y al capitalismo que, si se analizaran mínimamente, no podrían coexistir.

La elección de un sistema político afectará mucho a la construcción de mundo, por lo que no es una decisión baladí y además debe estar en consonancia con el resto de las decisiones (o se caerá de nuevo en inconsistencias). No será lo mismo ambientar nuestra historia en un mundo gobernado por un imperio que por una monarquía absolutista o incluso un mundo comunista (como hace Ursula K. Le Guin en *Los desposeídos*) o anarquista. Hay que tener en cuenta que algunas de estas decisiones condicionarán del todo la historia. Por ejemplo, si se crea un mundo gobernado por un imperio dictatorial, eso tiene que afectar a la trama de algún modo. Quizás no cambiando el sistema al final, pero debe haber cierta reflexión acerca de ello por parte de los personajes y los acontecimientos que viven y les suceden. Si no va a afectar para nada a la trama, ¿por qué no hacer que el mundo sea políticamente estable y dejar el sistema político de fondo para que no moleste?

Lo mismo sucede con la economía. La sociedad ultracapitalista de las historias de *cyberpunk* no tiene nada que ver con la feudal de la épica fantástica más clásica. Y eso debe afectar a la construcción de los personajes y, en cierta medida, a la historia. O, mejor dicho, no se debe ambientar la historia en mundos con estos sistemas si eso distorsiona o cambia la historia y aquello que se pretende contar.

Por supuesto, el funcionamiento de la política y la economía a sus niveles más profundos solo debe ser intuido por el lector, a no ser que se esté escribiendo precisamente sobre política o economía. De nuevo será más importante la dosificación de la información que la elección en sí de la construcción de mundo.

Como consejo final en este apartado, hay que señalar que existe vida más allá del feudalismo y el capitalismo (como el comunismo mencionado en *Los desposeídos*). Hay otros sistemas políticos que no sean los imperios o las monarquías (por ejemplo, el sistema de ciudades estado que se presenta en *Las mentiras de Locke Lamora*, de Scott Lynch). No es una obligación ser originales, pero sí es casi una obligación investigar un poco y ver qué opciones existen antes de irse a la opción cómoda. No por diferenciarse del resto, que no estaría mal tampoco, sino para comprobar que quizás haya otros sistemas que se adapten mejor a la historia.

6.7. Cultura

El apartado cultural de un mundo inventado se compone de todas las manifestaciones artísticas y las costumbres. En la cultura se puede encontrar: la vestimenta, las fiestas, las canciones, la literatura, la arquitectura, etcétera.

La manera de aproximarse a la cultura de un mundo inventado es exactamente igual que la de acercarse a cualquier otro elemento: documentación y coherencia. La cultura de un mundo tiene que estar en sintonía con su desarrollo, su situación geográfica, la económica y la política. Puede que haya alta y baja cultura o que la sociedad no haga distinciones de clase (o que no las haga únicamente en la cultura).

Es un apartado que, a menudo, se pasa por alto salvo para mostrarnos las costumbres de determinado pueblo o de determinada raza. Esto se debe a que muchas de las historias en las que se crea un mundo son historias de violencia o guerra en las que la cultura pasa a un segundo plano. Y está bien así porque, de otro modo, resultaría incoherente. Si no es el caso, conviene prestarle un poco de atención a la hora de planificar nuestro mundo.

Las costumbres, la arquitectura y la vestimenta es algo a lo que siempre se le debe prestar atención porque, a la fuerza, debe aparecer en los escritos. Tenemos que aprovechar esa construcción para dar información al lector.

Los materiales de construcción y los tipos de edificios hablan mucho sobre la sociedad, la época y los habitantes de dichos edificios. Normalmente, las casas indican posición social y poder económico. Teniendo eso en cuenta y, además, haciendo un poco de documentación sobre las construcciones de la época en la que nos basamos, se tendrá un poderoso aliado en la arquitectura. Aunque se esté en un mundo inventado, quedará raro que habitantes de una sociedad medieval vivan en casas hechas de ladrillo actual sin que construyamos su justificación narrativa.

En cuanto a la vestimenta, el tipo de tejido, el corte y el color pueden indicarnos muchas cosas. Vestimentas sobrias y con poco color son típicas de sociedades oscuras y de poco desarrollo. Por el contrario, un vestuario ostentoso y colorido significa desarrollo o poder. Cómo vista cada personaje nos habla mucho del tipo de personaje que es y de la sociedad en la que se encuadra. Pero no todo vale. ¿Cómo se generan los tejidos?, ¿quién los produce?, ¿son vegetales o animales? No es raro encontrar jubones de lana en mundos sin ovejas y americanas en mundos en los que, evidentemente, no existe América.

Las costumbres, por otro lado, son un elemento muy adecuado para transmitirle información al lector y, a la vez, personalizar y singularizar pueblos, sociedades o razas. Dice mucho de un pueblo que sus integrantes se casen a los diez años o que los núcleos familiares se compongan de relaciones poliamorosas, por ejemplo. Es recomendable crear costumbres curiosas (no rocambolescas) porque son llamativas para el lector y hará que aumente el sentido de la maravilla y que la información que nos interese transmitir sobre esa sociedad se quede más fácilmente en el lector.

También existe la posibilidad de que en la historia se muestren extractos de la producción cultural del mundo, como suele pasar, por ejemplo, con poemas o canciones. Estas serán composiciones creadas por el autor a través de la boca de alguno de los personajes. Podemos encontrar numerosos ejemplos en la saga de *Harry Potter* o en la trilogía de *El Señor de los Anillos*.

Introducir una canción o un poema puede tener una doble función: caracterizar la sociedad en la que se encuadra y transmitirnos información sobre la construcción de mundo de una manera más amena. Hay canciones sobre historia, sobre costumbres, sobre leyendas… toda la información puesta en estas composiciones nos ayudará a redondear y dar verosimilitud.

Podemos crear todo un sistema cultural, pero el lector no tiene por qué conocerlo. Como siempre, la dosificación de la información también será muy importante aquí.

Hay que tener en cuenta que todo el sistema cultural debe ser coherente. No es tan extraño encontrar historias ambientadas en la Edad Media europea en la que granjeros saben leer y escribir perfectamente. En principio, si está bien construido, podríamos hacerlo sin problema. Eso sí, para eso tendríamos que explicar por qué ese granjero sabe escribir y leer: ¿cómo se ha alfabetizado a los granjeros en una sociedad medieval?, ¿quién lo ha hecho y con qué fin? Quizás dar esas explicaciones haga que se tambalee el mundo y que se focalice la atención del lector en lo que no nos interesa. Si no es imprescindible que el personaje sepa leer y escribir para la trama, quizás sea más recomendable y coherente hacerlo analfabeto. Para evitar este tipo de situaciones, puede ayudar mucho la documentación sobre aquella sociedad en la que esté basada la historia.

6.8. Armas, armaduras y decapitaciones

El hecho de que muchos mundos inventados hayan surgido de la épica clásica y de que se ambienten tomando como referencia la Edad Media, hace que casi todos tengan una fuerte estructura violenta y que muchas de sus tramas se centren en batallas y enfrentamientos militares. Es tan extendido el uso de la violencia y la guerra que incluso se han creado ciertos tropos que se han convertido en clichés y que son del todo inverosímiles. La propia saga de *Star Wars*, por ejemplo, ha llegado a bromear acerca de la puntería de los soldados en algunas de sus historias.

No nos vamos a extender en este apartado. Internet será el gran aliado de consulta. Hay muchísimas páginas y blogs dedicados a la guerra y la violencia. Se pueden encontrar listados de armas, materiales, usos, batallas históricas, modos de guerrear, etcétera. Es muy importante documentarse en estos casos. Los lectores hacen un gran pacto de credibilidad en el caso de la violencia, pero tenemos que tender a la verosimilitud. ¿Cuánto puede tardar en morir una persona herida por una espada?, ¿de verdad se corta tan fácilmente la carne como para que las espadas entren y salgan cortando hueso sin mellarse?, ¿de dónde sale tanto metal en ese mundo?, ¿sabías que los proyectiles de las ballestas se llaman virotes? Puede sorprender lo improbable que es que alguien se desmaye si se le rompe una botella en la cabeza o se le da un golpe en el cuello.

Si se quiere escribir una batalla, es necesaria mucha documentación. Es, quizás, el apartado que más documentación va a requerir. Hay muchos tipos de espadas, de armaduras, de arcos, etcétera. Y eso sin entrar en los sistemas de batalla modernos o incluso en los futuros. Hay libros en los que el autor ni siquiera se ha molestado en echarle un vistazo a la jerarquía de mandos militares. Aunque el autor siempre será dueño del mundo creado y por lo tanto podrá hacer lo que quiera, una simple consulta en internet puede ahorrar sonrojos futuros.

Por último, es importante destacar que no todos los mundos inventados deben tener sistemas bélicos ni enfrentamientos violentos como norma. Ni siquiera tienen por qué haber tenido enfrentamientos en el pasado. Es algo que se decide incluir por similitud con nuestro propio mundo. Es cierto que, como cualquier elemento que se aleje de la realidad, tendrá que ser explicado en el mundo nuevo, pero en ocasiones se presta más atención de la debida a estos elementos solo porque es algo tradicional. Ursula K. Le Guin habla sobre ello en el libro de entrevistas de David Naimon *Conversaciones sobre la escritura*:

> Yo sí que intento evitar decir «la lucha» por esto y lo otro, o «la guerra» contra patatín o patatán. Me resisto a plasmarlo todo en términos de conflicto y de inmediata resolución violenta. No creo que la vida funcione así.

[...]
Al final de la obra se sugiere que, si no vivimos siempre en guerra, viviremos en un mundo pacífico, aburrido y anodino y no haremos nada que valga la pena. Te digo que esa no es mi experiencia con la guerra y la paz.

Conversaciones sobre la escritura
Ursula K. Le Guin

Sin ánimo de hacer un alegato pacifista en la literatura, introducir una batalla es algo muy complejo que requiere de mucha documentación. Si no va a ser algo central en el libro, hay que plantearse muy seriamente el cambiar dicho elemento de la historia. ¿Es la violencia la única solución al conflicto planteado en la narración?

6.9. LAS CIENCIAS NATURALES

Existe la tendencia a pensar que si no estamos escribiendo ciencia ficción no necesitamos prestar atención al cumplimiento de las leyes naturales en nuestras historias. Nada más lejos de la realidad. Por mucho que un mundo inventado pertenezca a la literatura maravillosa, si es un mundo en el que hay tres soles y tres lunas, el comportamiento de las luces, las sombras, los eclipses, las mareas, etcétera, va a tener que responder al funcionamiento de las leyes de la física o, de otro modo, resultará inverosímil. No decimos con esto que haya que realizar un tratado científico sobre el comportamiento de los tres soles, pero al menos convendría ser conscientes de que un planeta con tres soles tendría muchos problemas en cuanto a los ciclos de vida debido a lo errático de su órbita (como se ve en *El problema de los tres cuerpos*, de Cixin Liu).

A no ser que expliquemos lo contrario, la gravedad seguirá funcionando como en nuestro mundo, los alimentos se pudrirán pasado un tiempo, las alforjas o macutos de los personajes no tendrán espacio infinito y la gente nacerá, envejecerá y morirá.

En cuanto a la ciencia y las leyes naturales, el principal consejo que se puede dar es que cuanto más expliquemos, más nos van a exigir. Si hablamos de literatura maravillosa, el lector tendrá una mayor tendencia a pasar por alto incoherencias o preguntas acerca de las leyes científicas del mundo, pero a medida que nos acerquemos a la ciencia ficción, mayor va a ser el grado de exigencia que tendrá el lector en cuanto a la rigurosidad del tratamiento de estas leyes naturales. Como hemos visto que sucede con los tres soles, dependiendo del género en el que nos encontremos, pasará de ser una entidad de ficción no mimética que genera sentido de la maravilla a otra en el que supone el centro de la narración.

La documentación (y la investigación) resultan fundamentales. Eso sí, es importante destacar que se escribe una obra de ficción narrativa, es decir, que la finalidad no es divulgar ciencia, sino crear una obra literaria. Tanto la rigurosidad como las explicaciones deberán estar, por tanto, supeditadas a la historia. Es recomendable saber cómo se comportarían las órbitas con varios soles, pero probablemente no será necesario que eso aparezca en el libro; bastará con recordar de vez en cuando los movimientos de las sombras y, quizás, los de las mareas. Un ejemplo de buen uso de la documentación lo encontramos en la novela *Materna*, de Lara Coto. La sociedad distópica que describe el libro gira en torno a un *reality show* en el que internan a las pocas personas con útero fértiles que quedan. La historia se centra en la historia de una de esas «madres» (llamadas así en el libro), pero se intuye que la autora ha realizado todo un trabajo exhaustivo de documentación con las tasas de natalidad y con todo lo que rodea a la gestación del ser humano. Toda esa documentación no aparece en el libro, no tenemos las tablas con los datos de población de dicha sociedad, las tasas de natalidad, el número de madres o de centros, pero se intuye que probablemente la autora sí que tenga todos esos datos. Datos necesarios para construir el mundo, pero no para construir la historia.

Existe una tendencia en la ciencia ficción en la que se recurre a la teoría de cuerdas para explicar o justificar cualquier entidad de ficción no mimética: desde viajes en el tiempo hasta teletransportación. Hay que tener cuidado con ello porque su uso es similar al de la magia en la literatura maravillosa. Decir «debido a la teoría de cuerdas» empieza a ser similar a decir «lo hizo un mago». La teoría de cuerdas no lo justifica todo y, aunque así fuera, es importante dar sensación de verosimilitud, no solo ser verosímil. La verosimilitud no se construye con una justificación, sino con el tratamiento que le damos a la misma en la obra.

De nuevo, dependerá mucho del género que estemos escribiendo. Un buen uso de las leyes científicas y naturales ayudará a crear, mantener y reforzar la verosimilitud y, en ocasiones, sobre todo si hablamos de ciencia ficción, ayudará a poner en marcha la trama y hacerla avanzar.

Como puede comprobarse por todos los apartados anteriores, la construcción de mundo es algo libre, pero que siempre se va a encontrar con los límites de la coherencia, la cohesión y la verosimilitud. La documentación es más importante de lo que puede parecer en un principio, por mucho que duela. Además, todo el esfuerzo de construcción de mundo, todo el tiempo empleado dibujando mapas y creando razas y lenguajes nuevos, no tendrá nada de valor si entorpece la historia. Este trabajo es un trabajo de decorado. Tiene que ser tan sutil que el lector lo crea verosímil, pero que apenas se fije en él.

Y eso no significa nada malo. Construir un mundo es una de las partes más creativas de la literatura. Tomar decisiones al respecto de la geología o la vestimenta de un pueblo concreto puede ayudar a dar respuesta a algunas preguntas sobre la trama. O generar un chispazo creativo. Todos los elementos de construcción de mundo pueden ser unos disparadores creativos maravillosos. Le sucedió a Ursula K. Le Guin con el mapa de Terramar y le sucedió a Brandon Sanderson con las armaduras que imaginó para *El archivo de las tormentas*.

Aconsejamos dejar volar la imaginación cuando se construya un mundo, darle toda la libertad posible a la creatividad. Después, con la historia en la mano, ya llegará la parte racional en la que haya que recortar y remodelar ese mundo creado para que la historia encaje y brille todo lo posible. Todo eso que no se va a emplear puede usarse para nuevas historias. Al igual que toda cosmogénesis que no aparezca en la narración va a contribuir a que el mundo inventado sea verosímil y creíble. Como lector, es mejor quedarse con la sensación de que hay algo más sin explorar, a que nos lo han contado todo y han matado el misterio y la capacidad de asombro.

Lo que mejor puede hacerse con la construcción de mundo es pasárselo bien: coger un papel en blanco y ponerse a imaginar. Disfrutando de la parte creativa y divertida de la literatura. Si se hace así, se logrará que los lectores disfruten de la misma manera cuando estén leyendo las historias.

LITERATURA MARAVILLOSA I: REALISMO MÁGICO Y FANTASÍA

Alberto Chimal

Dentro de las variedades de la literatura no mimética, la maravillosa ha recibido muchos nombres, dependiendo del contexto en el que ha sido escrita y de circunstancias sociales, culturales y hasta políticas más allá de lo literario. Para evitar complicaciones, aquí usaremos ese único nombre, así como una definición muy sencilla.

Lo maravilloso es un efecto: ocurre cuando una narración nos muestra lugares, personajes o acontecimientos que serían imposibles en nuestra vida cotidiana, pero que *no producen sorpresa alguna* a los personajes de dicha narración. Es decir, para ellos es normal y cotidiano lo que para nosotros sería sobrenatural, insólito, fantástico. A la presencia de elementos imposibles se agrega la conciencia de cómo difieren nuestras reacciones de aquellas que vemos en el espacio narrativo —ficticio— de cada historia.

Ambas contribuyen a nuestro extrañamiento y nuestra fascinación: nuestra maravilla.

El campo de estas historias puede parecer muy estrecho, pero no lo es. Se pueden encontrar (y escribir, por supuesto) obras de literatura de lo maravilloso con muchas ambientaciones diferentes y dedicadas a todos los temas posibles para la narrativa. De hecho, el efecto de la maravilla se puede entender como un recurso literario, capaz de ser utilizado de muchas maneras en obras de muchos géneros diferentes. Por ejemplo, en otro capítulo de este libro se discute en profundidad un solo género: la épica fantástica, que por tradición está fuertemente estructurado y reglamentado, con argumentos y personajes típicos similares en las obras que lo componen, y que utiliza lo maravilloso como uno más de sus elementos. Pero ese es uno solo de los aspectos que puede tomar lo maravilloso dentro de la narrativa no mimética. Aquí nos referiremos a otros de esos numerosos aspectos, empezando por otro género preciso y muy conocido.

7.1. Un ejemplo básico: el realismo mágico

El término *realismo mágico* implica una paradoja: si se supone que la literatura realista describe el mundo tal como es, ¿cómo puede ser mágica, sabiendo como sabemos que la magia no existe en la vida real?

Este concepto se popularizó hace unos sesenta años, en la década del sesenta del siglo XX, para referirse a un conjunto de obras muy particular: novelas y cuentos de escritores latinoamericanos presididos por la figura central del colombiano Gabriel García Márquez (1927-2014), ganador del Premio Nobel de Literatura en 1982. En aquel tiempo, el concepto se promovió menos como una clasificación académica que como un reclamo mercadotécnico. América Latina llamaba mucho la atención en Europa y Estados Unidos, y una de las formas que se encontraron para explotar ese interés fue el promover la obra de cierto número de autores de la región, a los que se buscó unificar bajo una misma idea de la literatura para que fueran más fácilmente identificables. (Nada de lo anterior le resta mérito a los mejores textos que recibieron la etiqueta de realismo mágico, naturalmente).

En los libros más importantes de García Márquez hay una aplicación muy precisa de lo maravilloso. La ambientación se concentra en detalles típicos de la vida rural colombiana que el escritor conoció desde su infancia, y que se muestran a lo largo de años en el espacio narrativo, con frecuencia abarcando las vidas enteras de diversos personajes e intercalando, en ocasiones, referencias a acontecimientos históricos reales. Sin embargo, el acento está puesto siempre en los personajes inventados y, en especial, en lo más improbable y caprichoso de sus rasgos de carácter y de lo que les sucede. Con frecuencia, lo improbable pasa a lo francamente imposible, pero como todo se describe en el mismo tono, mezclado en largos párrafos y subordinado a emociones muy intensas, podemos no darnos cuenta cuando pasamos al ámbito de lo sobrenatural, que además nunca es explicado ni, mucho menos, sistematizado. Los de García Márquez son entornos con tal abundancia de cosas que ver, tal entusiasmo y belleza en su presentación, que borran la diferencia entre lo que casi es posible y lo que de plano no lo es.

Así ocurre cuando, en *Cien años de soledad* (1967), el coronel Aureliano Buendía, revolucionario y cacique del pueblo selvático de Macondo, llega a desear la muerte después de firmar el armisticio que termina oficialmente su lucha:

> El coronel Aureliano Buendía […] tomó un vaso de limonada y un pedazo de bizcocho que repartieron las novicias, y se retiró a una tienda de campaña que le habían preparado por si quería descansar. Allí se quitó la camisa, se sentó en el borde del catre, y a las tres y cuarto de la tarde se disparó un tiro de pistola en el círculo de yodo que su médico personal le había pintado en el pecho. A esa hora, en Macondo, Úrsula destapó la olla de la leche en el fogón, extrañada de que se demorara tanto para hervir, y la encontró llena de gusanos.
>
> —¡Han matado a Aureliano! —exclamó.
> Miró hacia el patio, obedeciendo a una costumbre de su soledad, y entonces vio a José Arcadio Buendía, empapado, triste de lluvia y mucho más viejo que cuando murió. «Lo han matado a traición —precisó Úrsula— y nadie le hizo la caridad de cerrarle los ojos». Al anochecer vio a través de las lágrimas los raudos y luminosos discos anaranjados que cruzaron el cielo como una exhalación, y pensó que era una señal de la muerte.
> Estaba todavía bajo el castaño, sollozando en las rodillas de su esposo, cuando llevaron al coronel Aureliano Buendía envuelto en la manta acartonada de sangre seca y con los ojos abiertos de rabia.
> Estaba fuera de peligro. El proyectil siguió una trayectoria tan limpia que el médico le metió por el pecho y le sacó por la espalda un cordón empapado de yodo. «Esta es mi obra maestra —le dijo satisfecho—. Era el único punto por donde podía pasar una bala sin lastimar

ningún centro vital». El coronel Aureliano Buendía se vio rodeado de novicias misericordiosas que entonaban salmos desesperados por el eterno descanso de su alma, y entonces se arrepintió de no haberse dado el tiro en el paladar como lo tenía previsto, solo por burlar el pronóstico de Pilar Ternera.

—Si todavía me quedara autoridad —le dijo al doctor—, lo haría fusilar sin fórmula de juicio. No por salvarme la vida, sino por hacerme quedar en ridículo.

Cien años de soledad
Gabriel García Márquez

Aunque el episodio es humorístico, dado que las supuestas señales de la muerte de Aureliano resultan haber sido malinterpretadas por Úrsula, lo cierto (en el espacio narrativo de la novela) es que ella presenció la aparición milagrosa de gusanos en una olla encendida y la visita de un fantasma, además de una no imposible lluvia de estrellas. Tampoco es imposible que una bala pase a través de un cuerpo humano sin dañar ningún órgano vital. Sin embargo, la agregación de tantos sucesos insólitos, sin calificarlos como más o menos creíbles, crea una impresión de asombro que se repite una y otra vez en la novela hasta parecer constante.

Esta impresión es la que lleva a definir el realismo mágico como un género en el cual lo asombroso se vuelve cotidiano, es decir, como una instancia de lo maravilloso.

Es importante destacar, además, que los sucesos francamente imposibles se van multiplicando en la novela a medida que avanza, y muchos de ellos son aún más extraños que los ya citados. Un personaje, Remedios la Bella, asciende literalmente al cielo en cuerpo y alma, por ser demasiado hermosa para el mundo material; hay profecías que se cumplen, cataclismos antinaturales, cuerpos transformados y mucho más.

7.1.1. ESTRATEGIAS ESENCIALES

El realismo mágico como género no se ha limitado a América Latina. La influencia de García Márquez y otros de sus representantes, y en especial su manera de presentar elementos imposibles, se puede encontrar en libros escritos en otras regiones del mundo. Un ejemplo muy famoso es la novela *Los versos satánicos* (1988) de Salman Rushdie, autor británico de origen indio, en la que los sueños sobrepujan a la realidad y hay numerosos pasajes como este, que se refiere a Zeenat, amante de uno de los protagonistas:

> La primera vez que le tocó los pechos, ella derramó unas asombrosas lágrimas calientes, que tenían el color y la consistencia de la leche de búfala. Ella había visto morir a su madre como un ave trinchada para la cena, primero el pecho izquierdo y luego el derecho, y, a pesar de todo, el cáncer se había extendido. Su miedo a repetir la muerte de su madre hacía de su busto zona prohibida. Era el terror secreto de la intrépida Zeeny. Ella no había tenido hijos, pero sus ojos lloraban leche.
>
> *Los versos satánicos*
> Salman Rushdie

El enlace de un suceso traumático posible (la pérdida de un ser querido debida al cáncer) con otro imposible (llorar lágrimas de leche) es deliberado, y nos permite ver una estrategia esencial del realismo mágico y, en general, de lo maravilloso: unir lo *verosímil* y lo *inverosímil*, de manera que la impresión de verdad que estamos predispuestos a aceptar de cualquier descripción de un entorno narrativo se expanda, se vuelva elástica, y nos permita aceptar los elementos imposibles aun si no creeríamos en ellos como una parte de una descripción mimética. Siempre que mantenga un mínimo de coherencia interna, el entorno de una narración de lo maravilloso puede extenderse casi infinitamente, permitiéndonos lograr el asombro sin el estorbo de la incredulidad.

En *Cien años de soledad* es más fácil ver una segunda estrategia, que podría verse como el límite práctico de la primera. En varios episodios extensos del texto, García Márquez aumenta la cantidad de elementos inverosímiles hasta saturar el entorno narrativo, creando una especie de bombardeo de maravillas: lo verosímil y lo inverosímil (desde nuestra posición inicial) se acumulan sin que el texto reconozca o descarte explícitamente una relación entre ellos, y sin que los mismos personajes —en general— los comenten después de que sucedan. En *Los versos satánicos*, Rushdie suele declarar explícitamente relaciones de causa y efecto como la que se ve en el fragmento de Zeenat. Por el contrario, en pasajes como el huracán que azota a Macondo, o el catálogo de maravillas que presenta el vidente Melquíades, lo imposible sobrepasa a lo posible hasta dar la impresión de ocultarlo, desorientando nuestras percepciones de otra manera.

Otras obras, en lugar de multiplicar los elementos imposibles, pueden hacer que uno solo, que sería del todo inverosímil como parte de un relato mimético, el centro de su argumento. El truco para conseguirlo, y para que ese único elemento afecte a todo el resto de la narración, es convertirlo en el impulso central de las acciones de un personaje; si se trata de un protagonista, mejor todavía. Esto sucede en una novela que es de realismo mágico sin proponérselo: *El tambor de hojalata* del alemán Günter Grass, publicada en 1959, años después de que se acuñara el término, pero antes de que se volviera mundialmente famoso.

Oskar Matzerath, el protagonista de la novela de Grass, cuenta que cobró conciencia desde antes de nacer. Inmediatamente después del parto, escucha y comprende los primeros planes de su familia:

> —Es un niño —dijo aquel señor Matzerath que creía ser mi padre—. Más adelante podrá hacerse cargo del negocio. Ahora sabemos por fin para quién trabajamos.
>
> Mamá pensaba menos en el negocio y más en la ropita de su bebé: —Ya sabía yo que iba a ser un niño, aunque alguna vez dijera que sería una nena.
>
> Así tuve ocasión de familiarizarme tempranamente con la lógica femenina, y en seguida dijo: —Cuando el pequeño Oskar cumpla tres años, le compraremos un tambor. […]
>
> [Yo] tomé la decisión de rechazar rotundamente la proposición de mi padre y todo lo relativo al negocio de ultramarinos, y de examinar en cambio con simpatía en su momento, o sea en ocasión de mi tercer aniversario, el deseo de mamá.

El tambor de hojalata
Günter Grass

Ese es el tambor que da título a la novela. Oskar siempre tiene uno cerca y se mantiene haciéndolo sonar, como si así mantuviera activo un objeto mágico. Cuando un tambor se rompe por el uso, Oskar se consigue otro igual: para él, una especie de imagen ideal de su tambor se extiende por el tiempo, a lo largo de muchos tambores muy parecidos entre sí. Oskar deja de crecer, sobrenaturalmente, al cumplir los tres años, y así retiene el aspecto de niño pequeño que tenía al recibir su juguete. Toda su vida está marcada por el sonido irritante de las baquetas sobre el metal, que nadie sino él mismo puede parar, y que sirve de contrapunto al ascenso y la caída del nazismo en Alemania, durante el segundo cuarto del siglo xx.

La motivación de Oskar (por no hablar del resto de su caracterización) carecería de sentido en la vida «real» y sería calificada como síntoma de un trastorno mental, acaso padecido por un hombre adulto que delira acerca de su propia vida. Pero Grass no ofrece ningún asidero para una explicación así: para una reconciliación de lo extravagante y perturbador del pensamiento de Oskar con las reglas habituales del comportamiento humano. Oskar es, en su mundo, literalmente como lo «vemos», y por lo tanto es un ejemplo de lo que Jorge Luis Borges llamaba una «ficción de la conducta»: un personaje que rompe las reglas de lo real por el solo hecho de ser como es, una personalidad que puede ser descrita mediante el lenguaje pero que no vamos a encontrar en ninguna parte fuera de la literatura. De igual forma que los personajes de Rushdie o García Márquez aceptan los fenómenos alarmantes a su alrededor, los de *El tambor de hojalata*, aun si ellos mismos se consideran «normales», aceptan la existencia y las acciones de Oskar, que les inspira burla, compasión, terror o agobio, pero cuya existencia —al menos en el entorno narrativo que ellos habitan— es imposible de negar, porque afecta la totalidad de sus existencias.

Por supuesto, hay un impacto sobre la conciencia de quien lee cuando se da cuenta de que ha aceptado como verosímil, como parte esencial de la lógica de la historia que tiene delante, elementos como estos. Ese impacto también es parte del efecto de lo maravilloso.

Resumiendo lo dicho hasta el momento, podemos encontrar tres estrategias esenciales que han sido utilizadas por el realismo mágico y que, por extensión, podemos entender como al alcance de cualquier persona interesada escribir una narración de lo maravilloso:

a) el enlace de lo verosímil e inverosímil (sea o no mediante relaciones de causa o efecto)
b) el bombardeo de maravillas, y
c) la conducta imposible como centro de las acciones de un personaje o una historia completa.

Con las tres, usadas juntas o por separado, es posible expandir la percepción de quien lee y, como suele decirse, «atrapar» su atención y mantenerla en cualquier mundo que hayamos creado, por estrafalario o inquietante que sea.

7.1.2. LOS SISTEMAS MISTERIOSOS

Una estrategia más compleja, que vale la pena considerar aparte de las anteriores, se puede hallar en otras obras clasificadas dentro del realismo mágico. Es la que podría llamarse del *sistema misterioso*, y se realiza en tres etapas. Primero, se cuentan acontecimientos insólitos o inquietantes. Después, se ofrece una alusión, o muchas, a ciertas normas o reglas que podrían ayudar a «explicar» lo narrado, a desactivar su carácter asombroso y darle una apariencia más cercana a la de la realidad convencional. Finalmente, esas reglas no son enunciadas *nunca*. El misterio que parecía tener posibilidades de ser resuelto, o por lo menos mitigado, se queda como está.

Podemos encontrar un sistema misterioso, basado en una mezcla muy peculiar de supersticiones populares y temas religiosos, en la novela *Pedro Páramo* (1954) del mexicano Juan Rulfo. Las entidades de ficción no miméticas de este libro suelen ser más apreciados fuera de su propio país, donde no se considera que contradigan la fuerte carga de referencias históricas que el texto contiene. En cualquier caso, la novela cuenta la vida de un cacique que preside la ruina de su comunidad durante la época de la Revolución Mexicana, y, mucho después, la de los muertos que todavía hablan de ese pasado violento y de sus propias vidas. Es importante resaltar que esos personajes muertos no son fantasmas: permanecen enterrados, unos junto a otros, a veces en un mismo ataúd, en el cementerio del pueblo. Los dos más importantes son una mujer, Dorotea, y un hombre, Juan Preciado, que no se conocieron en vida y ahora son compañeros para la eternidad. Todo lo que pueden hacer, ya en la tumba, es conversar, mientras escuchan los murmullos y voces de otros muertos.

Vale la pena citar algunas partes de esas charlas, que están desperdigadas por la parte central del libro. En esta, la primera, se revela la muerte misteriosa de Juan Preciado y su situación actual:

> —¿Quieres hacerme creer que te mató el ahogo, Juan Preciado? Yo te encontré en la plaza [...] Y ya ves, te enterramos.

—Tienes razón, Doroteo. ¿Dices que te llamas Doroteo?

—Da lo mismo. Aunque mi nombre sea Dorotea. Pero da lo mismo.

—Es cierto, Dorotea. Me mataron los murmullos. […] Aunque ya traía retrasado el miedo. Se me había venido juntando, hasta que ya no pude soportarlo. Y cuando me encontré con los murmullos se me reventaron las cuerdas.

»Llegué a la plaza, tienes tú razón. Me llevó hasta allí el bullicio de la gente y creí que de verdad la había. Yo ya no estaba muy en mis cabales; recuerdo que me vine apoyando en las paredes como si caminara con las manos. Y de las paredes parecían destilar los murmullos como si se filtraran de entre las grietas y las descarapeladuras. Yo los oía. Eran voces de gente; pero no voces claras, sino secretas, como si me murmuraran algo al pasar, o como si zumbaran contra mis oídos. Me aparté de las paredes y seguí por mitad de la calle; pero las oía igual, igual que si vinieran conmigo, delante o detrás de mí. No sentía calor, como te dije antes; antes por el contrario, sentía frío. Desde que salí de la casa de aquella mujer que me prestó su cama y que, como te decía, la vi deshacerse en el agua de su sudor, desde entonces me entró frío. Y conforme yo andaba, el frío aumentaba más y más, hasta que se me enchinó el pellejo. Quise retroceder […] pero me di cuenta a poco andar que el frío salía de mí, de mi propia sangre. […] Bueno, pues llegué a la plaza. Me recargué en un pilar de los portales. Vi que no había nadie, aunque seguía oyendo el murmullo como de mucha gente en día de mercado. Un rumor parejo, sin ton ni son, parecido al que hace el viento contra las ramas de un árbol en la noche, cuando no se ven ni el árbol ni las ramas, pero se oye el murmurar. Así. Ya no di un paso más. Comencé a sentir que se me acercaba y daba vueltas a mi alrededor aquel bisbiseo apretado como un enjambre, hasta que alcancé a distinguir unas palabras casi vacías de ruido: «Ruega a Dios por nosotros». Eso oí que me decían. Entonces se me heló el alma. Por eso es que ustedes me encontraron muerto.

—Mejor no hubieras salido de tu tierra. ¿Qué viniste a hacer aquí?

—Ya te lo dije en un principio. Vine a buscar a Pedro Páramo, que según parece fue mi padre. Me trajo la ilusión.

—¿La ilusión? Eso cuesta caro. A mí me costó vivir más de lo debido. […] Ya ves, ni siquiera le robé el espacio a la tierra. Me enterraron en tu misma sepultura y cupe muy bien en el hueco de tus brazos. Aquí en este rincón donde me tienes ahora. Solo se me ocurre que debería ser yo la que te tuviera abrazado a ti. ¿Oyes? Allá afuera está lloviendo. ¿No sientes el golpear de la lluvia?».

—Siento como si alguien caminara sobre nosotros.

—Ya déjate de miedos. Nadie te puede dar ya miedo. Haz por pensar en cosas agradables por que vamos a estar mucho tiempo enterrados.

Pedro Páramo
Juan Rulfo

A veces se sugiere que *Pedro Páramo* carece por entero de elementos fantasiosos. Que es una «novela antropológica», realista, en la cual meramente se relatan supersticiones y consejas populares entre campesinos de México (Rulfo describe la vida de esta parte de la población de su tiempo y lugar en muchos pasajes de la novela, relacionándola con sucesos históricos de la primera mitad del siglo xx).

Pero esto no es verdad. Por un lado, no hay nada en el texto que relativice el diálogo de Juan y Dorotea y permita considerarlo una ficción, es decir, la invención de alguien dentro de la ficción mayor que es el libro completo. En el espacio narrativo de la novela, exactamente a la par de sucesos posibles que ocurren a personajes vivos, *literalmente* existen muertos que hablan entre sí, lo cual debemos entender como un acontecimiento sobrenatural, imposible en la realidad que ocupamos.

Por el otro lado (y esta es la parte más interesante), los mexicanos retratados por Rulfo sí tenían, al menos en el tiempo de este, un cuerpo de creencias basado principalmente en la religión católica, con la influencia adicional de un rico surtido de leyendas y solamente una porción mínima de mitología prehispánica, que fue duramente reprimida durante varios siglos. Sin embargo, en ninguna parte de esa tradición se puede encontrar una descripción del más allá que sea exactamente la de *Pedro Páramo*. El escritor inventó su propio inframundo, su propia cosmogonía fantasiosa, que por lo tanto es un esfuerzo de imaginación y no una transcripción.

Más todavía, esa invención es deliberadamente vaga. Está incompleta, desprovista de explicaciones racionales o de un sistema abarcador. No se revela la procedencia de los murmullos, ni cómo o por qué habrían matado a Juan. No se explica por qué o hasta cuándo deben permanecer los cuerpos, conscientes, dentro de sus tumbas. La siguiente parte de la conversación agrega todavía más incógnitas:

>—¿Eres tú la que ha dicho todo eso, Dorotea?
>—¿Quién, yo? Me quedé dormida un rato. ¿Te siguen asustando?

—Oí a alguien que hablaba. Una voz de mujer. Creí que eras tú.

—¿Voz de mujer? ¿Creíste que era yo? Ha de ser la que habla sola. La de la sepultura grande. Doña Susanita. Está aquí enterrada a nuestro lado. Le ha de haber llegado la humedad y estará removiéndose entre el sueño.

—¿Y quién es ella?

—La última esposa de Pedro Páramo. Unos dicen que estaba loca. Otros, que no. La verdad es que ya hablaba sola desde en vida.

—Debe haber muerto hace mucho. [...]

—Cuando vuelvas a oírla me avisas, me gustaría saber lo que dice.

—¿Oyes? Parece que va a decir algo. Se oye un murmullo.

—No, no es ella. Eso viene de más lejos, de por este otro rumbo. Y es voz de hombre. Lo que pasa con estos muertos viejos es que en cuanto les llega la humedad comienzan a removerse. Y despiertan.

Pedro Páramo
Juan Rulfo

El misterio de lo que sucede en estos pasajes, aun si no es el único foco de interés dentro de la narración, es imposible de eludir o despejar por entero. Y los detalles intrigantes —muchas veces atenuados, mencionados únicamente de pasada— llegan a sugerencias desconcertantes, como la que está en este otro pasaje:

—[...] El Cielo para mí, Juan Preciado, está aquí donde estoy ahora.

—¿Y tu alma? ¿Dónde crees que haya ido?

—Debe andar vagando por la tierra como tantas otras; buscando vivos que recen por ella. Tal vez me odie por el maltrato que le di; pero eso ya no me preocupa. He descansado del vicio de sus remordimientos. Me amargaba hasta lo poco que comía, y me hacía insoportables las noches llenándomelas de pensamientos intranquilos con figuras de condenados y cosas de esas. Cuando me senté a morir, ella me rogó que me levantara y que siguiera arrastrando la vida, como si esperara todavía algún milagro que me limpiara de culpas. Ni siquiera hice el intento: «Aquí se acaba el camino —le dije—. Ya no me quedan fuerzas para más». Y abrí la boca para que se fuera. Y se fue. Sentí cuando cayó en mis manos el hilito de sangre con que estaba amarrada a mi corazón.

Pedro Páramo
Juan Rulfo

Este pasaje lleva a imaginar algo muy distinto de la dicotomía cristiana entre cuerpo y alma, entendidos como recipiente y contenido de la naturaleza humana. En el mundo de *Pedro Páramo*, el alma se va al algún sitio indeterminado tras la muerte, y el cuerpo, provisto de su propia conciencia, se queda en la tumba. ¿Por qué? Quién sabe. ¿Hasta cuándo? Quién sabe. ¿Lo permite una deidad parecida al dios cristiano? Quién sabe. ¿Hay un paraíso, un purgatorio, un infierno? Nadie sabe. Ningún personaje duda ni se hace preguntas acerca de lo que experimenta, como era de esperar, y tampoco lleva más allá la discusión sobre el asunto.

Los enigmas tienen una potencia muy especial en la imaginación. Una pregunta, si puede seguir discutiéndose y provocando opiniones encontradas, es capaz de sobrevivir a las respuestas más contundentes. La trama de Dorotea y Juan ni siquiera es el centro de la novela de Rulfo, pero crea un contrapunto al relato mimético del cacique, su vida y la destrucción de un pueblo entero que lo amplifica y lo vuelve más resonante. Todo el ir y venir de personajes enamorados, iracundos, desengañados, enloquecidos, esperando la muerte o entregados a toda clase de empeños para darle sentido a su vida, todo termina y desaparece, sin dejar más huella que la memoria de los muertos, que ni siquiera están más cerca de comprender los misterios del mundo.

El desarrollo de un sistema misterioso como el de esta novela es una tarea que no debe confundirse con la *cosmogénesis* (o proceso de *worldbuilding*) que se discute en otra parte de este libro. No es necesario inventar todo un entramado mitológico para crear la impresión de una totalidad elusiva o inalcanzable. Lo que hacen Rulfo y otros en esta línea (que es menos una tradición que una técnica narrativa) es crear únicamente las *alusiones* a algo más grande. Y estas son tratadas como fragmentos del fondo de la narración, parte de su textura y no de su trama. Así es como pueden quedar sin resolverse.

Dos consejos prácticos para futuros creadores de sistemas misteriosos: las alusiones no deben ser abundantes, para no dar la impresión de que necesiten ser sistematizadas o conciliadas; y tampoco deben impulsar acciones ni transformaciones de los personajes. El sistema misterioso es, sobre todo, un medio para crear atmósferas y reforzar la impresión de ajenidad, de asombro, que puede dar una obra de lo maravilloso.

7.2. OTROS EJEMPLOS DE LO MARAVILLOSO: LA FANTASÍA

El realismo mágico es solamente una de las diversas corrientes y categorías en las que se subdivide la narrativa de lo maravilloso. Hay muchas más, que abarcan desde variedades muy conocidas y practicadas en la actualidad hasta textos que anteceden a la definición misma de lo maravilloso (la cual, para nuestros fines, podemos fechar en 1970, cuando el académico de origen búlgaro Tzvetan Todorov publicó su famosa *Introducción a la literatura fantástica*, base de las discusiones sobre el asunto hasta la actualidad).

Es posible repasar esas variantes y hacer, al mismo tiempo, un resumen de la evolución de lo maravilloso. En él se pueden detallar otras estrategias fundamentales para su escritura.

7.2.1. MITOLOGÍAS

En algunas clasificaciones de lo maravilloso se incluyen obras del pasado que, releídas desde nuestro presente, pueden considerarse al menos precursoras de los usos contemporáneos de la imaginación. Por ejemplo, los relatos mitológicos de muchas tradiciones antiguas pueden ser leídos de esa manera.

Entre dichos relatos está la narración escrita más antigua que se conserva: el llamado *Poema de Gilgamesh*, que se remonta al segundo milenio antes de nuestra era y fue escrito y conservado en la antigua Mesopotamia. Las aventuras de Gilgamesh, semidiós y caudillo de la ciudad de Uruk, y de su amigo Enkidu, parte animal y parte hombre, ocurren en un entorno histórico en el que no se establece ninguna diferencia entre lo natural y lo sobrenatural, simplemente porque esa diferencia no se había inventado siquiera. Hubo una ciudad llamada Uruk en aquel pasado distante, y los documentos que se conservan de su existencia —preservados durante miles de años en tablillas de barro cubiertas de signos cuneiformes— hacen sospechar que incluso pudiera haber tenido a un gobernante parecido al Gilgamesh literario: un precursor magnificado y transformado en personaje de ficción gracias a la imaginación colectiva. Sin embargo, el Gilgamesh que llega hasta nosotros es claramente, desde nuestra perspectiva, una criatura de la imaginación, dotado de habilidades sobrehumanas y embarcado en aventuras entre dioses y demonios.

La creación de lo maravilloso es siempre, en cierta forma, una *recreación*. Volver a conseguir esa atmósfera de *cotidianidad diferente* de las narraciones muy antiguas, en las que lo posible y lo imposible —aún no separados por definiciones que el pensamiento de la especie tardaría milenios en formular— podían coexistir en una misma visión del mundo: de un entorno narrativo que, aun en sus versiones más insólitas o estrafalarias, siempre retiene algún punto de contacto con las experiencias que son constantes en las vidas humanas.

Las personas, casi siempre anónimas, que crearon, modificaron y preservaron las más viejas tradiciones no tenían que hacer grandes esfuerzos para lograr este efecto, porque no se suponía que hubiese una separación entre elementos posibles e imposibles: lo que ahora llamamos «falso» era simplemente distinto, remoto, inusitado en tanto imaginable pero no vivido. Felizmente, la imaginación nos permite acercarnos a esa mentalidad de manera bastante fácil. Todos los ejercicios de escritura destinados a «soltar» la imaginación son útiles para encaminar la inventiva individual a volcarse en la invención. «Aproximaciones extrañas», juegos textuales y verbales como las que proponía el gran escritor italiano Gianni Rodari —en su *Gramática de la fantasía* (1973)—, son suficientes para empezar a sacudir nuestra conciencia e impulsarla a ir más lejos que la sola percepción de lo que está ante nosotros.

7.2.2. Cuentos populares y cuentos literarios

El mismo efecto de cotidianidad diferente de las antiguas mitologías puede encontrarse en las numerosas tradiciones orales de todas las culturas. Estas son descendientes de las primerísimas narraciones que se contó la especie humana, antes de la invención de la escritura misma, y pueden circular de boca en boca durante miles de años antes ser transcritas y fijadas en libros. Las obras de recopiladores y folcloristas como los hermanos Grimm, Aleksandr Afanásiev e incontables otros han contribuido a que estos cuentos se conozcan como textos literarios, aunque son más antiguos incluso que la palabra *literatura*.

En particular durante los siglos XVIII y XIX, las narraciones populares eran consideradas un ejemplo de cultura inferior por las naciones occidentales. Cuando no se les asociaba con las «clases bajas e ignorantes» de los países europeos o los pueblos «incivilizados» del resto del mundo, se les consideraba indignas de la atención de los adultos y apropiadas únicamente para los niños. De aquí vienen esos nombres en uso todavía, como *cuento infantil* o *cuento de hadas*, que han llevado a tantos adultos a sorprenderse con las versiones originales, no sanitizadas, de cuentos como «Caperucita Roja» (con sus diversas escenas violentas y connotaciones sexuales) o «Blanca Nieves» (en el que, en muchos textos, la reina malvada es obligada a ponerse zapatos de plomo al rojo vivo y bailar hasta morir). La misma palabra folclor, o *folklore*, en su acepción original al ser propuesta (por el escritor inglés William Thoms, en 1845), quería referirse a las «antigüedades populares» que serían las historias orales: muestras del pensamiento o las creencias un tiempo ya superado.

Estos prejuicios son absurdos, naturalmente, y la riqueza de imaginación, la vivacidad de incontables narraciones orales tiene un atractivo innegable, y que puede ser disfrutado por muy diferentes tipos de personas, en todas las etapas de su vida lectora.

He aquí un ejemplo tomado de fuera del ámbito europeo: en «Astillas», un cuento del pueblo chukchi de Siberia, una pareja solitaria de ancianos recibe la visita de un grupo alegre y entusiasta, llegado «del otro lado del mar» con regalos y hablando un idioma que a veces se entiende, a veces no:

> […] Los invitados reunieron todas sus cosas en la playa, se metieron en sus botes y partieron.
>
> Mientras lo hacían, le dijeron al anciano:
>
> —¿No te acuerdas de cómo nos mandaste a la otra orilla, de modo que hubiera gente allá? Hemos vuelto a ti. Vendremos cada año y les traeremos comida y ropas. Porque ustedes son nuestros parientes.
>
> El anciano pensó: «¿De dónde vinieron estos parientes? Nunca hemos estado allá ni oído nada al respecto».
>
> Los otros se fueron.
>
> De pronto, el hombre recordó:
>
> —¡Ah! ¡Yo lancé aquellas astillas de madera para que hubiera gente del otro lado! ¿Cómo pude olvidarlo?

¿Por qué no les dije: «Cuando lleguen allá, no olviden nuestro idioma. Hablen en chukchi»? ¡Cómo pude olvidarlo!

—¡Nos fuimos con un viento fuerte! —respondieron ellos—. No hubo tiempo de hablar. Nos tomó un largo tiempo llegar allá. Pero las aves vinieron a nosotros: gaviotas, somorgujos. Nos hablaron y les entendimos. Y comenzamos a hablar el idioma de las aves del mar. Y ahora no podemos hablar con ustedes.

—¡Ay, cómo olvidé decirles!

Aquella gente regresó cada año y siempre trajo regalos. Traían ropa: chaquetas pequeñas, pantalones pequeños, botas pequeñas. Todas sus ropas eran pequeñas, porque ellos habían sido formados de astillas de madera.

«Astillas»
Tradición chuckchi

El milagro de las astillas que se convierten en personas apenas merece un par de menciones en la narración. Es parte de lo que «puede pasar»: de la plenitud de un espacio narrativo que, por carecer de estructuras rígidas, da la impresión de poder albergarlo todo, y que es creado fácilmente mediante el lenguaje hablado.

Esta riqueza se encuentra también en un género, este sí exclusivamente escrito, que es descendiente directo de los cuentos populares. A fines del siglo XVIII, como parte de las innovaciones propuestas por los artistas del movimiento Romántico, diversos autores empezaron a redactar narraciones inspiradas en la fantasía de los cuentos populares, reutilizando sus situaciones, ambientes y personajes típicos, pero dándoles una forma deliberadamente más pulida, una redacción acorde con las prescripciones en boga del estilo literario, y desde luego su propia firma, de manera que su autoría individual ya no fuese confundida con la obra, larga y azarosa, de una colectividad empeñada en conservar sus propias historias y no en inventar otras nuevas. En alemán, estas revisitaciones de la tradición oral fueron conocidas como *kunstmärchen*. El neologismo es revelador porque *kunst* (arte) modifica a *märchen* (directamente, historias folclóricas o populares). La implicación, no siempre admitida, es la de que el tratamiento, la forma refinada de los «cuentos literarios», eleva al material burdo, en bruto, de las historias populares.

Aunque ese «mejoramiento» es discutible, algunos de los más importantes cultivadores de lo maravilloso son escritores de cuentos literarios. El más grande de este grupo debe ser el danés Hans Christian Andersen, quien es conocido actualmente por un puñado de sus cuentos, pero escribió, además de una obra copiosa en otros géneros, un total de ciento cincuenta y seis cuentos, publicados en varias colecciones a lo largo de su vida. En ellos, al contrario de lo que sucede con algunos de sus contemporáneos, la libertad imaginativa de las tradiciones populares queda intacta, y rara vez es entorpecida por la obligación de un tono condescendiente o una moraleja. Más aún, incluso aunque sus cuentos están pensados explícitamente para niños, algo de las atmósferas inquietantes y las vueltas impredecibles que pueden encontrarse en sus fuentes está también en ellos.

Esto se puede ver en «El eslabón», también conocido como «La caja de yesca», en el que el protagonista, un soldado, recibe instrucciones precisas de una bruja para recuperar un tesoro oculto en un árbol, las acepta, y después vive exactamente cada paso de la búsqueda como fue previamente descrito.

El soldado subió al árbol, se dejó escurrir por el agujero y encontró como había dicho la hechicera un gran corredor alumbrado por cien lámparas.

Abrió la primera puerta. ¡Uf! El perro estaba sentado, y fijó sobre él sus grandes ojos como tazas de té.

—Tú eres un buen muchacho —dijo el soldado agarrándole. Enseguida le colocó sobre el delantal de la hechicera, y tomó tantas piezas de cobre como podían contener sus bolsillos. Después cerró la caja, volvió a colocar el perro encima, y se fue a la otra habitación.

¡Ah!, el perro estaba sentado, el que tenía los ojos grandes como una rueda de molino.

—Cuidado, como me miras tan fijamente —dijo el soldado— podrías hacerme mal de ojo.

Después colocó al perro sobre el delantal de la hechicera; pero viendo la gran cantidad de monedas de plata que contenía la caja, arrojó todas las de cobre y rellenó de plata sus bolsillos de su saco.

Enseguida entró en la tercera habitación. ¡Oh! ¡Esta era horrible! El perro tenía, en efecto, unos ojos tan grandes como la media naranja de la iglesia; daban vueltas en su cabeza como dos ruedas.

—Buenas tardes —dijo el soldado, haciendo el saludo militar, porque en toda su vida había visto un perro semejante. Pero después de haberle mirado un rato: Basta, pensó, y le bajó al suelo y abrió la caja. ¡Gran Dios, qué de oro había en ella! Había hasta para comprar toda la ciudad de Copenhague, todos los dulces del confitero, todos los soldados de plomo, todos los juguetes, todos los caballitos del mundo, sí; tanto era el oro que allí había.

El soldado tiró todas las monedas de plata con que había llenado sus bolsillos y su saco, y las reemplazó por monedas de oro. De tal modo cargó sus bolsillos, su saco, su gorro y sus botas, que apenas podía marchar.

¡Era rico! Volvió a poner el perro sobre la caja, cerró la puerta y gritó por el agujero del árbol:

—Ahora, íceme usted, vieja hechicera.

«El eslabón»
Hans Christian Andersen

En el cuento, el soldado —un personaje considerado común en el tiempo de Andersen, al que se entendía como lejano tanto de las grandes alturas de la sociedad como de lo mágico o lo insólito—, acepta y reacciona con naturalidad ante lo que le rodea de la misma forma en la que lo hubiera hecho un príncipe encantador en las historias que fueron la base de Andersen. La estructura de las tres etapas de una encomienda o una búsqueda, de raíces clásicas, se enfatiza más de lo que hubiera sucedido en una narración oral, pero lo que cuenta no es únicamente la regularidad, que puede ser reconfortante o predecible dependiendo de su contexto y de las expectativas de quien lea la narración. Por el contrario, el elemento crucial sigue siendo el efecto de lo maravilloso, que fuerza a lo imposible a colocarse a un lado de lo posible y nos sorprende tanto con todo el espacio que hay dentro del árbol como con la reacción inconsciente (se diría en nuestra época) del soldado al ver al último perro mágico. Esa reacción es un momento de gran penetración psicológica de Andersen, quien no solamente reconoce la herencia de sus precursores, sino que la actualiza, colocando sus imágenes de sueño en lo que, para él y sus primeros lectores, era un entorno reconocible, absolutamente contemporáneo.

7.2.3. NOVELAS Y CUENTOS CONTEMPORÁNEOS DE LO MARAVILLOSO

Lo maravilloso se introduce en la narrativa contemporánea a través de los «cuentos literarios» y, después, de obras más extensas, que se encuentran siempre en una relación compleja con otros géneros de lo fantástico y con el resto de las literaturas occidentales.

Dos de las mejores obras que ilustran esa relación son *Las aventuras de Alicia en el País de las Maravillas* (1865) y *A través del espejo y lo que Alicia encontró allá* (1871) del inglés Lewis Carroll. Conocidas usualmente con los títulos abreviados de *Alicia en el País de las Maravillas* y *A través del espejo,* ambos libros han tenido una influencia duradera y un éxito constante desde su primera publicación incluso más allá de su público declarado, que era infantil. Actualmente aparecen de manera invariable en la lista de libros canónicos de la cultura occidental y son citados en los contextos más diversos, desde libros de ciencia hasta novelas de espías. Todo esto sucede *a causa* de su empleo de lo maravilloso.

La historia de Alicia, un personaje que puede enfrentarse con el mismo aplomo a las preocupaciones de la vida cotidiana y a la locura cambiante de más de un mundo fantástico, descansa en el conocimiento del mundo infantil de la época victoriana que Carroll poseía, y también en una enorme cantidad de elementos provenientes de todos los campos de la cultura de su tiempo, recombinados y reutilizados de las maneras más sorprendentes para llenar el entorno narrativo de los libros con episodios y escenarios caprichosos, en los que las leyes de la naturaleza desaparecen. Esas referencias forman un entramado riquísimo que se estudia hasta hoy y que, de muchas formas, llamó la atención de lectores de todas las edades entre los contemporáneos de Carroll, que encontraron en sus páginas una especie de retrato en clave: una caja de resonancias para incontables conocimientos compartidos y que iban mucho más allá de las referencias históricas claras que suelen aparecer, por ejemplo, en los textos de realismo mágico. Productos de consumo, canciones populares, juegos de niños y de adultos, veladísimas alusiones sexuales, arquetipos muy profundos del *ser nacional* inglés (como la figura intimidante de la Reina de Corazones, en la que suele verse una destilación de algunas cualidades de la Reina Victoria y de la monarquía en general) y mucho más aparece constantemente alrededor de Alicia, a veces encarnado en personajes amables pero otras convertido en criaturas amenazantes, a las que solamente el humor de todo el texto consigue mantener a raya. En las ediciones más populares del libro, las ilustraciones originales de John Tenniel refuerzan aún más este efecto de sueño dirigido o (quizá, usando terminología más moderna) de fuga psicótica a un entorno alucinatorio, que se rehúsa a ser contenido en lo irreal y se derrama en el mundo de la vigilia.

Algo similar sucede, con un surtido completamente diferente de referencias culturales, en *El maestro y Margarita* del ucraniano Mijaíl Bulgákov. Publicada póstumamente en 1967, esta novela se desarrolla y fue escrita en los años treinta del siglo pasado, en pleno periodo de purgas de la dictadura de Stalin. Gira alrededor de una visita del Diablo, con una cohorte de servidores sobrenaturales, a la Unión Soviética, una nación oficialmente atea. Al mismo tiempo que relata la suerte de varios personajes humanos enfrentados con las necesidades muy precisas de la existencia restringida por un régimen autoritario, representa un largo enfrentamiento —más que una reafirmación y una inmersión, como en el caso de Carroll— de los símbolos y la cultura de Rusia contra la racionalidad y la trivialidad de la vida contemporánea del mismo Bulgákov. En este caso, aun si todas las referencias políticas están concentradas en un solo grupo social (el gremio de los escritores de Moscú, al que Bulgákov pertenecía), la pobreza de una existencia real pero estrecha es sobrepujada por la riqueza de los símbolos que cada personaje representa o abraza, y que están relacionados con la naturaleza, la resistencia humana y la amplitud de la historia de Rusia y sus regiones circundantes. Siguiendo a los autores románticos, Bulgákov contrasta el lenguaje coloquial de diversos estratos sociales con pasajes líricos, en los que las referencias culturales se expresan sin nombrar directamente a personajes u obras del pasado. El resultado es una especie de destilación de una idea del «alma rusa» en la que Bulgákov parece haber creído, pero que iba en contra del pensamiento de su época. Todavía hoy, la difusión y la influencia del libro son asuntos contenciosos. El efecto de lo maravilloso también puede ser crítico y de oposición al tocar una parte de la realidad cotidiana o de la Historia.

Otros libros del último siglo contienen también el efecto de lo maravilloso, pero son incorporados, como se dijo al comienzo de este capítulo, en géneros muy precisos, que se discuten en otros lugares de este libro. Sin embargo, las autoras y autores de esos textos pueden verse, a veces, como *incursores* en esos géneros, más que especialistas. En otros casos, son de hecho creadores de tal o cual corriente exitosa, y por lo tanto no están restringidos por normas o gustos previamente impuestos. Todos los miembros de este grupo pueden tener entre sus obras narraciones que emplean lo maravilloso de maneras inesperadas, lejanas a la percepción de su trabajo más conocido. Ocurre así con Franz Kafka, quien escribió *La metamorfosis* —obra maestra que en buena medida define la literatura de lo ominoso, como se verá en el capítulo correspondiente— pero también narraciones breves como «Josefina la cantora» o «El jinete del balde», en las que elementos parecidos a los de los cuentos de hadas son forzados a entrar en el molde de conflictos banales y vidas intrascendentes. Ocurre así también con J. R. R. Tolkien, quien fundó la épica fantástica como se entiende hasta hoy, pero que al margen de sus libros más famosos escribió narraciones sentimentales y conmovedoras como «*Hoja*, de Niggle», en la que el tema de la ambición artística sirve para delinear un entorno narrativo apenas sobrenatural, sutil, cuyos habitantes probablemente no son humanos, pero tienen vidas pequeñas y de escasa trascendencia, muy semejantes a las de casi cualquier persona real.

Y ocurre así también con autores menos conocidos, como el belga Jean Ray, actualmente casi olvidado, que incursionó en numerosos géneros populares y logró una de varias obras maestras con su novela *Malpertuis* (1943), en la que hay otra invasión de lo sobrenatural en el mundo, pero proveniente de la tradición clásica: los antiguos dioses griegos, envejecidos y decrépitos, viven y conspiran en una vieja casa de Bruselas, atrayendo a humanos incautos. Ray muestra el agotamiento del pasado, la tradición, el conocimiento compartido de la especie, más que su vitalidad, y este contagia al entorno narrativo completo para sugerir un universo entero que se descompone en todos sus niveles.

Se puede ver que el efecto de lo maravilloso es capaz, en ocasiones, de dirigirse hacia afuera de toda experiencia inmediata de lo real y plantear temas más abarcadores o enigmáticos, símbolos y metáforas más difíciles de interpretar de manera unívoca. En esto radica una de sus fortalezas más importantes, pues las obras de lo maravilloso no necesitan excusas para crear ninguna representación, por extraña que pueda ser, ni para explorar sus consecuencias.

Otra posibilidad adicional de lo maravilloso se relaciona con la anterior: igual que hacia las alturas del pensamiento abstracto, la representación no mimética puede ir hacia *adentro*, hacia lo profundo de la conciencia humana. Una novela realista que desea representar la repugnancia que siente un personaje por sí mismo —una experiencia absolutamente interna, personal— necesita apuntalar largamente un proceso de introspección, proyectarlo en acciones y parlamentos que se puedan «ver» en el mundo o tomar prestado el discurso del ensayo para discutir la cuestión de manera directa. Una novela que utilice lo maravilloso, en cambio, puede usar todos los recursos anteriores y *además* mostrarnos al personaje provisto de una forma demoníaca, detestable. Precisamente esto sucede con Saladin Chamcha, uno de los dos protagonistas de la ya mencionada *Los versos satánicos* de Rushdie. La imagen precisa, inmediata, por sí misma memorable, afecta todo lo dicho alrededor del personaje a lo largo del libro entero.

De forma aún más concentrada, esta caracterización a través de lo maravilloso se da en el cuento «La culpa es de los tlaxcaltecas» (1964) de la mexicana Elena Garro. Su protagonista, Laura, es una mujer mexicana que obedece las normas de la sociedad patriarcal y opresiva en la que nació, y para la que el contacto con «lo indígena» implica una degradación, de acuerdo con el racismo imperante en la cultura de aquel país. Una noche Laura queda varada en una carretera y, de forma inexplicada, se desplaza al pasado, a la época de la Conquista de México por parte de España. Allí, sin asombro, sin conmoción, Laura se descubre con una vida paralela de mujer indígena, y se encuentra con el esposo que tiene en esa época.

Yo, en ese momento, miré el tejido de mi vestido blanco y en ese instante oí sus pasos. No me asombré. Levanté los ojos y lo vi venir. En ese instante, también recordé la magnitud de mi traición, tuve miedo y quise huir. Pero el tiempo se cerró alrededor de mí, se volvió único y perecedero y no pude moverme del asiento del automóvil. «Alguna vez te encontrarás frente a tus acciones convertidas en piedras irrevocables como esa», me dijeron de niña al enseñarme la imagen de un dios, que ahora no recuerdo cuál era. [...] Lo terrible es, lo descubrí en ese instante, que todo lo increíble es verdadero. Allí venía él, avanzando por la orilla del puente, con la piel ardida por el sol y el peso de la derrota sobre los hombros desnudos. Sus pasos sonaban como hojas secas. Traía los ojos brillantes. Desde lejos me llegaron sus chispas negras y vi ondear sus cabellos negros en medio de la luz blanquísima del encuentro. Antes de que pudiera evitarlo lo tuve frente a mis ojos. Se detuvo, se cogió de la portezuela del coche y me miró. Tenía una cortada en la mano izquierda, los cabellos llenos de polvo, y por la herida del hombro le escurría una sangre tan roja, que parecía negra. No me dijo nada. Pero yo supe que iba huyendo, vencido. Quiso decirme que yo merecía la muerte, y al mismo tiempo me dijo que mi muerte ocasionaría la suya. Andaba malherido, en busca mía.

«—La culpa es de los tlaxcaltecas —le dije. Él se volvió a mirar al cielo. Después recogió otra vez sus ojos sobre los míos.

»—¿Qué te haces? —me preguntó con su voz profunda. No pude decirle que me había casado, porque estoy casada con él. Hay cosas que no se pueden decir, tú lo sabes, Nachita.

»—¿Y los otros? —le pregunté.

»—Los que salieron vivos andan en las mismas trazas que yo. —Vi que cada palabra le lastimaba la lengua y me callé, pensando en la vergüenza de mi traición.

»—Ya sabes que tengo miedo y que por eso traiciono…

»—Ya lo sé —me contestó y agachó la cabeza. Me conoce desde chica, Nacha. Su padre y el mío eran hermanos y nosotros primos. Siempre me quiso, al menos eso dijo y así lo creímos todos. En el puente yo tenía vergüenza. La sangre le seguía corriendo por el pecho. Saqué un pañuelito de mi bolso y sin una palabra, empecé a limpiársela. También yo siempre lo quise, Nachita, porque él es lo contrario de mí: no tiene miedo y no es traidor. Me cogió la mano y me la miró.

»—Está muy desteñida, parece una mano de ellos —me dijo.

»—Hace ya tiempo que no me pega el sol. —Bajó los ojos y me dejó caer la mano: Estuvimos así, en silencio, oyendo correr la sangre sobre su pecho. No me reprochaba nada, bien sabe de lo que soy capaz. Pero los hilitos de su sangre escribían sobre su pecho que su corazón seguía guardando mis palabras y mi cuerpo. Allí supe, Nachita, que el tiempo y el amor son uno solo.

«La culpa es de los tlaxcaltecas»
Elena Garro

La decisión posterior de Laura de «traicionar» a su esposo del siglo xx y fugarse con el del xvi —quien va a buscarla a su casa del presente, en otra confluencia de tiempos y espacios— puede entenderse a partir de la complejidad de su carácter, que se revela gracias al acontecimiento imposible del viaje por el tiempo y al desdoblamiento de su identidad. Laura puede cuestionar al menos algunas de las formas de opresión que la sujetan, y que ella replica, de forma paradójica, en quienes la rodean (Nachita es una empleada doméstica, implícitamente de piel más oscura que Laura, a la vez subordinada a ella y su única confidente posible).

Hay muchos otros textos importantes que provienen de autoras y autores más o menos especializados en lo maravilloso. Los que siguen —y son una muestra limitada, pero diversa y representativa— quedan para que quien lee estas palabras se adentre en propuestas que traen lo maravilloso hasta la actualidad de la literatura y la vida humana en el siglo XXI. *Mi vida en la maleza de los fantasmas* de Amos Tutuola; *Final del juego* de Julio Cortázar; *Lanark* de Alasdair Gray; *Las ciudades invisibles* de Italo Calvino; *Diccionario jázaro* de Milorad Pavić; *La sueñera* de Ana María Shua; *El castillo ambulante* de Diana Wynne Jones; *Buenos presagios* de Neil Gaiman y Terry Pratchett; *Jonathan Strange y el señor Norrell* de Susanna Clarke. En todos ellos se encuentran aún más posibilidades y sutilezas de lo maravilloso.

LITERATURA MARAVILLOSA II: ÉPICA FANTÁSTICA

Aitor Díaz

Uno de los subgéneros más populares dentro de la literatura no mimética es la *épica fantástica*. Hoy en día, casi cualquier historia maravillosa donde el protagonista tenga que superar una serie de desafíos y derrotar a un poderoso y malvado enemigo, suele caer dentro de este subgénero, aunque no pertenezca necesariamente a él. Si analizamos por separado los términos que le dan nombre, es fácil deducir por qué se da esa circunstancia. Por una parte, hace referencia a la «épica» de las gestas protagonizadas por los héroes y heroínas de este tipo de historias, y, por otra, a que se desarrollan en mundos imaginarios o «de fantasía» donde la magia funciona y existen todo tipo de criaturas sobrenaturales. Proviene de los grandes poemas narrativos, gestas de la antigüedad que hablaban de la creación de pueblos y naciones, con grandes héroes que encarnaban los valores más elevados de la sociedad. Por este motivo cada cultura tiene su propia versión de estos poemas épicos, desde las gestas medievales hasta el western estadounidense, pasando por las fábulas de samuráis, los mitos germánicos o los libros de caballerías.

La *épica fantástica* es, por tanto, un subgénero de la literatura maravillosa. Se desarrolla en una ubicación pseudomedieval, ya sea mimética de la alta o baja Edad Media europea o en un mundo inventado, donde es natural la presencia de criaturas maravillosas (mantícoras, ogros, caballos alados, etcétera), así como la magia, en cualquiera de sus formas. Es común, asimismo, identificar este subgénero con las historias de *espada y brujería*, tal y como establece Lola Robles en su ensayo *En regiones extrañas*:

> «Espada y brujería» (en inglés, «sword and sorcery», y en Hispanoamérica, «espada y hechicería») es una expresión construida de manera similar a «capa y espada», el género de aventura de los espadachines. En ocasiones se ha intentado diferenciar las obras de espada y brujería y la fantasía heroica o épica, pero las diferencias son tan sutiles y lo que tienen en común es tanto que, en mi opinión, corroborada también por la costumbre de muchos aficionados y críticos, resulta mucho más práctico considerarlas como equivalentes.
>
> Las dos palabras «espada y brujería» definen claramente los componentes básicos de este subgénero: el uso de la espada y armas anteriores a las de fuego y la brujería, la presencia de elementos mágicos.

> *En regiones extrañas*
> Lola Robles

Así, las historias de épica fantástica tienen lugar en un mundo que simula ser el nuestro, solo que hace muchísimo tiempo, o incluso en otros planetas, pero con un desarrollo tecnológico propio del medievo, donde los personajes se enfrentan a sus enemigos mediante armas de acero: espadas, alabardas, hachas de mano, lanzas, puñales, etcétera; así como armas de proyectiles: arcos y ballestas, previas a la aparición de las armas de fuego.

Los protagonistas clásicos son guerreras, brujos, hechiceras, bárbaros y cualquier otro tipo de criatura maravillosa que surja de la imaginación del autor, como podrían ser los dragones, huargos o dríadas. De hecho, las «profesiones» dentro de la épica fantástica, así como la variedad de criaturas que pueblan este tipo de mundos ha sufrido un crecimiento exponencial gracias a los juegos de rol, el cine y los videojuegos, y ahora es común encontrar desde ladrones hasta druidas, pasando por trovadores, centauros, amazonas o enanos del caos.

Estos personajes están llamados a convertirse en los héroes y heroínas de la historia, y solían representar altos valores morales que los encumbraban como adalides de las fuerzas del bien, en defensa de aquello que es honesto y honrado. Esto ocurría, sobre todo, en la épica fantástica del siglo XX, con obras referentes del subgénero como *Crónicas de Terramar* de Ursula K. Le Guin o *El Señor de los Anillos* de J. R. R. Tolkien, donde los protagonistas luchan hasta la extenuación contra un mal supremo que quiere destruir su mundo. En la épica fantástica contemporánea los personajes tienen más matices morales, y actúan por motivaciones propias que no han de corresponder, necesariamente, con los ideales del bien o el mal. Obras como *Juego de tronos*, de George R. R. Martin dejan de lado estos conflictos de carácter universal para centrarse en las disputas entre casas rivales, de forma que ni los buenos son tan buenos, ni los malvados tan oscuros, lo que permite que los personajes se muevan en una escala de grises propia de otros géneros. Esto hace que la épica fantástica actual se perciba como cruda, oscura e hiperrealista, cargada de sexo, violencia y combates mucho más sangrientos y viscerales que aquellos que pueblan la Tierra Media de J. R. R. Tolkien.

Las historias de épica fantástica se caracterizan por estar llenas de acción y aventuras, combates, enfrentamientos de ejércitos rivales, y batallas mágicas de toda índole. Y es que *la lucha* en sí misma también caracteriza el subgénero. Los personajes se enfrentarán a sus adversarios en combates físicos o mágicos, poniendo sus propias vidas en peligro para defender sus ideales de justicia o conseguir sus objetivos. Cuanto más poderosas sean las fuerzas opositoras, más dramática será la aventura, enfatizando así su carácter épico.

Esto se asocia, a su vez, con el *cambio de paradigma* que se produce en la conclusión de la mayoría de las aventuras épicas. Tras los combates y sacrificios, el héroe por fin se proclama vencedor, y se produce un cambio en el paradigma social respecto al punto inicial de la trama. Se derrota un imperio, se libera al pueblo esclavizado por una tiranía, y se ofrece un nuevo horizonte cargado de esperanza e ilusiones. Esta transformación social se asocia de forma ineludible con el cambio que sufre el propio héroe, que comienza la aventura siendo inexperto y poco capaz, incluso cobarde, o indiferente ante las injusticias que suceden a su alrededor, y acaba convertido en un líder o fuente de inspiración para aquellos que lo rodean. Por supuesto, en obras más contemporáneas, puede que el triunfo del héroe suponga, asimismo, la instauración de un nuevo tirano en el trono, lo que dará lugar a nuevas sagas. Esto enfatiza esa escala de claros oscuros en las que se mueve el género en la actualidad.

Que algunas *space operas*, sobre todo cinematográficas, se incluyan en ocasiones dentro de la épica fantástica pese a que su ubicación no sea medieval, se debe, precisamente, a la importancia del componente épico y el cambio de paradigma, así como el sentido de la maravilla que desprende el mundo no mimético. Por eso resulta común el error de considerar obras como *Star Wars* o *Dune* dentro de esta clasificación, sin que pertenezcan a ella al no tener lugar en un mundo con un desarrollo tecnológico propio de épocas medievales. En ambos casos hay espadas y magia, solo que las espadas son láser y la magia se manifiesta en forma de fuerza o visiones de los personajes, pero, aun así, las historias tienen lugar en una ubicación espacio temporal futurista, por lo que pertenecen al subgénero de la ciencia ficción.

Escribir una buena historia de épica fantástica es cuestión de instinto y experiencia, y requiere cierto conocimiento, aunque sea superficial, de las obras que han vertebrado el subgénero en las últimas décadas, así como sus características narrativas más importantes. Por suerte, estas historias han conocido un verdadero auge audiovisual en los últimos años, de forma que muchas de estas características resultan familiares. Es importante trabajar la *visibilidad de las batallas y los combates*, *construir la épica* de los momentos culminantes de la historia, y conocer la estructura del *viaje del héroe*, para modificarla y singularizarla.

8.1. Construir la épica

Cuanto más desesperada sea la situación en la que se encuentran los personajes, más épica será la victoria. Cuanto más numerosas sean las fuerzas enemigas, o más heridos y acorralados estén los héroes, mayor será el regocijo de los lectores cuando sobrevivan. En esto se basan los maestros del género para crear momentos climáticos cargados de emoción, como hace J. R. R. Tolkien en la batalla del abismo de Helm. Aragorn, Legolas y Gimli, huyen con el rey Theoden y los habitantes de Rohan hasta una fortificación en las montañas, un baluarte con foso y muralla donde guarecerse de las hordas de orcos que los persiguen. Así es como Tolkien describe la amenaza:

> Había pasado ya la media noche. El cielo era un espeso manto de negrura, y la quietud del aire pesado amenazaba una tormenta. De pronto un relámpago enceguecedor rasgó las nubes. Unas ramas luminosas cayeron golpeando las colinas del este. Durante un momento, los vigías apostados en los muros vieron todo el espacio que los separaba de la Empalizada: iluminado por una luz blanquísima, hervía, pululaba de formas negras, algunas rechonchas y achaparradas, otras gigantescas y amenazadoras, con cascos altos y escudos negros. Centenares y centenares de estas formas continuaban descolgándose en tropel por encima de la Empalizada y a través del Foso. La marea oscura subía como un oleaje hasta los muros, de risco en risco. En el valle retumbó un trueno, y descargó una lluvia lacerante.
>
> (…) De pronto, los orcos prorrumpieron en gritos agudos agitando lanzas y espadas y disparando una nube de flechas contra todo cuanto se veía por encima de los parapetos; y los Hombres de la Marca, estupefactos, se asomaron sobre lo que parecía un inmenso trigal negro sacudido por un vendaval de guerra, y cada espiga era una púa erizada y centelleante.

Las dos torres
J. R. R. Tolkien

Los Hombres de la Marca, liderados por Theoden y Aragorn, se ven superados de forma abrumadora (tanto en número como en armamento) por la marea de orcos que ataca el Abismo de Helm. Los hombres plantan cara durante los primeros compases de la batalla. Pero los enemigos reciben refuerzos:

(…) Ahora las nubes se dispersaban rápidamente, y la luna declinaba clara y luminosa. Pero la luz trajo pocas esperanzas a los jinetes de la marca. Las fuerzas del enemigo, antes de disminuir, parecían acrecentarse; y nuevos refuerzos llegaban del valle y cruzaban el foso. El enfrentamiento en el Peñón había sido solo un breve respiro. El ataque contra las puertas se redobló. Las huestes de Isengard rugían como un mar embravecido contra el Muro del Bajo. Orcos y montañeses iban y venían de un extremo a otro arrojando escalas de cuerda por encima de los parapetos, con tanta rapidez que no atinaban a cortarlas o desengancharlas. Habían puesto ya centenares de largas escalas. Muchas caían rotas en pedazos, pero eran reemplazadas en seguida, y los orcos trepaban por ellas como los monos en los oscuros bosques del sur. A los pies del muro, los cadáveres y los heridos se apilaban como pedruscos en la tormenta; el lúgubre montículo crecía y crecía, pero el enemigo no cejaba.

Las dos torres
J. R. R. Tolkien

La situación se vuelve aún más desesperada. Aragorn, Legolas y Gimli combaten con valentía para defender el muro, y aunque obtienen alguna que otra pequeña victoria, saben que no podrán aguantar mucho más. Entonces los orcos utilizan magia para abrir un boquete en el muro. Los héroes retroceden junto a los pocos supervivientes de los Hombres de la Marca, y se refugian en la ciudadela con el rey. En ese momento todo parece perdido, y Theoden pide a Aragorn que cabalgue con él una última vez, hacia la muerte:

> —Dicen que Cuernavilla no ha caído nunca bajo ningún ataque —dijo Theoden—; pero esta vez mi corazón teme. El mundo cambia y todo aquello que una vez parecía invencible hoy es inseguro. ¿Cómo podrá una torre resistir a fuerzas tan numerosas y a un odio tan implacable? De haber sabido que las huestes de Isengard eran tan poderosas, quizá no hubiera tenido la temeridad de salirles al encuentro, pese a todos los artificios de Gandalf. El consejo no parece ahora tan bueno como al sol de la mañana.
>
> —No juzguéis el consejo de Gandalf, señor, hasta que todo haya terminado —dijo Aragorn.
>
> —El fin no está lejano —dijo el rey—. Pero yo no acabaré aquí mis días, capturado como un viejo tejón en una trampa. Crinblanca y Hasufel y los caballos de mi guardia están aquí, en el patio interior. Cuando amanezca haré sonar el cuerno de Helm, y partiré. ¿Cabalgarás conmigo, tú, hijo de Arathorn? Quizá nos abramos paso, o tengamos un fin digno de una canción… si es que queda alguien para cantar nuestras hazañas.
>
> —Cabalgaré con vos —dijo Aragorn.

Las dos torres
J. R. R. Tolkien

Lo que hace Tolkien con estos pasajes es agravar la situación de los héroes poco a poco hasta llegar a un punto donde se enfrentan a una muerte casi segura. Y es que en el *casi* está la clave, ya que en el último instante encontrarán la manera de superar a sus adversarios, o quizá algún personaje reaparezca para salvar el día. Esto es lo que sucede, precisamente, en el Abismo de Helm, donde Gandalf vuelve con refuerzos para aniquilar a los orcos. Un ataque que es aún más espectacular en la adaptación cinematográfica de Peter Jackson, donde los jinetes de Rohan cargan colina abajo al despuntar el alba, en lo que supone una de las escenas más épicas de la saga.

Al escribir épica fantástica, es conveniente planificar estos puntos climáticos a lo largo del argumento. Lo más probable es que coincidan con alguna batalla decisiva o el enfrentamiento a muerte del protagonista con las fuerzas opositoras. Una vez lleguen esos momentos, hay que complicar las cosas a los héroes. Que parezca que no van a contarlo para que, casi al borde de la muerte, encuentren la estrategia que les permita salir victoriosos. Eso sí, sea lo que sea que salve a los personajes, ha de tener coherencia interna dentro de la trama, ya que, de lo contrario, parecerá que el autor se ha sacado de la manga dicha resolución, restando verosimilitud a los hechos.

8.2. Combates y batallas

Una de las características más importantes de la épica fantástica son los combates: duelos, trifulcas, refriegas, peleas, emboscadas, asaltos, asedios, batallas campales… Cualquier tipo de enfrentamiento que tenga lugar añadirá tensión narrativa a la historia, ya que durante esos combates está en juego la vida de los personajes. Por tanto, es importante narrarlos con la suficiente concreción como para que los lectores sean capaces de visualizar a los personajes en un espacio narrativo determinado, así como las acciones que llevan a cabo para derrotar a sus enemigos.

Cuando se trata de escribir un combate, hay que definir, en primer lugar, la escala, y el número de contendientes. No es lo mismo narrar el duelo de dos espadachines en un callejón oscuro, que el asedio de una fortaleza, o una batalla campal donde se produce el choque de dos ejércitos, y participan tropas de toda índole (arqueros, regimientos de a pie, caballería, etcétera). En los combates individuales, la atención se focaliza en las acciones que realizan los protagonistas y sus enemigos: la destreza con la que manejan sus armas, los hechizos que lanzan para repeler los ataques, o las artimañas que utilizan para vencer la contienda; mientras que en las batallas intervienen otros factores como la estrategia, la orografía del campo de batalla o la potencia armamentística.

8.2.1. CÓMO NARRAR COMBATES

Dentro de los *combates* incluimos aquellos enfrentamientos donde *no participan ejércitos*, de forma que el número de contendientes puede variar desde dos, típico del duelo, hasta cualquier número indeterminado de personajes que participe en una pelea grupal, escaramuza, reyerta, etcétera. Para que un combate desprenda emoción, es crucial mostrar con suma claridad las maniobras y movimientos de cada uno de los contendientes. Es decir, mostrar sus habilidades de combate, su forma singular de luchar, y la pericia con la que manejan sus armas.

Para que esta visualización tenga lugar, primero hay que definir el *espacio narrativo* donde se desarrollará la lucha. Los personajes han de interactuar con este espacio, sea de interior o exterior, ya que, de lo contrario, parecerá que lanzan espadazos y bolas de fuego al aire, en un espacio difuso e indefinido. No es lo mismo combatir en lo alto de una montaña, donde no hay ningún tipo de restricción de movimientos, que en una mazmorra bajo tierra de metro y medio de altura donde un personaje que maneje una espada a dos manos se las verá y deseará para maniobrar con ella. En *Alas de sangre*, de Rebecca Yarros, atacan a la protagonista —que se comunica telepáticamente con su dragón, Tairn— mientras duerme, así que se ve acorralada en un espacio diminuto, del que no tiene escapatoria:

Una mujer se lanza contra mí sobre mi cama, pero la esquivo, pegándome al cristal helado de la ventana. «¡La ventana!».

—*Está demasiado alto. ¡Te caerías al barranco, y no puedo llegar tan rápido!*

Entonces la ventana no. Entendido.

Otra mujer lanza su cuchillo y me corta la manga del camisón de dormir de camino a clavarse en el armario, pero no me ha tocado la piel. Me doy la vuelta, dejando que la manga se arranque sola, y lanzo mi daga al doblar la esquina de mi cama. Se clava en su hombro, mi blanco favorito, y la mujer se tira al suelo, gritando y presionándose la herida.

El resto de mis armas están guardadas cerca de la puerta. Mierda. Mierda. «Mierda».

—*Para de lanzar cosas. ¡Quédate con esa arma!*

Para alguien que no puede ayudar, Tairn no tiene problemas dando su opinión.

—¡Apuntad a la garganta! —grita Oren—. ¡O lo haré yo mismo!

Paso el arma a la mano derecha y detengo un ataque por la izquierda, le hago un corte vertical en el brazo a la chica, y luego otro a la derecha, apuñalo a un hombre en el muslo. Suelto una patada con el talón y le doy a otro en la barriga mientras ataca, se cae de espaldas sobre mi cama y suelta la espada.

Por ahora estoy acorralada entre mi escritorio y el armario.

Son demasiados.

Y todos vienen hacia mí al mismo tiempo. Mierda.

Alas de sangre
Rebecca Yarros

Así, Violet tiene que enfrentarse a sus oponentes en un espacio reducido sin acceso a sus armas, por lo que la autora consigue colocarla, literalmente, entre la espada y la pared.

Otro de los aspectos a tener en cuenta a la hora de narrar un combate son las *armas y hechizos* que utilizan los oponentes. No es lo mismo pelear con un arco que con una alabarda, ni tampoco combatirá igual una hechicera que domina fuerzas elementales (bolas de fuego, rayos de escarcha), que un druida que se transforma en oso o lobo para hacer frente a sus enemigos. Una vez establecidas las armas, objetos mágicos o hechizos de los personajes, así como cualquier otra habilidad especial, han de mostrarse durante el combate, puesto que caracterizarán su forma de luchar. Y ha de procurarse que las acciones con esas armas sean visibles y concretas, como en el siguiente enfrentamiento de *Juego de tronos*:

> La lanza larga de Oberyn se disparó en un aguijonazo, pero Ser Gregor recibió la punta con el escudo, la desvió hacia un lado y contratacó con un tajo relampagueante del mandoble. El dorniense lo esquivó con un giro. La lanza volvió a atacar. Clegane la desvió con la espada; Martell la recogió velozmente y la volvió a lanzar. Se oyó el chirrido del metal contra el metal cuando la punta deslizó por la coraza de la Montaña, desgarró el jubón y dejó un brillante arañazo en el acero de debajo.
>
> *Tormenta de espadas*
> George R. R. Martin

El combate entre Oberyn Martell, la Víbora roja, y Gregor Clegane, la Montaña, es uno de los más memorables de la épica fantástica, tanto en su versión literaria como en la adaptación audiovisual. Y una de las razones de su espectacularidad es que cada uno de los contendientes tiene un estilo de lucha claramente diferenciado, casi opuestos, en base a sus armas. Por una parte, la agilidad de Víbora roja, que suelta gráciles aguijonazos con su lanza larga, y, por otra, la fuerza bruta del mandoble de la Montaña. Además, el dorniense viste ropas de cuero, mientras que Gregor combate con una armadura pesada que lo protege de las estocadas de su oponente, lo cual se transmite claramente en los pasajes del duelo.

Este enfrentamiento también resulta ejemplar para analizar otros dos elementos claves de un buen combate, que son su *direccionalidad* y las *motivaciones* de los personajes.

Cuanto más importante sea el combate para los contendientes, más intensidad se desprenderá de cada uno de sus golpes. En el ejemplo de George R. R. Martin, luchan dos personajes que se odian mutuamente. La Montaña defiende los intereses de su reina, mientras que la Víbora roja quiere matar a Clegane porque este asesinó a su hermana:

> —Elia Martell, princesa de Dorne —siseó la Víbora Roja—. La violaste. La asesinaste. Mataste a sus hijos.
> Ser Gregor gruñó. Lanzó un tajo bestial hacia la cabeza del dorniense. El príncipe Oberyn lo esquivó sin dificultad.
> —La violaste. La asesinaste. Mataste a sus hijos.
> —¿Has venido a charlar o a pelear?
> —He venido a hacer que confieses.

Tormenta de espadas
George R. R. Martin

La rabia del dorniense se transmite durante todo el combate, y al ser una motivación tan poderosa y visceral, carga de dramatismo cada una de sus estocadas. No es lo mismo que los héroes combatan contra unos malhechores que aparecen sin venir a qué en mitad de un bosque como si de una partida de rol se tratase, que una lucha a muerte contra aquellos que han arrasado su ciudad o masacrado sus familias. Dicho de otro modo: cuanto más viscerales sean las motivaciones, y más haya en juego, más emocionante será el combate.

También es importante que la *direccionalidad* del combate no sea predecible, esto es, que el lector se pregunte continuamente quién va a ganar. Un combate es como una historia en sí misma. Si se sabe cómo va a acabar desde el principio, no tiene emoción, por lo que conviene jugar con esa direccionalidad mientras se desarrolla. Quizá el combate parezca favorable para el protagonista, pero en un momento dado su oponente revela un poder oculto que cambia las tornas. Aparecen más enemigos o el villano usa un objeto mágico, dando la impresión de que está todo perdido. Pero luego, ya en los últimos compases de la lucha, el héroe utiliza una nueva estrategia o habilidad que le permite hacerse con la victoria.

Esto es justo lo que sucede en el combate entre la Víbora y la Montaña. Oberyn Martell va a proclamarse vencedor; tiene a su oponente a su merced, pero justo cuando se dispone a rematarlo, Clegane lo arrastra a una lucha cuerpo a cuerpo que cambia el desenlace:

El príncipe Oberyn estaba ahora a sus espaldas.

—¡ELIA DE DORNE! —gritó.

Ser Gregor comenzó a volverse, pero con demasiada lentitud y demasiado tarde. Aquella vez, la lanza le golpeó en la corva, atravesando las capas de malla metálica y cuero entre la greba y la pieza del muslo. La Montaña retrocedió, se tambaleó y cayó al suelo de cara. Se le escapó el mandoble de las manos. Giró lenta y pesadamente para tenderse boca arriba.

El dorniense tiró a un lado su escudo destrozado, agarró la lanza con las dos manos y se apartó lentamente. Detrás de él, la Montaña soltó un gemido e intentó incorporarse, apoyándose en el codo. Oberyn giró con la rapidez de un gato y corrió hacia su enemigo caído. Emitió un grito feroz al bajar la lanza con todo el peso de su cuerpo detrás. El crujido del asta de fresno al partirse fue un sonido casi tan dulce como el gemido furioso de Cersei, y durante unos instantes, al príncipe Oberyn le salieron alas.

«La serpiente ha saltado sobre la Montaña». Vara y media de lanza asomaba del vientre de Clegane mientras el príncipe Oberyn se levantaba con una voltereta y se sacudía el polvo. Tiró a un lado el pedazo de lanza y recogió el mandoble de su adversario.

(…) Puso un pie en el pecho de la Montaña y levantó el mandoble con ambas manos. Tyron no llegaría nunca a saber si tenía la intención de cortarle la cabeza a Gregor o de darle una estocada por la ranura del yelmo.

La mano de Clegane se alzó de súbito y agarró al dorniense por la corva. La Víbora Roja dejó caer el mandoble en un fiero tajo, pero había perdido el equilibrio, y el filo se limitó a hacer una nueva abolladura en el avambrazo de la Montaña. La espada quedó olvidada mientras la mano de Gregor se tensaba y giraba, haciendo que el dorniense cayera encima de él. Lucharon cuerpo a cuerpo, cubiertos de polvo y sangre, mientras la lanza rota oscilaba de un lado a otro. Tyron vio horrorizado como la montaña había abrazado al príncipe con un brazo enorme, pegándolo a su cuerpo como un amante.

—Elia de Dorne —oyeron decir a Ser Gregor cuando estuvieron a la distancia necesaria para dar un beso—. Yo maté a esa mocosa llorona. —Lanzó la mano libre hacia el rostro desprotegido de Oberyn y le clavó los dedos acerados en los ojos—. Fue después cuando la violé. —Clegane hundió el puño en la boca del dorniense, destrozándole los dientes—. Y al final le reventé la puta cabeza. Así.

Tormenta de espadas
George R. R. Martin

En conclusión, los combates han de ser visibles y claros. Deben mostrar de forma precisa cómo se mueven los personajes por el espacio narrativo donde se desarrolla la lucha, así como las acciones que llevan a cabo con sus armas y habilidades. Y conviene que desprendan emoción e intensidad, lo que se consigue estableciendo las motivaciones de los personajes, y jugando con la direccionalidad del enfrentamiento.

8.2.2. Cómo narrar batallas

Según una de las acepciones de la RAE, una batalla se define como: *combate o serie de combates de un ejército con otro, o de una armada naval con otra.* La palabra clave es, por supuesto, *ejército,* y es que para que se produzca una batalla se necesitan al menos dos bandos enfrentados que dispongan de los efectivos suficientes como para constituir dicha fuerza armamentística. Ya no se trata de peleas individuales o escaramuzas a la luz de las estrellas, sino de auténticas batallas campales donde se decidirá el destino del reino, y, muy probablemente, de algunos de los protagonistas de la epopeya. Al intervenir tantas tropas, la forma de narrar este tipo de confrontaciones difiere de los combates individuales, y habrá que prestar especial atención a elementos como la orografía, el tipo de unidades con los que cuenta cada ejército, las cuales determinarán su estrategia, y cómo participan los héroes en dicha batalla.

Uno de los elementos más importantes de una batalla, y que conviene pensar antes de lanzarse a escribir, es *el lugar* donde va a desarrollarse. Esto definirá, a su vez, el tipo de batalla, así como las tropas implicadas en ella. Las más comunes en épica fantástica son navales y terrestres —donde se incluyen los asedios—, puesto que en muy pocas sagas con ambientación medieval aparecen fuerzas aéreas. Una vez establecido el campo de batalla, es fundamental definir los elementos naturales que pueden afectar al transcurso de la contienda, y que habrán de considerarse para definir la estrategia de los bandos rivales. Si la batalla va a desarrollarse, por ejemplo, en un valle, y en el centro hay una colina, esta se convertirá en un punto estratégico muy codiciado por los generales al mando. Esto es lo que ocurre en la novela *Los Héroes*, de Joe Abercrombie, dado que contar con una posición elevada siempre es ventajoso para disparar armas de proyectiles o situar máquinas de guerra como catapultas o lanzadores de virotes.

Tampoco se planifica igual una batalla en terreno escarpado donde la caballería puede quedar trabada, que en una planicie donde esos mismos caballeros sean capaces de formar una punta de lanza que arrase la infantería enemiga. O si se trata de una batalla naval, hay muchas diferencias entre combatir en un río, donde no habrá lugar para grandes embarcaciones, que en mar abierto.

Antes de que se produzca una batalla, conviene mostrar el terreno, ya sea a través de conversaciones de personajes debatiendo sobre las diferentes estrategias posibles, o mediante una descripción del lugar donde se resalten sus peculiaridades tácticas, o bien describir las particularidades orográficas durante la propia batalla. Esto es lo que ocurre en el siguiente fragmento de *Un mago de Terramar*, de Ursula K. Le Guin, donde el protagonista de la historia, Duny, lanza un hechizo que conjura una niebla densa y blanca en su aldea, lo que permite que los aldeanos aprovechen el terreno a su favor y conduzcan a sus enemigos a una trampa mortal:

El curtidor, a quien pertenecía la casa incendiada, envió a un par de muchachos a que pasaran haciendo cabriolas ante las mismas narices de los kargos, los provocaran con burlas y desaparecieran al instante como humo en el humo. Mientras tanto, arrastrándose por detrás de las cercas y corriendo de casa en casa, los mayores se aproximaron por el otro lado y descargaron una lluvia de flechas y lanzas sobre los guerreros que esperaban amontonados en un solo racimo. Un kargo rodó por tierra retorciéndose, el cuerpo traspasado por una lanza que aún conservaba el calor de la fragua. Otros fueron alcanzados por las flechas. Entonces, cegados por la ira, arremetieron decididos a aplastar a aquellos agresores insignificantes, pero solo encontraron niebla, una niebla poblada de voces. Guiados por ellas, se lanzaron al ataque, hendiendo el aire con las largas lanzas empenachadas y ensangrentadas. Recorrieron a gritos la calle, sin ni siquiera enterarse de que habían atravesado la aldea entera, cuyas chozas y casas vacías aparecían y desaparecían entre los celajes grises de bruma. Los aldeanos se dispersaban a todo correr, la mayoría ganando distancia, ya que conocían el terreno palmo a palmo, pero algunos, los niños y los ancianos, eran más lentos. Cuando tropezaban con ellos, los kargos les clavaban las lanzas y blandían furiosos las espadas mientras lanzaban el grito de guerra.

(…) Algunos de los guerreros se detenían al descubrir que el terreno que pisaban se hacía más escarpado, pero los demás proseguían en ciega carrera en busca del poblado fantasma y a la caza de las formas vagas y flotantes que se les escapaban de las manos. La niebla misma había cobrado vida con aquellas siluetas fantasmales y fugaces que se desvanecían en todas direcciones. Un grupo de kargos persiguió a los espectros hasta el Gran Precipicio, un acantilado de treinta metros de altura que se alzaba por encima de los puentes del Ar. Las figuras flotaron en el aire en un momento y se desvanecieron junto con la niebla que en aquel paraje empezaba a disiparse, en tanto los perseguidores se precipitaban al vacío dando alaridos, al principio entre brumas, y de improvisto a plena luz del sol, para ir a estrellarse contra los charcos del rocoso lecho del río.

Un mago de Terramar
Ursula K. Le Guin

Así, Duny y los aldeanos guían a los invasores hasta un acantilado para que se precipiten al vacío. Utilizan el terreno para cambiar el resultado de una batalla que, de no ser por esa estrategia, estaría perdida, y demuestran lo importante que resulta conocer las particularidades del campo de batalla para obtener la victoria.

Otro de los factores que definen una batalla es el *número de ejércitos* que participan en ella, así como el *tipo de unidades* que componen esos ejércitos. En realidad, siempre hay dos bandos enfrentados, solo que cada uno de ellos puede estar formado por la alianza de varias fuerzas, como ocurre en la Batalla de los Cinco Ejércitos de *El hobbit*, donde los ejércitos de enanos, elfos y hombres se enfrentan a las huestes de orcos y huargos. Es importante definir cada una de las facciones que van a participar en la confrontación, así como las características de sus efectivos, ya que los generales establecerán las estrategias de combate en base a esas características. De ahí que en las novelas de épica fantástica sea común encontrar diálogos de personajes debatiendo sobre cómo afrontar una batalla, qué tropas utilizarán como vanguardia, cuándo lanzar la carga de caballería, etcétera.

Una técnica muy útil a la hora de planificar batallas es pensar en ellas como si fuera un juego de miniaturas. Imaginemos una maqueta a escala del campo de batalla, y que en ella se colocan todas y cada una de las unidades de los ejércitos que van a enfrentarse (o, si se prefiere, pueden dibujarse en un folio en blanco que represente el terreno). Una vez dispuestas las unidades, habría que pensar cómo sería la estrategia de cada uno de los generales en base a las tropas a su disposición. Si uno de los ejércitos es, por ejemplo, de orcos, en el que destacan las unidades de infantería por su ferocidad y número, el general orco querrá llevar esas unidades al centro de la línea enemiga lo antes posible. Si enfrente se encuentra un ejército de elfos, que cuenta con menos efectivos, aunque más habilidosos, es probable que el comandante elfo desee retrasar esa confrontación directa, y prefiera diezmar a la hueste orca con sus arqueros, para luego arrasarla con una carga de caballería ligera. Es conveniente mostrar a los lectores las peculiaridades de cada una de las tropas que van a participar en una batalla, de forma que comprendan la estrategia seguida por uno u otro ejército durante la confrontación. Lo mismo sucede con las máquinas de guerra como catapultas, lanza virotes, o criaturas maravillosas que puedan considerarse parte del armamento de un ejército, como ocurre con los dragones en *Juego de tronos*, que vienen a ser una suerte de arma de destrucción masiva capaz de desequilibrar una batalla.

Y luego, cuando esta da comienzo, un truco para describir qué es lo que ocurre, es imaginar que la confrontación tiene lugar por turnos. En el turno uno, por ejemplo, los orcos avanzan hacia la línea élfica, mientras tocan los tambores de guerra. Los elfos aguantan la posición, preparan los arcos, y cuando los orcos están a tiro liberan la primera andanada. En el turno dos, los orcos mandan sus unidades de huargos contra los arqueros elfos, aniquilando uno de los destacamentos. Los arqueros reciben refuerzos de una unidad de espaderos, y aniquilan a los huargos. Y así, turno a turno, hasta que la batalla concluya. Esto, por supuesto, no es lo que aparecerá en la novela, pero si trazamos una escaleta de la batalla por turnos, en base a acciones y reacciones de los ejércitos, tendremos una idea clara de lo que ocurre, y será más sencillo escoger los momentos de máxima importancia para plasmarlos en el capítulo correspondiente.

Por último, es necesario decidir si el narrador va a contar la batalla *desde primera línea de combate o desde una posición externa*. Un narrador externo puede describir la batalla como si fuera un pájaro que sobrevuela el terreno y contempla los movimientos de las unidades, o puede seguir a los personajes dentro de la batalla en sí, lo que transmitirá la crudeza y el caos del combate. Ambas opciones son válidas y tienen sus ventajas e inconvenientes; una batalla narrada a vista de águila transmitirá mejor la estrategia seguida por cada uno de los bandos, pero será más impersonal, y no desprenderá tanto dramatismo como las escenas donde los protagonistas se defienden de las flechas y espadazos que vuelan a su alrededor.

En la fantasía épica contemporánea se tiende más a la segunda aproximación. Un personaje dentro del caos de una batalla transmite más realismo y verosimilitud, al mismo tiempo que hace que veamos al personaje en una situación de vida o muerte, lo cual siempre eleva la tensión narrativa. Además, permite mostrar el salvajismo de la guerra. Cuerpos que estallan en pedazos por un conjuro, amputaciones, apuñalamientos, y todo tipo de muertes, a cada cual más grotesca, pueblan las páginas de las sagas actuales de épica fantástica, mientras que la aproximación en obras del siglo XX era más idealizada, con el foco en la estrategia y el avance de los ejércitos, donde resultaba raro encontrar a los personajes reptando por el barro del campo de batalla, o abriéndose paso entre las tripas de sus enemigos.

Otra opción es utilizar ambas estrategias, como hace George R. R. Martin en la *Batalla de Aguasnegras*. En uno de los capítulos centrados en Tyron, este se encuentra situado en las almenas de un castillo, y puede observar la batalla desde lo alto, y describir lo que ocurre desde un punto de vista táctico:

Tyron Lannister estaba con una rodilla sobre una almena, inmóvil como una gárgola. Más allá de la Puerta del Lodazal y del panorama desolado que antes fueran los muelles y el mercado de pescado, el río parecía estar ardiendo. La mitad de la flota de Stannis estaba en llamas, junto con la mayor parte de la de Joffrey. El beso del fuego valyrio había convertido las orgullosas naves en piras funerarias y a los hombres, en antorchas vivientes. El aire estaba lleno de humo, flechas y gritos.

Río abajo, tanto los plebeyos como los capitanes de noble cuna veían la muerte verde que danzaba hacia sus balsas, barcas y carracas, llevada por la corriente del Aguasnegras. Los largos remos blancos de las galeras de Myr relampagueaban como las patas de un ciempiés enloquecido tratando de cambiar de rumbo, pero de nada les servía. Los ciempiés no tenían donde refugiarse.

Al pie de las murallas de la ciudad ardía una docena de grandes hogueras allí donde se habían estrellado los toneles de brea en llamas, pero al lado del fuego valyrio no parecían sino velas en una casa incendiada, minúsculos pendones naranja y escarlata que parpadeaban insignificantes en medio del holocausto jade.

Choque de reyes
George R. R. Martin

Dos capítulos más tarde, Tyron decide tomar parte en la batalla con un regimiento de caballería, y así son algunos pasajes del combate cuando alcanza los muelles:

Lo que siguió fue una locura. Su caballo se había partido una pata y lanzaba relinchos espantosos. De alguna manera, logró sacar su puñal y dar un tajo en la garganta de la infeliz bestia. La sangre brotó en un surtidor escarlata, empapándole los brazos y el pecho. Logró ponerse en pie de nuevo y subió por encima de una tabla, y al momento volvió a combatir, dando traspiés y salpicando sobre cubiertas escoradas y medio hundidas. Los hombres lo atacaban. Mató a unos, hirió a otros, y algunos lograron escapar, pero siempre llegaban más. Perdió su cuchillo y consiguió una lanza partida, sin que él mismo supiera cómo. La agarró y comenzó a lanzar estocadas mientras soltaba maldiciones a gritos. Los hombres huían de él, y él los perseguía saltando sobre la borda hacia la siguiente nave, y, después, hacia la de más allá. Sus dos sombras blancas lo acompañaban todo el tiempo. Balon Swann y Mandon Moore, bellos en sus armaduras pálidas. Rodeados por un círculo de lanceros de Velaryon, combatían espalda con espalda, y convertían el combate en un espectáculo tan airoso como una danza.

Su manera de luchar, en cambio, carecía de elegancia. Pinchó a un hombre en los riñones cuando le dio la espalda, y agarró a otro por una pierna y lo echó al río. Las flechas pasaban silbando junto a su cabeza y chocaban con su armadura; una se alojó entre su hombro y el peto, pero no sintió ningún dolor. Un hombre desnudo cayó del cielo sobre la cubierta, y su cuerpo reventó como una sandía tirada desde una torre. Su sangre salpicó el rostro de Tyron a través del visor. Comenzaron a caer piedras que atravesaban las cubiertas y convertían a los hombres en papilla, hasta que el puente se estremeció y se retorció con violencia bajo sus pies, haciéndolo caer de lado.

Choque de reyes
George R. R. Martin

De esta forma, Martin consigue crear una visión panorámica que va de lo general a lo particular, y que transmite, al mismo tiempo, la escala global de la batalla, y el caos y el desconcierto que viven los soldados que participan en ella.

8.3. EL VIAJE DEL HÉROE

El *viaje del héroe* es una estructura narrativa utilizada con frecuencia en obras de literatura no mimética, y su uso en épica fantástica está tan extendido que se asumen como naturales muchas de sus etapas. Si bien se trata de una estructura que, usada al pie de la letra, conduce a historias que rozan el cliché, no deja de ser una herramienta útil para identificar los elementos primordiales que definen a un protagonista heroico a través de su viaje a la madurez. Por tanto, no debe usarse como una fórmula matemática, sino como un punto de partida que lleve a explorar nuevas posibilidades narrativas, y subvierta el horizonte de expectativas de los lectores amantes de este tipo de aventuras.

El viaje del héroe se compone de doce etapas, cada una de ellas con particularidades singulares. Comienza con la *presentación del mundo ordinario*. En esta etapa se muestra al protagonista en su mundo convencional, donde vive tranquilo y en paz. Se trata del comienzo de la aventura, compuesto por pasajes que sirven para presentar las cualidades del futuro héroe, así como el entorno que lo rodea. En *El Señor de los Anillos*, sería la presentación de Frodo en la Comarca, donde vive feliz con otros hobbits.

La siguiente etapa es *la llamada de la aventura*. Se produce una disrupción en la vida cotidiana del protagonista, que debe enfrentarse a un problema o desafío que amenaza la estabilidad del mundo ordinario. Esta llamada establece las reglas del juego, plantea la contienda y define el objetivo del héroe, que, no obstante, se muestra reticente. De ahí que la tercera etapa sea el *rechazo de la llamada*. El héroe aún no se ha comprometido con el viaje, y necesita de una influencia externa para superar el miedo a lo desconocido. En la obra de Tolkien, Gandalf ofrece a Frodo la aventura de llevar el Anillo Único al Monte del Destino, y la primera reacción de Frodo es rechazar el Anillo.

A estas alturas de la historia, ya se habrá producido *la aparición del mentor*, que ofrece guía y consejos al héroe, o incluso es posible que sea quien le propone la aventura. Esto provoca que el héroe acepte el desafío, o, dicho de otro modo, que *atraviese el primer umbral*. Una vez superadas las dudas iniciales, el héroe decide pasar a la acción y se interna por primera vez en el mundo extraordinario donde se desarrollará la aventura. Se trata de una etapa muy importante, que suele coincidir con el fin del planteamiento de la historia. Así, Gandalf (mentor) convence a Frodo para que acepte su misión.

Acto seguido, se muestra cómo es el mundo extraordinario y se presentan *los aliados, las pruebas y los enemigos* que ayudarán o se opondrán al héroe. Son los capítulos en los que se establecen las dificultades a superar, así como las alianzas que ayudarán al protagonista a conseguir su objetivo. Frodo parte con Sam, Merry y Pippin, encuentra a Aragorn, aparecen Nazguls y el ojo flamígero de Sauron.

En la siguiente etapa los aventureros se *aproximan a la caverna más oscura*. Se trata del lugar que encierra el máximo peligro del mundo extraordinario, custodiado por todo tipo de criaturas, a cada cual más aterradora. El grupo debe pensar una estrategia para internarse en la caverna, y prepararse para el enfrentamiento con la muerte, ya sea real o metafórica, que es justo lo que hace la Compañía del anillo a las puertas de Moria.

Entonces llega la *odisea (o el calvario),* un momento de máxima incertidumbre, donde el héroe muere o parece morir. Aquí es donde a los lectores se les encoge el corazón. Todo está perdido. Pero, por supuesto, el héroe resurge, y tras ese combate en el que casi pierde la vida, obtiene *la recompensa (apoderarse de la espada)*, que puede ser un conocimiento valioso, una nueva habilidad, o un objeto mágico crucial para la aventura. En el caso de sagas, puede haber varios calvarios y recompensas, como la supuesta muerte de Gandalf tras su enfrentamiento con el *Balrgog* de Moria o la desaparición de Aragorn más adelante. O cuando Frodo está a punto de morir tras la picadura de Ella-Laraña.

Sin embargo, las fuerzas opositoras aún no han sido derrotadas, y cuando el héroe emprende *el camino de regreso* con la recompensa, sus enemigos lo persiguen hasta darle caza. Aunque esta vez el héroe sí está preparado para el combate. Posee nuevas habilidades, es más capaz, más sabio, y vence a su adversario supremo en el combate final de la novela, o la batalla decisiva, en lo que supone una *resurrección* metafórica. Una vez derrotadas las fuerzas opositoras, el héroe *retorna con el elixir* al mundo ordinario. Este elixir es el cambio del personaje, todo aquello que ha aprendido desde que emprendió la aventura, y que demuestra su transformación. Al final de *El Señor de los Anillos* Aragorn se ha convertido en rey, Gandalf es Gandalf el blanco, y Frodo ya no desea vivir en la Comarca, así que emprende el viaje con los elfos.

Estas son las doce etapas que componen el viaje del héroe, en lo que supone una versión sintetizada de las etapas originales establecidas por Joseph Cambell en *El héroe de las mil caras*, y que ha dado lugar a diversos manuales de estudio de esta estructura universal, entre los que destacan *El viaje del escritor* de Christopher Vogler, cuya terminología es la más aceptada para cada una de las etapas. En base a esta estructura, resulta sencillo realizar variaciones. Basta con cambiar el orden de las etapas, eliminar alguna de ellas, subvertir lo que los lectores esperan como recompensa o que el mentor se convierta, por ejemplo, en una de las fuerzas antagonistas de la historia. Pero siempre conviene conocer la base universal que ha sustentado cientos de miles de epopeyas a lo largo de la historia, desde la *Odisea* de Ulises hasta las sagas de Brandon Sanderson o George R. R. Martin.

9

LITERATURA FANTÁSTICA

Ismael Martínez Biurrun

9.1. Características principales del género

Definir la literatura fantástica y hacer una lista de sus particularidades tiene algo de desafío imposible, porque lo que caracteriza a este género precisamente es su tendencia a moverse entre los límites y a no dejarse atrapar por las categorías. Esta condición liminal o fronteriza podría ser, de hecho, la primera clave para comenzar a entender la naturaleza del género.

A pesar de la dificultad, son muchos los autores y teóricos que han reflexionado sobre el fantástico, y a través de sus perspectivas intentaremos ofrecer una descripción sintética que sirva al menos para saber cuáles son las coordenadas por las que se mueve el género. La pregunta es: ¿qué debo tener en cuenta cuando me enfrento ante la escritura de un texto fantástico?

Veremos cuáles son rasgos predominantes y trataremos de encontrar una definición lo suficientemente flexible para dejar un margen a la novedad y a la reinvención, siempre necesarias para que un género no quede fosilizado. Además, como sabe cualquier escritor audaz, es en las zonas sin señalizar y en la hibridación donde a menudo surgen las propuestas narrativas más interesantes.

Abordaremos el fantástico desde lo formal (estética, estructura, efecto) y lo argumental (semántica, temas, alegorías), y partiremos de una asunción básica para la escritura de cualquier tipo de ficción: que el mecanismo fundamental para el éxito comienza por lograr la *empatía* del lector con el protagonista. Este vínculo resulta más necesario que nunca cuando, de la mano de nuestro héroe, nos disponemos a adentrarnos por los equívocos y desasosegantes territorios de lo fantástico.

9.1.1. En los límites de lo real

En el mínimo número de palabras: entendemos por fantásticas aquellas historias que presentan un conflicto entre lo posible y lo imposible.

Esta definición se encuentra con el primer desafío, sin embargo, cuando entendemos que no siempre se ha tenido la misma idea acerca de lo que es posible, disparatado o milagroso. Por más que Borges dijera, de forma célebre, que «la literatura empezó siendo fantástica», en referencia a los mitos y las cosmogonías, para que pudieran establecerse los límites entre lo posible y lo imposible —y los escritores de ficción pudieran quebrantarlos conscientemente— primero tuvo que producirse un proceso de *desencantamiento* del mundo. Por eso se suele decir que la literatura fantástica, entendida como tal, solo pudo surgir bajo el imperio del

Racionalismo y del mecanicismo newtoniano como únicas formas válidas de explicar la realidad, precisamente como reacción romántica a esa mirada fría y monolítica. Dicho de otra manera, aquel desalojo de lo sobrenatural de la mente europea tuvo como consecuencia su inmediato realojo en el arte y la literatura, especialmente a lo largo del XIX, con los autores románticos.

No hay duda de que lo sobrenatural ha formado parte esencial de la ficción desde que los primeros humanos comenzaron a contar historias alrededor de una hoguera, y que la maravilla ha estado presente en toda la literatura desde la épica griega hasta las novelas de caballerías o las obras de William Shakespeare. Pero el propósito de aquellos narradores, podemos suponer, no era suscitar la inquietud del lector ante la transgresión de los límites de lo posible, sino más bien generar un asombro con cierta carga aleccionadora, melodramática o alegórica.

Del mismo modo, fábulas contemporáneas que utilizan la fantasía de modo alegórico, como por ejemplo *Rebelión en la granja* (George Orwell), no pueden ser consideradas fantásticas en este sentido, puesto que no presentan de modo conflictivo el hecho de que los animales hablen y piensen como personas.

Dice Tzvetan Todorov en su *Introducción a la literatura fantástica*: «Lo fantástico es la vacilación experimentada por un ser que no conoce más que las leyes naturales, frente a un acontecimiento aparentemente sobrenatural».

9.1.2. El tiempo de una vacilación

Esta definición ha calado tanto que ya es la piedra de toque para el análisis de cualquier relato fantástico; implica que, de no hallarse dicha vacilación en la mente del lector y del personaje, tendríamos que clasificar el texto dentro de otro género distinto. Esta perplejidad, que puede oscilar desde el vértigo hasta el terror, se presenta a menudo de forma muy transparente en los primeros textos fantásticos. Por ejemplo:

> Regresé muy contento al hotel, caminando por el centro. Al codearme con la multitud, pensé, no sin ironía, en mis terrores y suposiciones de la semana pasada, pues creí, sí, creí que un ser invisible vivía bajo mi techo. Cuán débil es nuestra razón y cuán rápidamente se extravía cuando nos estremece un hecho incomprensible.
>
> En lugar de concluir con estas simples palabras: «Yo no comprendo porque no puedo explicarme las causas», nos imaginamos en seguida impresionantes misterios y poderes sobrenaturales.
>
> «El Horla»
> Guy de Maupassant

En este relato, nuestro protagonista es un hombre cultivado, de ciudad, lector de la *Revista del Mundo Científico*, que se resiste a aceptar la invasión sobrenatural que está sufriendo en su propia casa, en forma de una presencia invisible. Su mente racional llega a valorar incluso la posibilidad de que el espectro sea simplemente alguna especie natural desconocida: «Existen muchas especies en este mundo, desde la ostra al hombre. ¿Por qué no podría aparecer una más?». La realidad prodigiosa del fenómeno termina imponiéndose, por supuesto, y el cuento termina con los alaridos enloquecidos de nuestro héroe, con la mente descompuesta.

Muchos de aquellos cuentos decimonónicos se abrían directamente con la fórmula «van a pensar que estoy loco, pero», que servía para poner al lector sobre aviso de los sucesos irracionales a punto de relatarse. Uno de ellos es «El hombre de arena», texto emblemático de E. T. A. Hoffmann; el autor alemán fue uno de los primeros en traer las historias fantásticas al entorno urbano y presente, dejando atrás las escenografías de castillos en ruinas o remotos valles brumosos característicos de la novela gótica. Este cuento —que Sigmund Freud utilizó después para enumerar las características de lo siniestro, como veremos en el capítulo sobre literatura de terror— comienza con un intercambio de cartas en el que nuestro héroe pone ya en duda su propia cordura:

Debo contarte ahora lo que me ha sucedido. Sé que tengo que hacerlo pero no puedo evitar que una extraña sonrisa me deforme la boca de solo pensarlo. ¡Ah, mi querido Lotario! ¡Cómo hacerte sentir en alguna medida lo que hace pocos días me ha sucedido y que de tal modo me ha destrozado la vida! Si estuvieras aquí podrías verlo con tus propios ojos, pero así seguramente dirás que estoy loco y veo visiones.

«El hombre de arena»
E. T. A. Hoffmann

Todorov acota el efecto fantástico al tiempo que dura esa vacilación, esa incertidumbre que produce el encuentro con lo insólito. De acuerdo con su definición, el relato pasará a ser *extraño* tan pronto como se presente una explicación racional al fenómeno; por el contrario, deberá considerarse *maravilloso* en el instante en que se decante por una explicación sobrenatural.

El inconveniente que plantea esta visión tan «cronometrada» de lo fantástico es que, obviamente, la perplejidad y la vacilación son emociones que no pueden prolongarse más allá de unas pocas páginas. Es imposible construir una novela con un protagonista sumido en un estado perpetuo de confusión.

El propio Julio Cortázar reconocía esta limitación y por eso decía que el cuento es «la habitación de lo fantástico», a diferencia de la novela, donde los elementos fantásticos tienen —en su opinión— un carácter inevitablemente subsidiario.

Otro problema que el mismo Todorov reconoce es la capacidad de cada lector de hacer sus propias interpretaciones. Por ejemplo, *Otra vuelta de tuerca* de Henry James puede ser interpretado en clave psicológica y también en clave fantasmagórica; y ninguna es más correcta que la otra. ¿Se trata entonces de un cuento fantástico, extraño o maravilloso?

Lo que caracteriza al género fantástico, en definitiva, es que se sustenta sobre una paradoja o antinomia: aquello que no puede suceder *está sucediendo*. Lo imposible se hace posible, lo irreal adquiere una presencia cierta y amenazante, pero manteniendo su carácter antinómico, opuesto, inasimilable e inarmonizable con las leyes convencionales de nuestra realidad. Y esta es la terrible constatación que hacen los protagonistas de un relato fantástico: el pensamiento racional no resulta útil para enfrentarse a lo insólito. De ahí el vértigo, de ahí el miedo.

9.1.3. Una grieta hacia el abismo

La irrupción de lo imposible no siempre genera terror desde el primer instante. A veces, el suceso parece tan irrelevante que al protagonista solo le produce un desconcierto vagamente divertido o una simple sensación de molestia, como en el cuento «Venco a la molinera», de Félix J. Palma. Siguiendo la receta de una amiga, nuestro protagonista decide agasajar a su inminente cita con un plato del que él jamás había oído hablar, denominado igual que el título del cuento. Para su sorpresa, no le cuesta encontrar bandejas de venco en el supermercado más próximo; al parecer se trata de un pariente cercano del pollo, solo ligeramente más grande y azulado. La receta es fácil y la cena está lista para cuando la chica invitada llega a su casa; pero ella no muestra ningún asombro ante el plato, más bien le resulta aburrido. Quien se lleva una incómoda sorpresa es el propio protagonista, cuando, durante la conversación, descubre que ella jamás ha oído hablar del pollo.

> —¿No sabes lo que es el pollo? —pregunté, entregándome de blanco para su risa de maraca.
> —No —aseguró, encogiéndose de hombros.
> Le dediqué una mirada de impaciencia. No podía creer que no pusiese fin a aquello de una vez, que continuase estropeando nuestra noche con su broma idiota.
> —¿No sabes lo que es el pollo? —repetí con la mayor frialdad posible, tratando de que sonase como la última advertencia para su rendición.
> —He dicho que no —contestó malhumorada.
>
> «Venco a la molinera»
> Félix J. Palma

Fastidiado porque la broma ha echado a perder su cita, nuestro protagonista coge una enciclopedia (aún no existía el *smartphone*) y trata de mostrarle a su cita qué es el pollo… para inmediatamente descubrir que no existe ninguna referencia. Una alarma comienza a dispararse entonces en su cabeza: es la grieta en la superficie, a través de la cual se atisba el caos del fondo. El protagonista intenta convencerse de que puede aceptar esa pequeña anomalía y tratar de seguir viviendo con normalidad, pero…

> El pollo no existía ahora, al parecer nunca había existido; en su lugar, aunque menos discreto, había algo llamado venco […] Aceptar eso suponía, sin embargo, admitir que aquella realidad no era la mía, que me encontraba en otro mundo […] Me inundó entonces un miedo desmesurado al considerar la posibilidad de que tal vez el venco no fuese la única anomalía de aquel mundo, de que quizá solo fuese la punta de un iceberg aterrador que me sería revelado sin prisas, al abrir una puerta, al descolgar un teléfono, al bajar la cremallera de una falda, al detener la mirada en cualquier insignificancia. Nunca podría estar seguro de que aquello fuese todo y viviría en una incertidumbre constante, esquizofrénica, acechado las veinticuatro horas del día por algo larvado en la rutina, siempre dispuesto a eclosionar y mostrarme el fondo del abismo.
>
> «Venco a la molinera»
> Félix J. Palma

Así, un relato que había comenzado suscitándonos una sonrisa termina precipitándonos por la pendiente de una angustia sin fin. De forma similar opera la novela breve *El bigote*, de Emmanuel Carrère, donde un hombre decide una mañana cualquiera afeitarse el bigote que lleva luciendo toda su vida para darle una sorpresa a su mujer. Ante la falta de comentarios por parte de ella, el hombre acaba perdiendo la paciencia y ambos discuten; increíblemente, su esposa asegura que él jamás ha llevado bigote. Y no solo su esposa, también los amigos, los familiares y los compañeros de trabajo. Al igual que en el cuento de Palma, aquí Carrère enfrenta a su protagonista con el vértigo de dudar de toda la realidad a su alrededor, y de su propia identidad, arrastrándolo por una espiral de locura hacia un desenlace sórdido y espeluznante.

Aunque con un aire más próximo al realismo mágico, podemos pensar también en el cuento «Carta a una señorita de París», de Cortázar, cuyo protagonista comienza a vomitar incontroladamente pequeños conejitos; una premisa en apariencia cómica, pero que termina conduciendo a los acontecimientos hasta un final también sombrío.

En todos los casos, incluso si la emoción que provoca el fenómeno fantástico se parece más la risa histérica que al espanto, su irrupción debe suponer siempre un conflicto entre dos órdenes distintos y aparentemente irreconciliables de realidad.

9.1.4. CUANDO NO HAY CONFLICTO: EL REALISMO MÁGICO Y *LA METAMORFOSIS*

¿Y qué sucede con los relatos que presentan fenómenos imposibles, pero cuyos protagonistas no reaccionan del modo en que lo haríamos nosotros, es decir, con desconcierto, asombro o terror?

En otro capítulo hemos hablado extensamente del realismo mágico, donde el mundo —la naturaleza, en esencia— se experimenta como un lugar ya encantado, de algún modo chamánico, en el que no existe una línea infranqueable entre lo posible y lo imposible, los hombres y los animales, los vivos y los muertos, el sueño y la vigilia.

Tal y como dice David Roas, no podríamos considerar rigurosamente fantásticos estos relatos, puesto que plantean una coexistencia no problemática de lo real y lo sobrenatural, basada en la creencia, del mismo modo que no consideraríamos fantástico al *maravilloso cristiano*, donde no se buscaba un efecto de terror al describir una aparición de la Virgen, por ejemplo.

A fin de cuentas, el conflicto se produce cuando sucede algo que se sale de lo esperable, algo que quiebra las regularidades de nuestra experiencia; si lo mágico siempre ha formado parte de dichas regularidades —de nuestra forma de entender el mundo—, entonces no hay conflicto. Aunque, por supuesto, siempre hay grados y matices en el asombro que produce la manifestación de lo prodigioso, incluso para los creyentes.

Es interesante, por ejemplo, el matiz que aportó el gran Julio Cortázar, quien supo transitar sin problemas a través de las fronteras de las distintas variantes del fantástico. Para él, el objetivo del género no es devastar la realidad con la irrupción de lo insólito, sino utilizar lo insólito para acceder a la intuición de otro tipo de conocimiento o de realidad. Por eso hay quien dice que el fantástico latinoamericano (desde Horacio Quiroga hasta Mariana Enriquez, pasando por el propio Cortázar, Silvina Ocampo o Borges) tiene como propósito la *ampliación* de la realidad, más que su impugnación de forma terrorífica.

En otras coordenadas distintas se encuentra un texto como *La metamorfosis* de Franz Kafka, que, inversamente al funcionamiento del cuento fantástico convencional, parte de una situación insólita para, en el curso del relato, ir «domesticándola» o normalizándola a través del comportamiento de los personajes. Porque aquí el fenómeno asombroso se traslada precisamente a la falta de reacción de la familia y del propio Gregorio Samsa, que se muestran más fastidiados o asqueados que aterrorizados por la condición monstruosa del protagonista. Este desplazamiento de lo insólito a la incongruencia del comportamiento de los personajes, ¿implica que ya no podemos considerar *La metamorfosis* un cuento fantástico? ¿O más bien deberíamos asumir que dentro del género existe todo un espectro de matices posibles, donde las fronteras entre lo onírico, lo surrealista y lo estrictamente fantástico no son completamente impermeables? Si hay que elegir, nos inclinamos por esta definición amplia e inclusiva del género.

9.1.5. METÁFORA Y LÓGICA EMOCIONAL

Todorov considera que el efecto fantástico es incompatible con cualquier interpretación poética o alegórica del texto. Se trata de una afirmación controvertida, que al menos requiere una importante puntualización.

Es cierto que una lectura metafórica demasiado obvia del suceso insólito daría al traste con la sensación de vértigo, desconcierto y amenaza del relato. Y una excesiva o prematura racionalización del texto impediría el disfrute de la emoción fantástica en estado puro. Si las historias fantásticas y terroríficas se caracterizan por algo, es justo por su capacidad para conectar directamente con las emociones que se mueven por detrás de nuestras estructuras racionales. De hecho, ¿cómo podría *no* ser metafórico un género como el fantástico, que trabaja precisamente con materiales arquetípicos del inconsciente?

El propio Todorov se contradice en su *Introducción a la literatura fantática* al sugerir que el psicoanálisis ha usurpado hasta cierto punto la función social de la literatura fantástica:

> En la actualidad, no es necesario recurrir al diablo para hablar de un deseo sexual excesivo, ni a los vampiros para aludir a la atracción ejercida por los cadáveres: el psicoanálisis, y la literatura que directa o indirectamente se inspira en él, los tratan con términos directos.
>
> *Introducción a la literatura fantástica*
> Tzvetan Todorov

De modo que sí, por supuesto que el género fantástico habla alegóricamente de todos esos asuntos que desordenan nuestra cabeza en la vida real. Quizá el éxito de un buen relato fantástico está, justamente, en lograr ese equilibrio de no hacer demasiado obvio su significado simbólico, mantenerlo velado el tiempo suficiente para que nuestra mente analítica no nos hurte el disfrute de la emoción del vértigo durante la lectura.

La existencia, más o menos oculta, de un significado alegórico en la peripecia fantástica de un relato no solo es importante para analizar el texto a posteriori —ejercicio que bien podemos renunciar a hacer—, sino también a la hora de escribirlo. Y esto es así porque, una vez cuestionada la eficacia de la lógica racional ante el evento sobrenatural, y una vez superado el *shock* paralizante inicial, ¿a qué criterio pueden agarrarse nuestros protagonistas para saber cómo comportarse, cómo enfrentarse con lo insólito? ¿Se trata de una deriva hacia el caos sin sentido, y por tanto es irrelevante lo que decidan hacer? Si fuera así, nuestro relato se precipitaría hacia el surrealismo o simplemente la locura. Pero, salvo en ficciones vanguardistas o muy breves, los personajes siempre se ven obligados a actuar, a tomar decisiones que modifican el desarrollo de la historia y la encaminan hacia un final, ya sea feliz o trágico. Se hacen cargo de la situación incluso si les aterra y no terminan de entenderla. Pero ¿cómo?

Al igual que el protagonista de «Venco a la molinera» —y al igual que hacemos todos los seres humanos ante un obstáculo desconocido— el primer impulso es la búsqueda de información, ya sea a través de un libro, de Internet, o de alguien que haya pasado por una situación similar. Pero a menudo los personajes no encuentran ninguna orientación externa y no tienen más remedio que confiar en su propia intuición, cambiando el interrogante de la pregunta del «¿qué es?» —ya que, por definición, se suele tratar de un fenómeno inexplicable— a «¿cómo funciona?»; es decir, cuáles son las nuevas reglas o regularidades: ¿aparece el fantasma cada vez que el reloj da las doce de la medianoche?, ¿se reducen los fenómenos extraños a un lugar o una circunstancia determinados, como una habitación, la visita de alguien, el propio cuerpo del protagonista?, etcétera. Intentar acotar los límites de ese elemento insólito será por tanto una de las primeras tareas de nuestro protagonista.

Pero el interrogante crucial que debe plantearse todo escritor de fantástico sería más bien el siguiente: «¿Cuál es el conflicto psicológico/emocional de nuestro protagonista que subyace bajo el suceso fantástico, y con el que debe guardar una armonía o una rima de significado?». Porque incluso en textos difíciles de interpretar como *La metamorfosis* —Jaime Alazraki denomina neofantásticos a los cuentos regidos por una «metáfora irreductible»— reconocemos una sintonía o una resonancia entre, por un lado, la angustia, la sensación de vida carcelaria que experimenta el oficinista Samsa, o la incapacidad de expresar los sentimientos que profesa hacia su hermana, y por otro lado el atrapamiento físico de verse convertido en un gigantesco escarabajo, atrofiado y mudo.

Esta rima de significados no solo sirve para facilitar la interpretación final, sino sobre todo para ayudarnos, como escritores, a construir una narración coherente a través de las brumas de lo absurdo y lo fantástico. Si sabemos cuál es el conflicto interno que aqueja a nuestro protagonista, y asumimos que guarda un paralelismo con el fenómeno fantástico al que se enfrenta, podremos perfilar mejor los posibles caminos de la historia y qué significado tendrá cada avance o cada revés para nuestro héroe. En ese sentido, podríamos decir que la lógica racional ha sido suplantada por una *lógica emocional*, donde las leyes que gobiernan ya no son las de la física sino las de las necesidades psicológicas. O, en palabras de Italo Calvino, las leyes del *mundo del pensamiento*.

> El cuento fantástico nace entre los siglos XVIII y XIX sobre el mismo terreno que la especulación filosófica: su tema es la relación entre la realidad del mundo que habitamos y conocemos a través de la percepción, y la realidad del mundo del pensamiento que habita en nosotros y nos dirige.
>
> Introducción a la antología
> *Cuentos fantásticos del XIX*
> Italo Calvino

9.2. Temas y obras representativas de lo fantástico

Como en cualquier otro género, las premisas argumentales y los temas que puede abordar un relato fantástico son potencialmente infinitas. Sobre todo si, como la académica Rosemary Jackson, pensamos en el fantástico como un *modo* narrativo, más que como un género temático. Sin ánimo de exhaustividad, por tanto, señalaremos algunos de los tropos recurrentes, ilustrándolos con algunas obras representativas. (Veremos cómo muchas obras emblemáticas pueden encajarse en más de una de las categorías argumentales; cosa nada sorprendente en un género que, como hemos dicho, se caracteriza por moverse entre los límites de las categorías).

1.   El doble o *doppelgänger*. La escisión de la propia identidad es uno de los miedos que se presentan de forma reiterada en la ficción fantástica. Puede manifestarse en la forma de un doble idéntico, al estilo de «William Wilson» (1839), de Edgar Allan Poe, y la novela *El doble* (1846), de Fiódor Dostoievski; o con otra clase de escisiones, como el personaje que se separa de su sombra en *La maravillosa historia de Peter Schlemihl* (1814), de Adelbert von Chamisso, o el cuadro que degenera en lugar del protagonista en *El retrato de Dorian Gray* (1890), de Oscar Wilde.

2.   La metamorfosis. Más allá del mencionado título de Kafka, de autores clásicos pre-fantásticos como Ovidio o Apuleyo, o del folklore popular que pertenece al género maravilloso, quizá el cuento fantástico que aborda este

tropo de forma más paradigmática sea *El extraño caso del Dr. Jeckyll y Mr. Hyde* (1886) de Stevenson, también asimilable al argumento del *doppelgänger*, y que refleja otra de las constantes de la literatura fantástica desde sus orígenes: la atracción burguesa por los bajos fondos como un trasunto de la fascinación racional por el inconsciente, ese lugar donde se agazapan nuestros instintos más inconfesables. La transformación del hombre en bestia adquiere condición de arquetipo popular con la licantropía, que encontramos en textos como «La marca de la bestia» (1890), de Rudyard Kipling, o la novela *El síndrome de Ambras* (2008), de Pilar Pedraza.

En ocasiones se trata de metamorfosis parciales, pero igualmente perturbadoras, como en «La mujer con alas» (1971) de Dino Buzzati. También dentro de esta categoría podríamos incluir los relatos de infestación, como «Una edad difícil» (2012), de Anna Starobinets, donde el cuerpo del niño protagonista es lentamente invadido por un hormiguero.

3.   El pacto con el diablo, o con otra entidad capaz de favorecer fantásticamente a nuestro protagonista a cambio de un alto precio. Además del archiconocido *Fausto* (1808-1832) de Goethe, podemos pensar en «La historia del difunto señor Elvesham» (1896), de H. G. Wells o incluso, de nuevo, en *El retrato de Dorian Gray*. Habría que matizar que, de acuerdo con la definición de Todorov, estas historias serían maravillosas, y no fantásticas, desde el momento en que aceptamos el poder sobrenatural del personaje mefistofélico.

4.   Confusión entre sueño y vigilia. ¿Y si de pronto fuéramos incapaces de discernir los sueños de la realidad? En esta frontera imprecisa se desarrollan textos fantásticos como «La noche boca arriba» (1955), de Julio Cortázar, «La verdad sobre el caso del señor Valdemar» (1845), de Edgar Allan Poe, o «La muerta enamorada» (1836) de Théophile Gautier.

Una variante sería la de personajes agonizantes, o ya muertos, pero que no saben que lo están, y tienen una ensoñación de vida irreal, como ocurre en «El incidente del Puente del Búho» (1890) de Ambrose Bierce o «El sur» (1953) de Jorge Luis Borges.

5.   Confusión entre lo animado y lo inanimado. La ambigüedad entre lo vivo y lo inerte es una de las características de *lo siniestro* que Sigmund Freud encuentra en «El hombre de arena» de Hoffmann, relato en el que —entre otros sucesos extraños— el protagonista se enamora de una joven sin darse cuenta de que se trata de una autómata. Aquí podríamos incluir también todos los juguetes, coches, máquinas y objetos varios que cobran vida en ficciones como *Christine* (1983) de Stephen King. También el relato «La pradera» (1950) de Ray Bradbury, donde los leones de un documental de televisión devoran a los padres de los niños que están mirándolo.

6.   La distorsión o ampliación de los sentidos. Es habitual que los protagonistas del género sientan que su percepción está trastornada o distorsionada, que están padeciendo algún tipo de alucinación, pero algunos autores ponen esta cualidad «lisérgica» en el centro de su relato. Podríamos citar *La casa en el confín de la Tierra* (1908) de W. H.

Hodgson, donde asistimos a los vagabundeos cósmicos del espíritu del narrador y somos testigos de la destrucción del Sistema Solar. También «El hombre de haschisch» (1910), de Lord Dunsany, e incluso «El Aleph» de Borges.

7.   Transgresión de leyes del tiempo y el espacio. Aunque no siempre es fácil señalar la frontera entre un género y otro, podríamos decir que la principal diferencia entre cómo la ciencia ficción y el fantástico abordan la ruptura de las leyes espacio-temporales está el uso (o no) de tecnología. Esto resulta evidente si comparamos *La máquina del tiempo* (1895) de H. G. Wells con, por ejemplo, la novela *22/11/63* (2011) de Stephen King, en la que nuestro protagonista viaja al pasado a través de una puerta en la trastienda de un restaurante local. Otra forma de subvertir el tiempo es hacerlo correr en la dirección contraria, como hace Rafael Dieste en «El niño suicida» (1926), con una premisa similar al conocido «El curioso caso de Benjamin Button» (1922) de F. Scott Fitzgerald, o incluso Ray Bradbury en el siniestro tiovivo de *La feria de las tinieblas* (1962). Podríamos incluir todos los cuentos que abordan la inmortalidad dentro de esta categoría.

8.   Transgresión de una prohibición. La transgresión es un concepto esencial del fantástico, como ya se ha mencionado. La mencionaba Vladimir Propp en su morfología del cuento popular, pero ya conocíamos el tropo desde el relato del Edén; sabemos que la desobediencia de los límites impuestos tiene siempre dos consecuencias contradictorias: el castigo y la adquisición de un nuevo conocimiento. Y los personajes del género fantástico que atraviesan una frontera prohibida experimentan a menudo las dos cosas: una

revelación o un don extraordinario, y el precio de un castigo terrible. Aquí encajaría *La invención de Morel* (1940), de Adolfo Bioy Casares. Y si se nos permite poner un pie en el terreno del terror, sin salir del fantástico, podríamos incluir aquí las tramas de profanación de lugar sagrado, al estilo de *Cementerio de animales* (1983), de Stephen King.

9. Aparecidos y otros seres fantásticos. El fantasma, en sus distintas manifestaciones, constituye uno de los arquetipos del fantástico que lo hace a veces indistinguible del terror. Los ejemplos son innumerables. Casi al azar, podríamos citar «El espectro» (1921), de Horacio Quiroga, «Corazones perdidos» (1895) de M.R. James, o por buscar un ejemplo mucho más próximo, «La hostería» (2016) de Mariana Enriquez. Los «cronopios» cortazarianos y otras criaturas de distintos bestiarios fantásticos entrarían asimismo en esta categoría.

10. El vacío amenazante. Un abismo, una ausencia, una nada que progresa o cuya percepción resulta enloquecedora para el protagonista. Podríamos incluir aquí «El ángulo del horror» (1990) de Cristina Fernández Cubas, «El horla» de Maupassant, «Casa tomada» de Cortázar (1951) o incluso «El Aleph».

11. Poderes paranormales. Stephen King es probablemente el autor que más ha explotado el tropo del protagonista con poderes extraordinarios, con novelas como *Carrie* (1974), *La zona mue*rta (1979) o *La milla verde* (1996), y no siempre con el propósito de aterrorizar. Es pertinente mencionar aquí la Segunda Ley de Brandon Sanderson para la escritura de literatura fantástica: «Los

defectos, las limitaciones y los costes son más interesantes que los poderes». Esto significa que siempre hay que pagar un precio extraordinario por un don extraordinario; y en un género como el fantástico, más orientado a producir desasosiego que asombro, necesitamos poner nuestra atención en esas contrapartidas. En este tipo de relatos, podríamos decir, no hay una verdadera distinción entre los dones y las maldiciones.

12. Juegos metaliterarios. Quizá la barrera más difícil de romper con éxito es la que separa el mundo interior y el mundo exterior al texto, es decir, la transgresión que cuestiona nuestro pacto de lectura y nuestra suspensión de la incredulidad. Nos referimos a los relatos en los que, por ejemplo, interviene de pronto el propio autor, como en la novela corta *Niebla* (1914) de Miguel de Unamuno o en «El Aleph» de Borges. Existen otras maneras de jugar con la artificiosidad del texto; una de las más antiguas es la fórmula del manuscrito encontrado, como el «Manuscrito hallado en una botella» (1833) de Edgar Allan Poe o *El manuscrito encontrado en Zaragoza* (1805) de Jan Potocki. Una forma de *mise en abyme* más contemporánea y extrema podemos encontrarla en *La casa de hojas* (2000), de Mark Z. Danielewski, que envuelve el manuscrito encontrado en una compleja serie de capas narrativas y además dispone el texto sobre el papel de manera que la interacción del lector con el libro se convierte en algo físico, sensorial, mucho más allá de la simple lectura (literatura «ergódica», suele llamarse).

13. Lo fantástico como choque cultural. Aunque el exotismo es una característica más propia de la novela

gótica, cualquier relato que presente a un protagonista de mente positivista enfrentado a las creencias o mitologías de una cultura ajena puede generar un efecto fantástico. Así sucede en varias historias de Rudyard Kipling, como en «La marca de la bestia» (1890) y «Los constructores de puentes» (1893), o la colección *Jumbee y otros cuentos de terror y vudú* (1925-32) de Henry S. Whitehead.

14. Lo fantástico como fenómeno del lenguaje. Aquí nos salimos de lo estrictamente argumental para referimos al efecto fantástico que se logra con una utilización anómala o sorprendente del lenguaje a nivel sintáctico y semántico. Según Rosalba Campra, lo que caracteriza al fantástico contemporáneo es que ya no se apoya tanto en el escándalo provocado por temas convencionales sino en la ruptura de expectativas en la organización de contenidos dentro del texto. Dos ejemplos representativos serían «La siesta en el cedro» (1937) de Silvina Ocampo o «Axolotl» (1956) de Julio Cortázar. Dentro de este apartado podríamos incluir la técnica del extrañamiento, definida por el formalista ruso Viktor Shklovski, que funciona de manera inversa al realismo mágico, al presentar objetos y situaciones cotidianas como si fueran insólitas o desconocidas. Un ejemplo serían las «Instrucciones para subir una escalera» de Julio Cortázar.

Por la propia naturaleza del género, podríamos decir que hay un tema subyacente a casi todos los aquí mencionados —y a los muchos que se podrían incorporar— que es el cuestionamiento de la cordura. Cabría decir que los personajes de un relato fantástico se enfrentan siempre a sucesos tan incomprensibles que les hacen desfilar por el filo de la locura, al menos durante un instante.

9.3. TÉCNICAS NARRATIVAS PARA LA ESCRITURA DE LITERATURA FANTÁSTICA

Una vez resumidas las características del género, ¿cuáles serían los aspectos formales esenciales que cualquier escritor debería tener en cuenta a la hora de abordar la confección de un relato fantástico? Más allá del imperativo obvio de «leer mucha ficción fantástica», destacaríamos estos elementos fundamentales:

9.3.1. MIRAR A TRAVÉS DE LOS OJOS DEL PROTAGONISTA

Crear un nexo de empatía entre el lector y el protagonista resulta imprescindible para el éxito de cualquier ficción, pero todavía más cuando hablamos de relatos en los que debemos compartir la estupefacción y el vértigo del héroe ante fenómenos que rompen nuestras asunciones racionales básicas. Esta empatía se construye fundamentalmente de dos maneras:

Primero: a través de la percepción del personaje. Debemos conseguir que el lector mire, escuche, palpe, huela y sienta lo mismo que su protagonista. El cuerpo del protagonista es el vehículo que nos transporta a su mundo. De modo que no hay que tener miedo en utilizar los cinco sentidos, y debemos recordar que no se trata tanto de describir el fenómeno fantástico con objetiva precisión como de transmitir de qué modo ese fenómeno es percibido subjetivamente por nuestro protagonista, cuál es el impacto que causa en él.

Segundo: a través de las vulnerabilidades y los deseos del personaje. Más allá del temor y el desconcierto que cualquiera de nosotros sentiría ante el choque con lo insólito, este impacto siempre será más conmovedor si antes hemos logrado dibujar el carácter de nuestro personaje y conocemos sus debilidades y sus anhelos. Por poner un ejemplo tosco: no es lo mismo tropezarse con un espectro en mitad del bosque si eres un audaz investigador de lo paranormal, un excursionista atormentado por la reciente muerte de su padre, un niño pequeño extraviado o la desesperada madre de ese niño. Por eso es tan importante la construcción del perfil psicológico de nuestro protagonista a la hora de emprender un relato de este género, que como hemos dicho juega siempre con lo simbólico y con las proyecciones de conflictos internos.

Aunque desaconsejamos con vehemencia los finales de explicación *solipsista* («y todo había sido únicamente un sueño del protagonista»), que a menudo se sienten como una traición del pacto de lectura y producen bastante frustración en el lector, puede ser un ejercicio útil pensar nuestra historia como una pesadilla que experimenta nuestro protagonista, y que nos la cuenta al día siguiente con la esperanza de que le ayudemos a saber qué diablos significa… Y si hemos logrado darle un perfil psicológico suficientemente rico y hemos establecido una afinidad emocional con él, entonces no necesitaremos recurrir a ningún libro de simbolismo e interpretación de sueños, porque conoceremos algo mucho más interesante: justamente esas vulnerabilidades y esos deseos, que son el lugar del que nacen las pesadillas.

9.3.2. LA ATMÓSFERA Y EL TONO

Tenemos que aspirar a que el entorno de la acción responda o sintonice emocionalmente con el tono de nuestra historia. Sin caer en clichés ni excesivos subrayados, nuestra ambientación debe servir como caja de resonancia del estado anímico de los personajes, y como aviso al lector de que está a punto de presenciar algo fuera de lo común.

> El cielo presentaba un aspecto duro y plomizo, y las pardas colinas que brillaban al sol el día anterior se veían oscuras y huecas. El viento del este había desnudado los árboles como una cuchilla de afeitar, y las hojas, crujientes y secas, temblaban y se desperdigaban con las ráfagas de viento. Nat golpeó la tierra con la bota. Estaba congelada. Nunca había presenciado un cambio tan veloz y repentino. El negro invierno había llegado en una sola noche.

Los pájaros
Daphne du Maurier

Pero hay que tener en cuenta que no solo construimos atmósfera disponiendo elementos físicos sobre el escenario, sino fundamentalmente con nuestra prosa, con nuestro estilo literario. El tono se desprende sobre todo del lenguaje que utilizamos, y de cómo sintoniza con las sensaciones de nuestro protagonista. En el siguiente ejemplo vemos cómo Ray Bradbury nos coloca en el estado anímico del chico protagonista, y con ese timbre de nostalgia tan característico del autor nos describe el entorno, así como los recuerdos que alinean el relato hacia la aparición final…

Me metí en el agua y sentí el frío en el vientre. Antes, con la multitud, no me había atrevido a mirar. Pero ahora… un hombre serrado por la mitad. Un mago. El agua es así. Se siente como si uno estuviera serrado por la mitad, y que una parte se disuelve como si fuera azúcar. Agua fría, y de vez en cuando una ola que rompe elegantemente, con una ostentación de encajes.

Pronuncié su nombre. La llamé una docena de veces:

—¡Tally! ¡Tally! ¡Oh, Tally!

Es curioso, pero uno espera respuestas a sus llamadas cuando es joven. Uno siente que lo que piensa tiene que ser real. Y, a veces, quizá eso no es tan erróneo. Pensé en Tally, nadando en el agua en el pasado mayo, con sus trenzas colgando, rubia. Se fue riéndose, y el sol caía sobre sus pequeños hombros de doce años. Pensé en el agua que permanecía quieta, en el socorrista saltando al agua, en la madre de Tally gritando, y en que Tally nunca salió… El socorrista regresó con solo hebras de entre sus grandes dedos huesudos, y Tally desapareció. Ya no se sentaría más frente a mí en la escuela, ni perseguiría la pelota por las aceras en las noches de verano. Se había internado demasiado y el lago ya no le permitiría regresar.

Y ahora, en el solitario otoño, cuando el cielo era enorme y el agua era enorme y la playa tan larga, yo había bajado por última vez, solo.

Grité su nombre una y otra vez.

—¡Tally! ¡Oh, Tally!

«El lago»
Ray Bradbury

9.3.3. Suspense, dirección y ritmo

La naturaleza del género fantástico como ficción de lo sorprendente y de la ruptura de expectativas hace que su relación con el suspense sea muy estrecha, casi simbiótica. Si queremos que nuestro escrito tenga el mayor impacto, debemos jugar con los atisbos, los presagios, la sensación de inminencia, la progresión del ritmo, la postergación del impacto hasta el momento más efectivo y la detención del tiempo en ese instante crucial.

Respecto al comienzo, siempre es mejor evitar convenciones clásicas que se han convertido en clichés, como la fórmula «vais a pensar que estoy loco, pero»; tampoco es necesario abrir el relato con una imagen impactante a modo de *teaser* o gancho, una técnica más propia del cine que de la literatura.

Podemos ocupar los primeros compases en presentar al protagonista de forma adecuada (con el mencionado objetivo de ganarnos la empatía del lector), pero es importante introducir cuanto antes los primeros indicios o señales que adviertan al personaje (y al lector) de que las cosas no terminan de funcionar del todo bien, de que una grieta se ha abierto y algo extraño, quizás peligroso, flota ya en el ambiente. Naturalmente, el instinto inicial de cualquier personaje cuerdo siempre irá en la dirección de rechazar cualquier hecho sobrenatural y de buscar cualquier otra explicación, por muy rebuscada que sea. No obstante, llegará un momento en que la presencia o el fenómeno se revelen por completo o confirmen de forma inequívoca su naturaleza insólita, venciendo todas las resistencias racionales, lo que dará pie a una nueva fase de la historia, como ya se ha mencionado antes. En esta nueva fase del relato —recordemos que a partir de aquí Todorov ya no lo consideraría fantástico sino maravilloso, aunque de hecho podría haberse adentrado más bien por los terrenos del horror—, nuestra principal tarea como narradores es lograr que el comportamiento de nuestro protagonista resulte verosímil y coherente incluso en las circunstancias anómalas que lo rodean. Porque, asumiendo que nuestro personaje no pierde por completo la cabeza (y también en este caso deberíamos describir un enloquecimiento creíble, no melodramático), la parte más interesante del relato comienza precisamente ahora.

Como en una versión reducida del archiconocido viaje del héroe de Joseph Campbell, podríamos asegurar que el protagonista siempre va a buscar información o ayuda en otros personajes que tengan el conocimiento adecuado, bien porque ya hayan atravesado una situación semejante, bien porque son expertos o iniciados en algún saber hermético determinado. (En el capítulo de literatura de terror desarrollaremos con más detalle la figura del «chamán» o «médium»).

Pero ¿hacia dónde se dirige la narración? En esto no existe diferencia entre el fantástico y cualquier otro género: toda la acción va orientada hacia el enfrentamiento entre el protagonista y el antagonista, que puede adquirir muy distintas formas, especialmente en un género sin límites como el fantástico, pero que en última instancia siempre representa algún conflicto, miedo o ansiedad del propio héroe.

9.3.4. Describir lo indescriptible

La mayor dificultad técnica a la que se enfrenta el escritor de fantástico es el uso de lo que Jean Bellemin-Noël denomina «la retórica de lo indecible». Es decir, se nos exige inventar un lenguaje capaz de codificar y describir aquello que por definición rehúye cualquier codificación, adjetivación o categoría ya establecidos.

El propio Borges, como autor y también protagonista de «El Aleph», se lamenta de la incapacidad del lenguaje humano para expresar lo que él logra vislumbrar al final del cuento: «El problema central es irresoluble: la enumeración, siquiera parcial, de un conjunto infinito». Pero exactamente eso es lo que hace a continuación: procede a dicha enumeración imposible del infinito, en una sola frase de más de cuatrocientas palabras.

Una contradicción similar asoma en las descripciones de H. P. Lovecraft. A menudo comienza advirtiéndonos de que tal criatura es inefable, como hace en «En las montañas de la locura», para de inmediato pasar a describirnos el aspecto de la cosa con el detalle de un informe forense:

> El torso, en forma de barril, con cinco protuberancias, de seis pies de longitud, tres pies y cinco décimas de diámetro central y un pie de diámetro en los extremos. […] Alas membranosas de siete pies de longitud y del mismo color, que encontramos plegadas, salen de los surcos entre las protuberancias. […] En torno al ecuador, en el centro de cada una de las cinco protuberancias verticales semejantes a duelas de barril, hay un sistema de brazos o tentáculos gris claro y flexibles, que encontramos fuertemente plegados contra el torso, pero se pueden extender hasta una longitud máxima de más de tres pies. […] En la parte superior del torso un cuello romo, bulboso, de color gris claro con indicios de algo que se asemeja a branquias, sostiene lo que parece ser una cabeza amarillenta con forma de estrella de mar cubierta por pelillos o cilios muy recios de varios colores elementales.
>
> «En las montañas de la locura»
> H. P. Lovecraft

La descripción se prolonga a lo largo de dos páginas y, como se puede ver, consigue de algún modo confirmar el carácter inefable de las criaturas, dado que resulta imposible hacerse una imagen mental con toda la información. La acumulación de adjetivos y sustantivos extraños, en cualquier caso, nos parece un recurso poco recomendable.

Del mismo modo, conviene no excederse con las hipérboles y los adjetivos demasiado connotados, del tipo «aterrador», «estremecedor», «pavoroso», «espeluznante», que parecen indicarle tramposamente al lector cómo debe sentirse, en lugar de lograr esa emoción a través de una descripción sutil y sugerente. Recordemos que, en opinión de Umberto Eco, la definición del *mal gusto* es la «prefabricación e imposición del efecto». Somos conscientes de que queda un estrecho margen de maniobra entre nuestro consejo de trabajar una atmósfera emocional y el de evitar un exceso de connotación en nuestra adjetivación, pero justo en ese equilibrio es donde el escritor de fantástico debe demostrar sus cualidades.

La exageración en determinados rasgos, además, puede arrastrar nuestro texto hacia el terreno de lo grotesco, que se mueve en unas coordenadas casi siempre distintas al fantástico, más propicias para el humor y la sátira.

Otro tipo de «operadores de confusión» (según los llama Roger Bozzetto) que habitualmente utiliza el escritor de fantástico son las expresiones de ambigüedad o imprecisión perceptiva en la línea de «me pareció ver», «creyó escuchar», «era como si», etcétera. Son tremendamente útiles, pero de nuevo hay que tener cuidado de no abusar, porque en última instancia el lector necesita saber si lo que está ocurriendo es real o no, y en algún momento habrá que levantar el velo de la indefinición, si no queremos perder su interés o convertirnos en narradores poco fiables.

Recordemos, en todo caso, que el fantástico es el género de la sugestión, y que resulta tanto más eficaz cuanto mejor logramos que el lector ponga a trabajar su propia imaginación para rellenar los huecos del texto. Dicho con otras palabras, a menudo tiene más importancia lo que ocultamos que lo que mostramos.

10

LITERATURA DE TERROR

Ismael Martínez Biurrun

10.1. Características y autores principales del género

Existen muchas semejanzas y quizá una diferencia fundamental entre la literatura fantástica y la de terror. La diferencia surge de una posible división de los géneros en dos categorías: los géneros que se definen por su argumento o temática y los que se definen por la emoción que suscitan. En ese caso, parece claro que el terror se agruparía con el humor o incluso con el erotismo, y se apartaría de otros como el policiaco, la ciencia ficción, el romántico, el histórico o el fantástico, por ejemplo. Esto quiere decir que cualquier relato que podamos inventar se considerará de terror, independientemente del argumento o del escenario escogidos, siempre que produzca cierto efecto de sobrecogimiento en el lector.

Eso no significa que no existan lugares, tramas, personajes y giros narrativos tradicionalmente asociados al género, y que todavía se utilizan: ese imaginario de criaturas y lugares reconocibles conforma el *horizonte de expectativas* del lector, lo que espera encontrar cuando abre un libro de tal o cual género, y como autores más nos vale tenerlo en cuenta. Pero si tomamos el mito del vampiro, por ejemplo, vemos cómo puede utilizarse con un propósito bien diferente al de amedrentar; en clave humorística, como *¡Chúpate esa!* de Cristopher G. Moore, o en historias de corte romántico como *Crepúsculo* de Stephenie Meyer.

Sugeriremos más adelante cuál podría ser el verdadero tema del género de terror, a un nivel más abstracto, y examinaremos una posible estructura común a toda la ficción terrorífica.

Pero nadie duda de que el fantástico y el terror son primos hermanos. Ambos géneros se solapan casi siempre, en la medida en que el miedo es una emoción a la que se asoman la mayoría de los protagonistas de relatos fantásticos. La diferencia sería una simple cuestión de grado: podríamos decir que el relato de horror va un paso más allá, y su protagonista no permanece solo *asomado* al abismo, sino que se zambulle de cabeza en él, con todas las consecuencias.

Si además pensamos que el terror se caracteriza casi siempre por un punto de ruptura con lo racional, un desbordamiento fantástico o irracional, podemos concluir que ambos géneros se mueven por territorios contiguos.

10.1.1. DE LA NOVELA GÓTICA AL CUENTO DE TERROR

Al igual que el fantástico, el relato de horror es hijo del racionalismo del siglo XIX, que en palabras de Rafael Llopis permitió «pasar del terror creído al terror gozado».

El hombre moderno niega la existencia de la vida de ultratumba. Y ese fue el preciso momento de la evolución del hombre en que nació el cuento de terror sobrenatural como género literario. Esos muertos negados por la diosa Razón seguían produciendo una vivísima emoción en la gente y el hecho de su inexistencia oficial autorizaba a utilizarlos como entes de ficción.

Historia natural de los cuentos de miedo
Rafael Llopis

Es cierto que podemos viajar mucho más atrás en el tiempo y encontrar el primer hombre lobo en el *Satiricón* de Petronio o el primer cuento de fantasmas en una carta de Plinio el Joven (siglos I y II), y que tenemos posadas embrujadas en Lope de Vega y aparecidos en Shakespeare; pero una ficción dirigida a generar «un agradable estremecimiento de terror sobrenatural» (Walter Scott *dixit*) no se estableció hasta la llegada de la novela gótica, con obras como *El castillo de Otranto* (1764) de Horace Walpole y *Los misterios de Udolpho* (1794) de Ann Radcliffe. La fórmula de la novela gótica llegó a popularizarse de tal modo que un periodista de la época la sintetizaba de forma satírica (pero certera) de la siguiente manera:

Tómese un viejo castillo medio en ruinas.
Un largo pasillo con muchas puertas, varias de las cuales han de ser secretas.
Tres cadáveres aún sangrantes.
Tres esqueletos embalados.
Una vieja ahorcada con varias puñaladas en el pecho.
Ladrones y bandidos a discreción.

Una dosis suficiente de susurros, gemidos ahogados y estruendos horrísonos.

Mézclese, agítese y escríbase. El cuento está listo.

Historia natural de los cuentos de miedo
Rafael Llopis

Suele considerarse a *Melmoth el errabundo* (1820), de Charles Robert Maturin, como la última gran novela gótica, porque *Frankenstein o el moderno Prometeo* se había publicado un par de años antes, pero sobre todo porque la novela de Mary Shelley desbordó aquella categoría, e incluso hay motivos para considerarla obra fundacional del género de ciencia ficción.

Ajeno a lo que sucedía en Villa Diodati, pero de forma simultánea en el tiempo, el escritor romántico prusiano Ernst Theodor Amadeus Hoffmann daba a luz varias colecciones de relatos fantásticos que marcarían un cambio de rumbo en el género, al introducir una visión más realista y contemporánea a sus historias espeluznantes, acercándolas a lo cotidiano, a las tribulaciones psicológicas y a las pasiones mundanas, y alejándolas de brumas y escenografías góticas.

Otro gran cambio que se produce en estas primeras décadas del siglo es el de la preferencia de formato: la novela deja paso al relato, que aparece en publicaciones periódicas. Nace así el cuento de terror moderno, centrado en unos pocos sucesos y dirigido a la producción de un único efecto desasosegante, sin las complicaciones argumentales y la parafernalia romántica de la novela gótica.

10.1.2. POE Y EL EFECTO ÚNICO

Si hay un autor que encarne la esencia del cuento de terror, ese es sin duda Edgar Allan Poe (1809-1849). Es bien conocida su teoría del *efecto único*, que aplica a la hora de componer sus poemas y textos breves. En su opinión, el ideal para lograr cierto efecto en el lector es que el texto pueda ser leído en una sola sesión, de modo que se conserve una *unidad de impresión*. Y dice:

> Un hábil artista literario construye un cuento. Si es sabio, no acomoda sus pensamientos a sus incidentes, sino que primero concibe cuidadosa y deliberadamente cierto *efecto* único sobre el cual forja a continuación todo su cuento; combina entonces los acontecimientos de modo que mejor le ayuden para establecer este efecto preconcebido. Si su primera frase no contribuye a destacar este efecto, ha fallado en su primer paso. En toda la composición no debe haber una sola palabra que no se dirija directa o indirectamente a ese diseño preestablecido.
>
> «Método de composición»
> Edgar Allan Poe

Poe compara el efecto de leer un cuento con el de contemplar un cuadro, en el sentido de que debería suscitarnos una emoción completa, impoluta y satisfactoria. En su opinión, este efecto único tiende a desdibujarse en un texto largo. Y no hay duda de que cualquier novela de mínima profundidad despliega necesariamente un amplio abanico de emociones. Entonces, ¿no cabe hablar de *novela de terror*? Claro que sí. Entre los logros de *Drácula* de Bram Stoker (1897) —el más conocido: inmortalizar el arquetipo del vampiro, que había sido tratado antes por John Polidori y Sheridan Le Fanu— se cuenta el de demostrar que una novela de larga extensión y altas aspiraciones literarias, y poblada de pasiones humanas de toda clase, puede mantener legítimamente la etiqueta de *terror*. ¿Por qué? Porque la atmósfera oscura impregna todo el relato, con picos y valles de intensidad, y porque la sensación de estremecimiento es la que permanece en nuestra memoria después de la lectura. Encontramos un ejemplo actualizado en cualquiera de las grandes novelas de Stephen King; sin menoscabo de la riqueza de sus personajes y del realismo con que aborda toda clase de conflictos humanos, parece poco discutible que la etiqueta de terror les encaja a la perfección.

Por otra parte, el viaje que el conde emprende en la novela de Stoker, desde su castillo aislado y crepuscular en los Cárpatos hasta la bulliciosa ciudad de Londres, representa a la perfección el propio periplo de la literatura de terror, y el paso de los tropos de la novela gótica a otro estilo y otro contexto más urbanos y modernos.

Otra figura influyente en este giro del género fue el francés Guy de Maupassant, autor eminentemente naturalista que Rafael Llopis define como «una figura singular, casual y solitaria», pero cuyos cuentos de terror —como «El horla», «¿Quién sabe?» o «La aparición»— han sido considerados a la altura del mismo Poe.

En España, donde el romanticismo tuvo un eco tardío, la obra de Gustavo Adolfo Bécquer (1836-1870) todavía se situaba en ambientaciones góticas, con sus abadías y sus montes brumosos, mientras que en Estados Unidos un autor llamado Nathaniel Hawthorne (1804-1864) hacía la mudanza de la escenografía del género a un territorio donde no existían castillos, sino casas coloniales, con sus buhardillas y sus paredes de madera crujiente, que se introdujeron así como el escenario prototípico del terror para las generaciones venideras, primero en la literatura y posteriormente en el cine.

10.1.3. M. R. James y el suspense

Con autores como M. R. James, el relato victoriano de terror adquirió una serie de rasgos característicos: brevedad, humorismo, realismo, escenarios cotidianos y gente corriente, aburguesada, muy lejos de los protagonistas desgarrados y atormentados del gótico. La estructura argumental de la llamada *ghost story* consistía en la irrupción en la cotidianidad de un suceso extraordinario, que desafiaba la razón de un protagonista siempre escéptico y terminaba arrastrándolo en un «descenso a los infiernos», y aunque era habitual terminar explicando el fenómeno fantasmagórico de un modo racional, solía dejarse una puerta abierta a lo fantástico en algún detalle final.

Además de dotarse de una atmósfera inquietante —condición innegociable del género desde sus orígenes hasta hoy—, la *ghost story* convirtió el suspense narrativo en otro de sus pilares fundamentales. Este suspense se basaba en combinar dos técnicas fundamentales: el *crescendo* en la intensidad de la amenaza, y la dosificación de la información. En los relatos de James, el lector va por delante del protagonista respecto a la información de lo que está sucediendo, lo que genera una incómoda ansiedad por «advertirle».

10.1.4. Lovecraft y la literatura *weird*

La figura de Howard Phillips Lovecraft (1890-1937) no tiene parangón en la historia de la literatura de terror.

Su prosa barroca y oscura posee una personalidad inconfundible, y con sus más de cincuenta cuentos creó todo un universo que desbordó lo literario y que ha terminado influyendo en creadores de toda clase, a pesar de que murió sin ser reconocido fuera de su círculo más próximo.

Muchos de sus relatos icónicos fueron publicados en la revista *Weird Tales*, y tal vez por eso se le considera uno de los autores fundacionales o máximo representante del género *weird*, habitualmente traducido como raro o extraño, y que tiene que ver con la irrupción de una *exterioridad* en nuestro mundo ordinario.

> Lo raro es un tipo de perturbación particular. Conlleva la sensación de algo *erróneo*: una entidad rara o un objeto que es tan extraño que nos hace sentir que no debería existir, o que, al menos, no debería existir aquí […] El encuentro con lo exterior suele acabar en conmoción y psicosis. Las historias de Lovecraft conllevan a menudo una integración catastrófica de lo exterior en un interior que, de manera retrospectiva, acaba mostrándose como un envoltorio engañoso, una farsa. Pongamos por caso «La sombra sobre Innsmouth», en la que se acaba revelando que el protagonista es también un Profundo, una entidad acuática alienígena.
>
> *Lo raro y lo espeluznante*
> Mark Fisher

La condición humana es, en definitiva, la que sale derrotada, reducida a la más absoluta fragilidad e insignificancia en los relatos de Lovecraft. Pero Mark Fisher apunta que el efecto suscitado por Lovecraft en sus historias no es únicamente el terror, sino también —y quizá principalmente—

la *fascinación*. A pesar de que Lovecraft no consideraba sobrenatural a ninguna de sus criaturas —él hablaba del «cuento materialista de terror»—, parece indiscutible que sus relatos de horror cósmico evocan el encuentro con lo sublime o lo *numinoso*, el tipo de experiencia que según Rudolph Otto produce simultáneamente las emociones del *mysterium tremendum* y *misterium fascinans*.

Aunque Lovecraft no era un creador sistemático de mundos, sino que más bien buscaba la inspiración en sus sueños, gran parte de su obra gira en torno a una cosmogonía muy reconocible: los llamados «mitos de Cthulhu».

> Todas mis historias, aunque sin relación entre sí, están basadas en la creencia o leyenda de que este mundo estuvo habitado por otra raza que, por practicar la magia negra, perdió su lugar y fue expulsada, pero todavía vive en el exterior dispuesta a tomar posesión de esta tierra.
>
> «Carta a August Derleth»
> H. P. Lovecraft

El precio de esa deshumanización lovecraftiana es que no encontramos en sus historias verdaderos retratos psicológicos ni protagonistas con matices. En sus cuentos no se abordan las pasiones humanas —en esto se aleja de Poe, de Hoffmann y de buena parte de los románticos—, ni aparecen asuntos tan importantes en la vida real como son el dinero, el sexo o la familia. Y, sin embargo, uno de los cuentos más impactantes de Lovecraft tiene excepcionalmente a una familia en el centro de la narración. En este pasaje se puede apreciar el estilo inconfundible del autor y el modo cruel en que refleja las consecuencias del encuentro con esa *exterioridad*.

> Ocurrió en junio, casi un año después de la caída del meteorito. La pobre mujer se había puesto a gritar que había cosas en el aire, imposibles de describir. No empleaba en su delirio ningún nombre determinado, solo pronombres y verbos. Eran cosas que se movían y volaban y cambiaban; y unas vibraciones, que no eran exactamente ondas sonoras, le tintineaban en los oídos. Le estaban sacando algo… algo estaba entrando en ella […] Nahum no quiso enviarla al manicomio de la región, y dejó que vagara por la casa mientras era inofensiva para sí misma y los demás. Aun cuando el rostro de la mujer comenzó a cambiar, no hizo nada. Pero cuando los muchachos empezaron a tenerle miedo, y Thaddeus casi se desmayó al ver los gestos que ella le hacía, decidió encerrarla en el altillo. En julio la señora Gardner había dejado de hablar y comenzó a caminar en cuatro patas; y antes de que terminase el mes, Nahum concibió la insensata idea de que su mujer brillaba ligeramente en la oscuridad, como ocurría con la vegetación de alrededor.
>
> «El color que cayó del cielo»
> H. P. Lovecraft

10.1.5. KING, CINE Y COSTUMBRISMO

Las denominadas revistas *pulp,* como *Weird Tales* o *Amazing Stories*, demostraron en los años veinte y treinta que el género de terror poseía un gran atractivo popular, y la llegada del cine vino a reforzar ese carácter lúdico, particularmente con las producciones norteamericanas de la década de los cincuenta. En este caldo cultural se criaron autores que luego triunfarían en el género como Richard Matheson o Stephen King, y por tanto no es de extrañar que su literatura esté repleta de imágenes chocantes, con capítulos muy dialogados y construidos como *set pieces*: secuencias largas, escritas en tiempo real, en un escenario con características singulares que interviene casi como un personaje más.

El cine, a su vez, se ha alimentado desde sus orígenes de las ficciones literarias —basta pensar en los derivados de Drácula o Frankenstein—, por lo que podríamos decir que la relación entre ambos medios es simbiótica. El propio Stephen King admite que su carrera no habría despegado de la forma en que lo hizo sin la adaptación cinematográfica de *Carrie*, y muchas películas que marcaron un hito del género, como *La semilla del diablo* o *El exorcista,* se basaron en exitosas novelas previas.

En el terreno estrictamente literario, King es sin duda el autor de terror con mayor influencia real en los autores actuales, a mucha distancia del venerado pero inimitable Lovecraft, de quien diverge por completo tanto en estilo como en contenido. King se aleja del antihumanismo lovecraftiano y aporta todo el calor que le falta al de Providence —diálogos, psicología, asuntos mundanos, familia— para basar el efecto de sus historias en el naturalismo. En ese sentido, el terror de King es *fantástico* precisamente porque es realista: parte de un entorno cotidiano en el que irrumpe un evento o un personaje sobrenatural. Su narrativa tiene los pies asentados en la cultura norteamericana contemporánea, y sus grandes novelas funcionan como enormes retablos costumbristas. Esta sensibilidad para integrar la realidad social con el terror y este buen oído para el habla común también pueden encontrarse en la autora argentina Mariana Enriquez (*Nuestra parte de la noche*, *Las cosas que perdimos en el fuego*), destacada representante de la generación de escritores de terror que han crecido leyendo a Stephen King. Enriquez recoge y transforma en relato de fantasmas, por ejemplo, la violencia cotidiana en las calles de Buenos Aires:

> Me senté en la cama y, cuando escuché los susurros, el sudor de mis manos se heló, pero, al mismo tiempo, me tranquilicé: los golpes no eran de una persona real. Su voz baja, su súplica, no podía llegar hasta mí desde la puerta de la calle. «Por favor, ábrame», decía. Me trataba de usted. Hablaba con respeto. «Por favor, me estoy escapando. No quiero robar, no soy ladrón, me tenían secuestrado. Por favor, ábrame, que me matan, me matan».
>
> Bajé la escalera corriendo y miré por la ventana. El chico estaba en la vereda. Un adolescente alto, bien visible bajo la luz del poste. Estaba pálido como todos los muertos, pero no podía verle las heridas a pesar de que estaba vestido de verano, una remera blanca, pantaloncitos de fútbol, zapatillas. ¿Cómo lo habían matado? No podía recordarlo. Durante los días con mi hija había estado alegremente lejos de las noticias y la televisión. Entonces aquí estaba Matías de apellido italiano, muerto a cuadras de mi casa, y yo no sabía por qué tocaba la puerta ni me había enterado de que su asesinato había sido tan cerca.

«Mis muertos tristes»
Mariana Enriquez

10.1.6. EL EXCESO FANTÁSTICO Y EL HÉROE COMO VÍCTIMA

¿Es posible un terror estrictamente realista? Puede parecer una pregunta absurda, porque no hay duda de que la vida real nos ofrece motivos más que suficientes para sentir terror. Podría sostenerse, sin embargo, que el terror como categoría estética o etiqueta de género siempre parece requerir un elemento excesivo, ya sea sobrenatural o irracional; un punto de desbordamiento o ruptura con nuestras convenciones y nuestra forma de entender el mundo y el comportamiento humano.

> Lo horrible, esa vieja palabra, significa algo más que terrible. Un espantoso accidente conmueve, trastorna, asusta: pero no enloquece. Para experimentar horror se necesita algo más que la emoción del alma y algo más que el espectáculo de una muerte espantosa; se necesita, bien un estremecimiento de misterio, bien una sensación de espanto anormal, fuera de lo natural.
>
> «Lo horrible»
> Guy de Maupassant

Fijémonos, por ejemplo, en una novela como *Misery*, de Stephen King, que no presenta a ningún ser sobrenatural ni coquetea en ningún momento con la ambigüedad fantástica. Annie Wilkes es una mujer perfectamente verosímil, al igual que todo lo que ocurre durante el cautiverio al que es sometido el escritor Paul Sheldon. Y, no obstante, hay algo claramente *excesivo* en la situación y en el personaje de Annie. No solo sufre un evidente desequilibrio mental en forma de psicosis, que la lleva a tener comportamientos obsesivos y agresivos; la crueldad que despliega con el protagonista es, en cierto sentido, inhumana; su gran corpulencia y el dominio en el uso de las drogas la dota de un poder extraordinario; y su condición de «fan número uno» de Paul la convierte en una amalgama de todos los miedos del escritor hacia su propia fama, transformada en un monstruo que lo mantiene esclavizado. Podríamos decir, por tanto, que Annie Wilkes adquiere una categoría mítica y en cierto modo *supranatural* ante nuestros ojos, al igual que el gigantesco tiburón de la película de Steven Spielberg, la figura de Norman Bates o los pájaros de Hitchcock, todos ellos seres reales, pero dotados de un aura monstruosa o un comportamiento irracional.

Tal vez sucede así, sencillamente, porque necesitamos un cierto grado de *estetización* de las experiencias terroríficas para poder disfrutarlas como arte. O porque necesitamos poner un pie en el estribo del exceso para alcanzar la emoción de lo sublime, que podría ser el desiderátum o la aspiración última del género.

Desde el punto de vista narrativo, este exceso o desbordamiento se suele manifestar en un momento de revelación terrible, cuando el protagonista del relato comprende que *no está preparado* para enfrentarse con la amenaza que se cierne sobre él, cuya naturaleza rompe sus asunciones y rebasa sus recursos prácticos y racionales.

Esta vulnerabilidad del héroe es otra de las características fundamentales del género de terror, que lo distingue por ejemplo del negro o policiaco, donde convencionalmente nuestro protagonista —sea un policía, un detective, o un investigador solitario— está entrenado o capacitado para ejercer la violencia y puede plantar cara al villano tanto intelectual como físicamente.

El héroe asume aquí condición de víctima sobre la que se ciernen las violencias más inconcebibles, lo que ha llevado a especular sobre la naturaleza sádica del disfrute del terror. No obstante, como sugirió Carol J. Clover en su ensayo *Men, women and chainsaws* (1992), la identificación del lector o espectador con el protagonista (a menudo *la* protagonista) que sufre los tormentos apunta más bien a una implicación de tipo masoquista.

En cualquier caso, nuestro cometido como autores es generar empatía con el protagonista y construir una narración a partir de una serie de reacciones y comportamientos que resulten suficientemente verosímiles.

10.1.7. LO SINIESTRO

Tal como vimos al examinar el género fantástico, el poder de los significados metafóricos es mayor cuanto más difícil sea su descodificación o interpretación. En el caso del terror resulta todavía más problemático racionalizar esas metáforas —qué significa el monstruo más allá de su realidad material en la historia—, dado que se trata de un género que excava y extrae directamente contenidos del subconsciente: miedos, deseos reprimidos, ansiedades de toda clase.

La definición que hacía Schelling de *lo siniestro* era precisamente «aquello que, debiendo permanecer oculto, ha sido desvelado». Por eso la odisea que atraviesa el protagonista de este género, enfrentado al monstruo o al suceso horripilante, puede verse como un proceso virulento de reconocimiento. La idea de que el protagonista se enfrenta siempre a sus propios demonios es común a toda la ficción;

pero ocurre que, en el caso del terror, esta metáfora tiende a hacerse literal.

En este sentido, lo que buena parte de la ficción de terror está representando es la experiencia del trauma o, más bien, la reemergencia patológica de experiencias pasadas, a menudo violentas, que no fueron debidamente asimiladas. El fantasma simboliza mejor que ninguna otra criatura esta metáfora del pasado que regresa para «encantar» la casa/ mente del protagonista.

A un nivel todavía más abstracto, podríamos decir que el tema de toda la ficción de terror es el encuentro con lo Real, con mayúscula; así se refería Jacques Lacan a todo aquello que no podemos cambiar ni dominar, como la decrepitud, los errores pasados, los apetitos del cuerpo o incluso la muerte. La idea de que no podemos escapar eternamente de nuestro destino constituye el *ritornello* temático o estribillo de la ficción de horror.

Sigmund Freud dedicó uno de sus libros a estudiar la emoción de lo siniestro (*das Unheimliche*) y para ejemplificarlo utilizó el relato «El hombre de arena», de E. T. A. Hoffmann. En dicho texto encontraba al menos seis elementos narrativos capaces de suscitar la sensación de lo siniestro, a saber:

a) Un individuo siniestro es portador de maleficios y presagios funestos. Cruzarse con él significa una condena a un destino trágico.

b) El individuo tiene además el aspecto de un doble del protagonista o de alguien próximo a él.

c) La sospecha de que un ser aparentemente inanimado sea viviente, y a la inversa, de que un objeto inerte muestre alguna forma de vida: figuras de cera, muñecas, máquinas… En terminología actual se suele denominar «valle siniestro» (*uncanny valley*) a ese momento en que el muñeco pierde su condición de artificio y *parece demasiado humano*.

d)   La repetición de una situación en condiciones idénticas a la primera vez, o el retorno inagotable de lo mismo. Esta sensación estaría relacionada con el vértigo del *déjà vu*.

e)   Imágenes que aluden a amputaciones o lesiones de órganos, especialmente los ojos o los genitales.

f)   También resulta siniestro cuando una fantasía oculta se materializa en el mundo real; por ejemplo, cuando asistimos a la realización de un deseo inconfesable, como querer que alguien se muera o sufra una desgracia, y después verlo realizado.

Quizá uno de los apuntes más interesantes de la perspectiva freudiana sea que, en el fondo, lo más siniestro es siempre el regreso de un miedo que creíamos superado: el ejemplo extremo sería descubrir, de adultos, que el hombre del saco que nos asustaba de niños y que desdeñamos al madurar *existe* realmente, como ocurre en «El hombre de arena» de Hoffmann.

Aunque la ficción de terror se caracteriza por el efecto y no tanto por su temática, cabe señalar que todos los argumentos arquetípicos mencionados en el capítulo de la literatura fantástica son potencialmente terroríficos, solo con llevarlos un paso más cerca del abismo: el doble, la metamorfosis, el pacto con el diablo, la confusión entre el sueño y la vigilia, la confusión entre lo animado y lo inanimado, los aparecidos, las transgresiones…

Pero existe un tropo —en el doble sentido de escenario y argumento— que representa la médula del terror mejor que ningún otro, y es el de la casa familiar. Los miedos que tienen lugar dentro del núcleo familiar constituyen una de las fuentes predilectas del género, quizá porque se trata precisamente del lugar donde deberíamos sentirnos más a salvo y donde más traumática e insólita resulta la irrupción de cualquier tipo de violencia. La casa misma, o cada uno de los miembros de la familia, es objeto habitual de infestación por fuerzas malignas; de ahí que el subgénero de casas encantadas esté tan íntimamente relacionado con los traumas familiares, como por ejemplo en *La maldición de Hill House* de Shirley Jackson.

10.2. Una estructura del horror

La estructura dramática de un relato o una novela de horror no se diferencia en lo esencial del esquema clásico en tres actos: presentación, nudo y desenlace. Pero sí podemos señalar algunas cualidades propias de estas tres etapas cuando transitamos los territorios del espanto.

10.2.1. Atisbos

El escritor John Clute habla de *atisbos* para referirse al primer acto o movimiento narrativo. Según su forma de verlo, el atisbo es la primera señal de que algo va a sustraernos del mapa del mundo normal. Apelando al concepto de *unheimlich* de Freud, Clute califica como siniestro el proceso de descubrimiento de que el entorno familiar del protagonista es en realidad un trampantojo, una ilusión que oculta la verdad insoportable. Dicho con otras palabras, el atisbo sería el descubrimiento de la primera grieta en la normalidad: la fugaz manifestación de un suceso anómalo, la llegada de un personaje extraño, etcétera. Todavía no hay modo de saber qué profundidad tiene el abismo, pero la superficie cotidiana ya ha comenzado a resquebrajarse. Esta es la fase en la que debemos presentar a nuestro protagonista en su entorno y ganarnos la empatía del lector con la mayor naturalidad posible.

A la hora de perfilar psicológicamente a nuestro protagonista debemos tener en cuenta que, como se ha dicho, debe existir una rima de significados entre el fenómeno terrorífico y sus conflictos internos. Tanto si se trata de un trauma relacionado con el pasado, como de un problema de pareja, como de falta de autoestima o cualquier otra ansiedad relacionada con la vida moderna, el concepto de *crisis* es el nudo que mantiene atado lo que sucede dentro y lo que sucede fuera de la cabeza de nuestro héroe.

Por otra parte, cualquier lector o espectador de ficción de horror habrá advertido que la acción transcurre casi siempre en lugares y momentos especiales, apartados del tiempo común —noches de Halloween, festivales de la cosecha, aniversarios siniestros— y del mapa de la vida ordinaria —casas encantadas, páramos, islas, pueblos abandonados o naves a la deriva—. Por este motivo, muchas historias de terror arrancan inevitablemente con el tránsito del protagonista a ese espacio *distinto*, o Mal Lugar. Puede ser mediante una mudanza voluntaria, por un desafío, o simplemente por haberse extraviado en mitad del bosque o por alguna carretera perdida.

La importancia de la elección del escenario en la literatura de terror se puede constatar en una visita a cualquier librería, solo con echar un vistazo a las portadas de novelas del género, donde predominan las imágenes de lugares sobre las de personas, a diferencia de otros géneros. Conviene detenerse a pensar cuidadosamente este escenario principal, por tanto, antes de ponerse a escribir una historia de género.

En muchas ocasiones los protagonistas deben traspasar un doble umbral: a la manera de un juego de *matrioshkas*, primero viene la instalación en la casa misteriosa, y después el descubrimiento de un desván o una habitación secreta donde se oculta el verdadero núcleo dramático o espeluznante de la historia.

No es de extrañar que los rituales jueguen un papel tan importante en la ficción de terror, ya que, al igual que en las ceremonias religiosas o los ritos primitivos, se suele requerir algún tipo de liturgia para acceder a ese espacio o ese momento distinto. Esto enlaza con el uso que hace Eugene Thacker del término *círculo mágico*: una zona limítrofe y ambigua, al mismo tiempo barrera de protección y puerta abierta hacia lo desconocido, lugar donde se manifiesta lo extraño y donde rigen unas reglas de juego distintas.

10.2.2. Descenso al infierno

El académico Noël Carroll habla de *resistencia* y *confirmación* como los dos movimientos —o emociones— fundamentales que experimenta el protagonista en el segundo acto de toda narración terrorífica. Después de un primer intento de simple negación —«esto no está sucediendo», «¿estoy soñando?», «ha sido mi imaginación»— muy pronto las señales son demasiado inequívocas y la resistencia deriva hacia un intento racionalizador, una especie de negociación imposible con el horror: «esto debe tener una explicación científica», «no me hará daño si no lo provoco» o «buscaré ayuda y se solucionará».

Por desgracia, nada de esto servirá. Como ya hemos dicho, en el terror no basta con quedarse en el límite o el borde del abismo; hay que realizar el tránsito completo al otro lado, el protagonista debe caer en picado hasta el fondo, perder todos sus asideros y convertirse poco menos que en una víctima sacrificial. En cierto sentido, podríamos decir que la ficción de terror es lo que sucede *después* de la ficción fantástica, cuando se ha transgredido esa frontera y la inmersión en el otro lado es completa.

En este oscuro *descensus ad inferos*, el protagonista constatará que la autoridad convencional —padres, policía, médicos, científicos— es inútil para resolver el problema, y paulatinamente irá dejando atrás sus propias resistencias racionales para terminar admitiendo que debe buscar otro tipo de ayuda.

Por eso podemos decir que, en gran medida, la médula de la ficción de lo oculto siempre es una «trama de conversión»:

> Aquí es donde se encuentra la trama: convencer a la persona de la Ciencia Blanca de la necesidad e incluso de la superioridad de la Magia Negra. El drama de estas historias gira, pues en torno al proceso de conversión: el desprendimiento de la incredulidad, la aceptación de lo místico o irracional.
>
> *Men, Women and Chain Saws*
> Carol J. Clover

Y no suele ser un proceso fácil, porque los protagonistas del género tienden a ser inicialmente escépticos. En la novela de *El exorcista* (William Peter Blatty), por ejemplo, la madre de Regan no se plantea la posibilidad de llamar a un sacerdote hasta la mitad del libro, después de hacer pasar a su hija por un calvario de pruebas médicas y psiquiátricas de toda clase, sin ningún resultado.

En este momento, el protagonista generalmente recibe la ayuda de una figura que tiene concomitancias con el «ayudante mágico» del monomito campbelliano, aunque con algún matiz. Podemos llamarlo chamán, por seguir la terminología de la antropología clásica, o *médium*, puesto que se trata de un individuo capaz de contactar con el otro lado, a menudo porque es el superviviente de una experiencia próxima a la muerte, o similar a la que se enfrenta el protagonista, y que lo ha dejado marcado de alguna manera: puede acarrear graves cicatrices, ceguera o desequilibrios mentales. En cualquier caso, siempre se trata de una figura liminal, alguien que debe vivir en los márgenes de la sociedad, que de ninguna manera puede reincorporarse a la vida rutinaria después de haber atravesado una experiencia límite. Y este mismo papel lo cumplirá el protagonista de nuestra actual historia de terror, en caso de que haya continuidad: servirá de guía para los futuros protagonistas que se enfrenten al mismo fenómeno terrorífico.

Es importante aclarar que no siempre se trata de una persona. En ocasiones, esta función chamánica puede cumplirla un libro esotérico (en la novela *Carrie*, de King, la chica protagonista aprende qué es la telequinesia mediante el sencillo trámite de leerlo en un libro de la biblioteca) o cualquier fuente de conocimiento alternativo en la que nuestro personaje encuentre las claves para comprender y combatir a su adversario sobrenatural. En este proceso de nuevo aprendizaje, uno de los momentos clave es el de nombrar al monstruo. Poner nombre a la criatura o al fenómeno que cuestionaba la cordura del protagonista es el primer paso siempre hacia su posible control, del mismo modo que —por seguir con nuestra analogía con los procesos psicológicos— el proceso de afrontamiento de traumas pasados comienza necesariamente con la capacidad de nombrarlos, narrarlos, convertir en palabras lo que era un nudo de emociones atascadas en el fondo de la cabeza.

10.2.3. TRANCE FINAL

El tercer acto, en la ficción de terror, comienza con lo que el guionista Dan O'Bannon (*Alien*) denomina el *punto sin retorno*: nuestro protagonista comprende que ya no hay escapatoria y debe construir una estrategia, por disparatada que sea, para enfrentarse con su adversario. En el fondo, ese es el lema o la moraleja final de toda la ficción de terror: hay cosas de las que uno no puede huir eternamente.

Por eso, cuando la única acción que realiza el protagonista es correr, tratar de escapar de las garras del monstruo, tenemos la certeza absoluta de que en última instancia será acorralado y eliminado por él. Su única opción, aunque parezca contraria al propio instinto de supervivencia, es dejar de huir, darse la vuelta y plantar cara al monstruo voluntariamente. Por completar nuestro paralelismo con los procesos psicológicos, esta acción de plantar cara supone en sí misma una superación del miedo atenazador, y por eso es *ya* una victoria simbólica sobre el monstruo, independientemente de cuál sea el desenlace del duelo.

Ampliando el foco del protagonista a toda su comunidad, la investigadora Linda Holland-Toll hace una clasificación de las historias de terror como *afirmativas* o *desafirmativas* en función de su desenlace. En las primeras, el orden «apolíneo» original es restaurado; el protagonista (o el grupo de protagonistas) logra salvar a su comunidad de la amenaza, ya sea un tiburón gigante, una familia de vampiros, invasores de otra dimensión, etcétera.

La gran mayoría de historias no se encuentra en este grupo, sin embargo, sino más bien en un punto intermedio; al final se logra una resolución parcial, y se recupera cierto orden, aunque irremediablemente condicionado. El «contagio dionisiaco» ha sido vencido, pero no está olvidado ni definitivamente extinguido, sino que queda latente, y la comunidad es consciente de que ha pagado un altísimo precio por superarlo.

Los finales *desafirmativos*, según Holland-Toll, se producen cuando lo dionisiaco no puede ser contenido, cuando lo apolíneo no es restaurado en absoluto o, peor aún, cuando lo apolíneo y lo dionisiaco no pueden ser diferenciados. Muchas veces son ficciones en las que la propia comunidad crea al monstruo o lo constituye de alguna forma. Tres ejemplos serían: *Carrie,* de Stephen King, «La lotería», de Shirley Jackson, y *American Psycho*, de Bret Easton Ellis. En esta última, el protagonista no solo termina libre de pagar por sus crímenes, sino que pasa completamente desapercibido y no es reconocido como un monstruo por la comunidad.

10.3. Consejos para la escritura de terror

Aunque pueda resultar un primer consejo extraño, especialmente después de haber presentado a Lovecraft como un paradigma del género, la forma más eficaz de abordar la escritura de terror empieza por **evitar la excesiva connota-**

ción, tanto a nivel de adjetivación como en el abuso de una escenografía horrífica, y trabajar al máximo la contención. Siempre se insiste en la importancia de la atmósfera, y no puede ser más cierto, pero hay que recordar que a menudo la mejor manera de crear atmósfera no es mediante descripciones ominosas y recargadas, sino mediante acciones y sucesos inquietantes, a veces muy sutiles; dicho de otro modo, deberíamos dedicar más tiempo a pensar los verbos que los adjetivos.

También es importante, a la hora de idear motivos y personajes, evitar los arquetipos que ya se han convertido en **cliché**, los iconos que se han domesticado a lo largo de muchos años de narrativa de terror y tenemos tan integrados en nuestra cultura popular que han perdido su fuerza. Si presentamos a un vampiro o a un zombi, por ejemplo, tendremos que darles una vuelta conceptual para que rompan las expectativas del lector y recuperen su capacidad de perturbar. El terror, como género hermano del fantástico, extrae su fuerza de la transgresión de las etiquetas y de las regularidades: lo que más nos espanta es aquello que no podemos categorizar, aquello que carece de nombre, incluso.

Debemos ser conscientes, además, de que todas las figuras de la cultura popular o la mitología **arrastran su propia narrativa** y su horizonte de expectativas. Esto quiere decir que si, por ejemplo, escribimos sobre una plaga de zombis, nuestros lectores esperarán encontrarse con unas características físicas determinadas y una serie de giros narrativos recurrentes, fruto de sus lecturas y visionados previos: los primeros momentos de la invasión, la formación de un grupo de supervivientes, las disputas dentro del grupo, el momento en que uno de los personajes es mordido y oculta su herida a los demás… Incluso si queremos subvertir todas estas expectativas para aportar una visión propia del zombi, necesitamos conocer primero de qué modo ha sido tratado ya por la ficción. Igualmente, si tomamos por ejemplo al personaje del folklore eslavo Baba Yagá, debemos documentarnos adecuadamente sobre sus orígenes y conocer los relatos básicos que lo han conformado para poder utilizarlo de forma sugerente y novedosa, sin perder su esencia arquetípica original.

En esta línea de revitalizar los tropos clásicos, un enfoque productivo suele ser la combinación de los elementos más espectrales con otros elementos muy cotidianos, incluso prosaicos. Introducir escenarios, preocupaciones y objetos de **nuestro día a día** es la forma más natural no solo de actualizar los viejos arquetipos sino de ganarnos la complicidad del lector. La guardería donde dejamos a nuestro hijo de dos años para ir a trabajar cada lunes, por ejemplo, puede convertirse en un escenario óptimo para una secuencia de horror; una aplicación de citas puede ser el lugar «encantado» donde establecemos contacto con alguien no del todo humano; etcétera.

Una consecuencia de la influencia del cine en el género es que los lectores pueden reclamar de los libros el mismo tipo de sensaciones o *shock value* que ofrece el producto audiovisual. Y naturalmente, un libro nunca impactará en nuestros sentidos como lo hace una película. Aunque sea una obviedad recordarlo, la única herramienta de la que dispone un escritor de terror es el lenguaje; esto significa que las imágenes no las aporta él, el autor, sino que las construye el propio lector con su imaginación, a partir del texto. El arte de escribir terror, por tanto, será siempre el arte de la sugestión, de **lo implícito** más que de lo explícito, el arte de buscar la colaboración creativa del lector para implicarlo emocionalmente en el relato.

Veamos, por ejemplo, el modo en que R. L. Stevenson deja en las manos del lector imaginar el aspecto de Mr. Hyde:

> No es fácil de describir. Hay algo erróneo en su apariencia, algo desagradable, algo que lo hace manifiestamente detestable. Nunca vi un hombre tan rechazable y, no obstante, apenas sé por qué. Debe tener alguna clase de deformación; provoca un fuerte sentimiento de deformidad, aunque no podría especificar este punto. Es un hombre extraordinariamente visible y, no obstante, realmente no puedo nombrar nada en este sentido. No, señor; no puedo contar nada; no puedo describirlo. Y no es por falta de memoria, pues declaro que lo estoy viendo en este momento.

> *El extraño caso del Dr. Jeckyll y Mr. Hyde*
> R. L. Stevenson

Otra manera completamente distinta de generar desasosiego es la que utiliza Cormac McCarthy en *La carretera*:

> Miró los escalones de madera basta que bajaban. Agachó la cabeza y luego encendió el mechero y paseó la llama por la oscuridad, como una ofrenda. Frío y humedad. Un hedor infame. El chico se le agarró a la chaqueta. Se veía parte de una pared de piedra. Suelo de arcilla. Un colchón viejo con manchas oscuras. Se agachó y bajó otro escalón con el encendedor al frente. Acurrucados junto a la pared del fondo había hombres y mujeres desnudos, todos tratando de ocultarse, protegiéndose el rostro con las manos. En el colchón yacía un hombre al que le faltaban las dos piernas hasta la

cadera, los muñones quemados y ennegrecidos. El olor era insoportable.

Cielo santo, susurró.

Entonces uno a uno volvieron la cabeza y parpadearon a la miserable luz. Ayúdenos, dijeron en voz baja. Por favor, ayúdenos.

Dios, dijo él. Oh, Dios.

Agarró al chico. Date prisa, le dijo. Date prisa.

Se le había caído el encendedor. No había tiempo para buscarlo. Empujó al chico escaleras arriba. Ayúdenos, decían ellos.

Deprisa.

La carretera
Cormac McCarthy

Aquí se puede ver cómo la contención descriptiva —McCarthy es extraordinariamente austero en el uso de adjetivos— no merma el impacto de la escena, sino todo lo contrario.

Es importante recordar que el mecanismo de la empatía funciona esencialmente mediante el **uso de los sentidos y las emociones del protagonista** para explicarle al lector lo que está sucediendo; una impresión parcial, subjetiva, velada y fugaz, casi siempre es más eficaz para estremecer que dedicar un largo párrafo a una descripción exhaustiva y objetiva.

El hecho de narrar a través de las emociones del protagonista provocará, inevitablemente, que el relato nos conduzca a momentos de cada vez mayor intensidad. Después de todo, los personajes se enfrentan a algo insólito y aberrante, y es crucial mantener el **realismo en las reacciones** de nuestro protagonista para que el lector no se aparte de él. A diferencia quizá de otros géneros como el de aventuras, el policial o incluso la ciencia ficción, el fenómeno terrorífico siempre supera las expectativas del personaje y le provoca un estado de choque en el que debe reevaluar todas sus asunciones básicas, tal y como hemos explicado.

Aunque se trata de dos cualidades necesarias para cualquier tipo de ficción, puede ser útil tener en cuenta dos atributos ineludibles del protagonista en una historia de terror: **atención** y **coraje**. Atención para percibir los sucesos extraños con mayor agudeza o sensibilidad que otros personajes (de otro modo, ¿por qué tendría que ser nuestro protagonista?), y coraje para ser capaz de salir de ese bloqueo ante el encuentro con lo insólito y, llegado un punto, dejar de huir para plantar cara voluntariamente al adversario.

La contención en el inicio de nuestra historia, por tanto, debe dar paso a una **progresiva inmersión** en el horror, con una mayor definición de la amenaza, hasta que el relato finalmente desemboque en las cenagosas marismas de *lo abyecto*, por utilizar la expresión de Julia Kristeva. Porque, si existe una barrera (simbólica) que separe al género de terror de otros afines como el suspense o el fantástico, esta es la transgresión del «buen gusto» para adentrarnos —aunque sea solo durante un pasaje fugaz, al final de nuestro relato— en el terreno de lo sucio, lo aberrante, lo repulsivo, lo indecente… Kristeva definía lo abyecto como aquello que perturba la identidad, el sistema y el orden; aquello que no conoce los límites y las reglas; aquello que escapa de las categorías y no respeta ningún tabú.

En definitiva, aunque el género de terror participa también del *miedo metafísico* que David Roas considera característico del fantástico, se podría afirmar que el terror alcanza sus cotas de mayor intensidad y expresividad en la materialización física de la amenaza. Esta **plasticidad** del género, que resulta obvia en el cine, también debe palparse en nuestros relatos mediante la creación de escenas que queden grabadas en la retina del lector (actos de transgresión corporal, inversiones inesperadas de las leyes físicas, gestos o expresiones de crueldad insólita, etcétera). En definitiva, visiones de pesadilla como, por ejemplo, el momento en que Marina descubre que algo muy extraño habita dentro de su hijo Maxim en el cuento de Anna Starobinets:

El niño alargó la mano al tarro de los bombones de chocolate, cogió un Bélochka, lo desenvolvió rápidamente y se lo metió en la boca.

Marina advirtió que por la nariz de Maxim, hundiendo las patitas inquietas en los poros grasientos de su piel, corría una hormiga. Marina alargó la mano para quitársela,

una vez vi cómo le corrían por encima

pero Maxim retrocedió.

—Ni lo sueñes —dijo con voz ronca—. Tú. No te atrevas a tocarme.

«Tú». De repente, Marina pensó que ya ni se acordaba de cuándo fue la última vez que Maxim la llamó «mamá». Y también pensó que quizá no deseaba oír aquella palabra saliendo de aquellos labios babosos y glotones.

La hormiga llegó hasta la ventana de la nariz y se detuvo de golpe. Perpleja, movió las antenas y las patitas delanteras hacia el abismo negro y ventoso. Al cabo de unos momentos se zambulló decididamente en la oscuridad.

—Y no te atrevas a entrar en mi habitación —dijo Maxim—. ¿Está claro?

> Percibió en él una fuerza desconocida,
> *no soy un niño*
> pero implacable y sosegada, ante la cual se sentía muy
> pequeña, impotente y estúpida. Aquella fuerza, fuera
> lo que fuera, sometió su voluntad y la obligó a decir:
> —Sí. Está claro.

«Una edad difícil»
Anna Starobinets

Como hemos dicho, la escenografía del ritual está muy presente en la ficción de terror. Igual que la acción se sitúa en momentos y lugares *especiales*, también las historias suelen incluir **elementos icónicos** que generan cierta fascinación fetichista tanto en los personajes como en el lector: el amuleto de *La pata de mono* de W. W. Jacobs, el ojo de cristal de «El corazón delator» de Poe, el rompecabezas maléfico en las ficciones de Clive Barker, el coche poseído de *Christine*, los payasos y juguetes en tantísimas historias… Como vemos, a menudo se trata de objetos comunes o incluso amables **cuyo significado ha sido desplazado** o «pervertido» de alguna manera.

El empeño en construir imágenes impactantes, incluso adentrándonos en el terreno de la repulsión, no debe justificar en ningún caso la vulgaridad léxica o la despreocupación por el lenguaje. Antes al contrario; precisamente cuando ofrecemos al lector esas imágenes espeluznantes es cuando más cuidado debemos poner en escoger las palabras y las expresiones adecuadas.

Un ejemplo de cómo mantener la **elegancia** literaria y al mismo tiempo ofrecer imágenes brutales y estremecedoras sería el autor inglés Clive Barker. En sus *Libros de sangre* se encuentran algunos de los mejores cuentos de terror de las últimas décadas, y en ellos observamos cómo la transgresión y la imaginería abyecta adquiere cualidades cercanas a lo sublime gracias a una magnífica escritura.

Sus ojos ya se estaban acostumbrando a la luz de la noche. Podían distinguir la estructura de aquel monstruo. Era una obra maestra de ingeniería humana: un hombre hecho enteramente de hombres. Mejor, un gigante sin sexo, construido con hombres, mujeres y niños. Todos los habitantes de Popolac retorcidos y deformados en el cuerpo de este gigante tejido con carne, con los músculos extendidos hasta la máxima tensión tolerable y los huesos a punto de quebrarse [...] Los cuerpos estaban unidos de tal manera que hacían que la superficie fuese −excepto los arreos− completamente lisa, brillante a la luz de las estrellas como un vasto torso humano. Incluso los músculos estaban bien copiados, aunque simplificados. Podían ver el modo en que los cuerpos atados se empujaban y tiraban uno contra otro, formando sólidas cuerdas de carne y hueso. Podían ver a la gente entrelazada que confeccionaba el cuerpo: las espaldas, como tortugas comprimidas juntas para formar la curva de los pectorales; los acróbatas, atados y anudados en las articulaciones de brazos y piernas, enrollándose y desenrollándose para articular la ciudad.

Pero seguramente la más asombrosa visión de la ciudad era la cara.

Las mejillas hechas con cuerpos; las cavernosas cuencas de los ojos, desde donde unas cabezas miraban fijamente, cinco cabezas unidas formaban cada globo ocular; una ancha, aplastada nariz y una boca que se abría y cerraba, mientras los músculos de la mandíbula se juntaban y separaban rítmicamente. Y de aquella boca revestida de dientes por niños desnudos, la voz del gigante, que ahora solo era una débil copia de su anterior potencia, emitía una única nota de música estúpida.

Popolac caminaba y Popolac cantaba.

«En las colinas, las ciudades»
Clive Barker

Para terminar, quizá conviene regresar al comienzo y recordar el primer mandamiento que debe respetar todo escritor de ficción: para que los sucesos de nuestra historia resulten impactantes —por muy espectacular o tremenda que sea—es imprescindible que *nos importe* el protagonista; es decir, que hayamos generado un **vínculo afectivo** con él o con ella.

11

CIENCIA FICCIÓN

Maielis González

11.1. ¿Qué es la ciencia ficción?

Definir el género de la ciencia ficción ha sido uno de los aspectos que más tiempo y esfuerzo ha tomado a los estudiosos e, incluso, a los propios autores de esta clase de literatura. La discusión sobre el nombre y los rasgos que definen a este género ha tenido lugar desde el mismo momento en que Hugo Gernsback lo acuñó, en 1926, en la primera revista especializada en ciencia ficción: *Amazing Stories*. Una definición que complaciera a todos por igual se tendría que ajustar a las características y esencialidades de esta literatura y, al mismo tiempo, no dejar fuera subgéneros u obras que se ubican en los cada vez más difusos límites de la ciencia ficción con el resto de la literatura no mimética. La dificultad ha sido tal que muchos han llegado a expresar, como Spinrad, que la ciencia ficción es aquello que los editores publican como ciencia ficción.

Sin embargo, por supuesto que existen características que definen a este género y aquí se acotarán, puesto que el interés de este capítulo es abordar las principales técnicas narrativas para escribir ciencia ficción. No obstante, se debe tener claro que, como puntualiza el teórico e investigador cubano Rinaldo Acosta:

> solo podemos aspirar a determinar la zona en que «es más probable» encontrar a la [ciencia ficción], más bien que decir con exactitud qué cosa es esta. Es de tal modo, admitiendo ciertas dosis de indeterminación e incertidumbre, que debe entenderse [una] tentativa de definición.
>
> *Crónicas de lo ajeno y lo lejano*
> Rinaldo Acosta

Con esto en mente, se podría definir la ciencia ficción como un tipo de relato especulativo que presenta escenarios, acontecimientos o personajes que no podrían darse en el mundo que conocemos, pero cuya verosimilitud se fundamenta, narrativamente, en los campos de las ciencias físicas, naturales o sociales. En la ciencia ficción lo sobrenatural o lo imposible está explicado de manera racional, pero a partir de leyes que la ciencia contemporánea no reconoce, no comprueba o no aplica todavía. Si bien la prospectiva es de vital importancia para esta literatura, el futuro no es su único escenario; la ciencia ficción puede desarrollarse en presentes alternativos, en mundos hipotéticos e, incluso, en tiempos pasados.

Es evidente que, pese a sus diferencias, existen puntos de contacto entre la ciencia ficción y la llamada «fantasía» o «narrativa maravillosa». Ambas pretenden instaurar un entramado no solamente distinto de lo que llamamos «realidad», sino además extraño, poco familiar. Pero mientras la fantasía utiliza para ello un imaginario tradicional y pre-moderno, la ciencia ficción innova y sus especulaciones nos remiten al universo de la ciencia y la tecnología, y al discurso culturalmente prestigioso que instauró la Modernidad.

Por ello, el famoso teórico del género, Darko Suvin acota que para hablar de ciencia ficción debemos estar en presencia de dos elementos: el extrañamiento y la cognición. El extrañamiento es el efecto que causa en lectores o espectadores ese mundo radicalmente distinto al suyo que presentan las tramas de ciencia ficción. El extrañamiento, desfamiliarización o desautomatización se basa en la oposición entre una respuesta habitual y una nueva percepción que produciría el arte sobre los individuos, al interrumpir la percepción automática y originar una nueva conciencia de las cosas. Se trata de poner un filtro distanciador sobre una realidad demasiado familiar. Y la cognición —facultad de los seres pensantes— hace pasar a esos lectores o espectadores por el proceso de convencerse de que el mundo extraño que se les presenta es posible bajo ciertas condiciones específicas y racionales.

Así pues, el extrañamiento cognoscitivo opera sobre los presupuestos culturales e ideológicos que damos por sentados y de los que ya no somos conscientes por la fuerza del hábito o por recibir una educación cultural hacia una dirección o visión determinada de la realidad. La ciencia ficción es uno de los modos de escritura que presenta estas nociones como lo que realmente son: elecciones culturales, no hechos «naturales» o alternativas únicas.

11.2. EL *NOVUM* EN CIENCIA FICCIÓN

La denominación *novum* o *nova* (en plural) se utiliza para referirse a un elemento, concepto o dispositivo novedoso, fruto de la especulación, y que forma parte integral de la trama o el mundo de ciencia ficción. El concepto fue introducido por Darko Suvin en su libro de 1979, *Metamorfosis de la ciencia ficción*, y según el teórico es una característica distintiva del género.

Este *novum* debe tener un papel primordial en la trama —no simplemente ocupar el lugar de atrezo o de un *gadget* que servirá en un momento oportuno a los personajes—; debe implicar una ruptura con la realidad tal y como la conocemos y estar validado mediante la lógica. Sin embargo, esta validación puede hacerse de un modo convencional y retórico. Esto quiere decir que no es necesario que se demuestre que el *novum* es posible realmente, basta con que se lo presente de modo que parezca posible.

Por ejemplo, a estas alturas, ya sabemos que los viajes interestelares serían posibles si logramos concebir una embarcación que viaje a una velocidad superior a la de la luz y un combustible que permitiera tal hazaña. De manera que si un escritor o escritora quiere crear una historia de viajes interestelares no es necesario que se detenga a explicar cada postulado de la Física que valida esto. La posibilidad de los viajes por el espacio son ya una convención social y cultural.

En *Dune,* de Frank Herbert, encontramos que los viajes interestelares se desarrollan gracias a la «especia» o «melange» que es, por cierto, un *novum* fundamental en el mundo creado. Dicha especia permitiría a los mutantes humanos con habilidades psíquicas, encargados de navegar por el espacio exterior, hacerlo sin colapsar con ningún cuerpo celeste o perder la ruta. Sin embargo, nada se explica de los mecanismos tecnológicos y astronómicos que permitirían, en primer lugar, dichos viajes. Y tampoco hace falta que se expliquen para que el lector suspenda la incredulidad y los reconozca como posibles.

Con los *nova* se establecen gradaciones. Puede tratarse de innovaciones mínimas como un aparato (el ansible de Ursula K. Le Guin en *Los desposeídos*), una técnica o disciplina (la psicohistoria de Isaac Asimov en *Fundación*), un fenómeno (un virus que convierte en zombies a los humanos) o una relación (el lenguaje de los hectápodos en «La historia de tu vida» de Ted Chiang y su adaptación cinematográfica «La llegada»). O, por el contrario, pueden ser innovaciones máximas, como una ubicación en el espacio-tiempo (ucronías u obras que se desarrollen en mundos con leyes físicas distintas), personajes (los replicantes de *Blade Runner*) o relaciones básicamente nuevas y desconocidas en el ambiente del autor (la relación parásito-huésped que establecen hombres y alienígenas en «Hija de sangre» de Octavia Butler).

Cada elemento novedoso que haga alejarse a una historia del mundo familiar y que pueda validarse retóricamente en los discursos de la ciencia o la lógica será un *novum*. Con la ciencia ficción pasa que, al ser un género donde se practica frecuentemente la intertextualidad, algún *novum* creado en una obra de hace muchos años se convierte en norma o convención y sigue siendo usado por los autores contemporáneos. Es así como han pasado al imaginario popular o, incluso, a la realidad términos y conceptos como robot, ciberespacio, metaverso, cuenta regresiva, androide o IA, que aparecieron antes en la literatura de ciencia ficción.

11.3. La verosimilitud en ciencia ficción

Al escribir cualquier tipo de ficción es primordial el concepto de la verosimilitud. Esta se define como el atributo de lo que parece intuitivamente verdadero. Para algunos, lo verosímil es incluso más exigente que lo verdadero, porque la verdad en ocasiones no resulta verosímil. El mismo Aristóteles dijo que se debía preferir lo imposible verosímil a lo posible increíble. Y esta máxima explica por qué los lectores son capaces de suspender la incredulidad ante el recuento de un fenómeno extraordinario, siempre y cuando este se haga pasar por posible.

Quiere decir que la verosimilitud debe estar presente en todas las ficciones, ya sean estas de géneros realistas o de géneros no miméticos. Cuando se trata del segundo caso, existen mecanismos retóricos para dotar al texto de verosimilitud, ya que se está presentando un evento o un mundo entero que difiere de la realidad empírica del lector. Mientras la fantasía o, incluso, el terror sobrenatural apelan a un imaginario que remite a creencias populares, a mitologías y cosmogonías ancestrales, a monstruos antiguos o actualizados; la ciencia ficción basa su justificación de las entidades de ficción no miméticas que presenta en sus tramas en el método científico, en el encadenamiento lógico de causas y efectos.

La ciencia ficción tiene siempre un carácter conjetural; lo que describe no es el resultado de la observación sino de la especulación. Pero dicha especulación debe estar respaldada por una explicación convincente de las entidades de ficción no miméticas que aparecen en ella.

Su verosimilitud está muy ligada al hecho de que la ciencia ficción es un género literario. Esto implica que sus lectores, al acercarse a una obra de esta naturaleza, lo hacen con una serie de expectativas que deben de ser cumplidas. No solo ocurre con la ciencia ficción; pasa lo mismo con la novela histórica o el policíaco. Hay un conjunto de reglas que deben cumplirse y no son las mismas para una novela romántica que para un libro de realismo sucio.

En este sentido, para un lector de este género sería imperdonable que apareciera un mago en medio de una trama de ciencia ficción. En cambio, si en lugar de un mago fuera un mutante que ha sido expuesto a sustancias radioactivas y ahora tiene ciertos poderes sobrehumanos, la cosa sería distinta. Pero ¿por qué? ¿Si ambos personajes son igual de sobrenaturales e improbables? La diferencia es que el mutante está respaldado por el discurso prestigioso de la Modernidad y bañado (nunca mejor dicho) de una pátina científica que reviste su existencia de cierta lógica conjetural. Y aquí se regresa a que las justificaciones de la ciencia ficción no son siempre cientificistas, sino que pueden ser seudocientíficas o directamente retóricas. Claro que habrá lectores que preferirán un tipo de ciencia ficción más rigurosa y otros, una más apegada a la fantasía.

11.3.1. EL *INFODUMPING* O CARGA FRONTAL DE INFORMACIÓN

Puesto que la ciencia ficción es un género que necesita validar en términos racionales la existencia de sus contrafactuales —esos elementos del escenario que no existen en la realidad empírica del autor o el lector—, muchos escritores se ven tentados a cometer *infodumping*. El *infodumping* o carga frontal de información, tal y como se vio en el capítulo dedicado a la cosmogénesis, ocurre cuando el narrador de una ficción da largas explicaciones con motivo de presentar el mundo divergente de su trama o justificar los fenómenos imposibles que suceden en él.

Esto se traduce en párrafos enteros sin acción, en que se describe al lector lo que no sabe. Casi siempre se termina brindando el contexto innecesario y, paradójicamente, esto atenta contra la inmersión del lector en el mundo construido.

Existen estrategias narrativas para evitar esa carga frontal de información y aburrir al lector.

1. Se puede vincular toda la información que se da a un personaje o a la trama. Por ejemplo, si se piensa un personaje que proviene de un mundo con una gravedad mayor a la de la Tierra, ¿cómo interactuaría con su nuevo peso corporal y con el comportamiento de los objetos en este ambiente específico? O por el contrario, ¿cómo actuaría un terrícola en un lugar donde la gravedad es menor o mayor que la de su planeta? Tomando la parte por el todo, se pudiera indagar en las diferencias del personaje o del escenario entero (dependiendo de cuál caso se trate) respecto a aquello que le es familiar al lector.

2. Se puede utilizar un personaje extranjero o desfamiliarizado con el mundo divergente que se quiera presentar. Esta estrategia no solo vale para la presentación de un mundo entero; quizás lo que se quiera explicar sea el funcionamiento de un objeto, fenómeno o tecnología novedosa puntual. El personaje, al estar desfamiliarizado con esto, se coloca en el mismo lugar que el lector y la explicación que recibe resulta verosímil. Por el contrario, no tendría cabida que, si la conversación es entre dos científicos, uno se ponga a explicarle a otro una ley de la Física muy básica, solo para que el lector se entere. Tampoco sería verosímil que se hiciera hincapié en explicar algo de uso común en el mundo descrito; ya sea este un objeto, una ley, un principio o un artefacto, cuando los personajes que intervienen en la escena lo tendrían que conocer de sobra.

3. También se podría crear y explotar una conexión emocional entre el personaje y el elemento que se está tratando de introducir. Esto permitiría una descripción más detallada de dicho objeto sin que resultase forzada. Por ejemplo, un artefacto diminuto que permitiera respirar bajo el agua y un personaje lo mantuviera guardado como recuerdo de un ser querido. La descripción en detalle de cómo luciría un artilugio de esa naturaleza se justificaría si el personaje está observándolo detenidamente mientras recuerda a su madre y la última vez que lo usaron.

4. Una alternativa a este último sería que el elemento nuevo se pudiera utilizar de una manera desconocida para el personaje. Esto permitiría abordar dicho objeto de una forma exhaustiva sin resultar inverosímil.

5. Y la última estrategia sería conseguir un balance entre descripción, narración y exposición. Los fragmentos en que se describe, que suelen ser momentos bastante estáticos, se

combinan con la narración de acciones o diálogos y con la exposición de cómo funciona el mundo o el elemento en cuestión. Tomemos como ejemplo este fragmento:

> Tenía quince años cuando mamá compró su primer par de lentillas. Se compró el último modelo. Venía en una cajita amarilla y me sorprendió cómo a simple vista parecían unos lentes de contacto cualquiera, maleables y pequeños, sin la dureza o el tinte azulado de los neuropigmentos que tenían los modelos más viejos. Con algo de práctica mamá logró ponérselos sin problema. Me dieron celos. Yo llevaba por lo menos dos años usando lentillas y aunque había sido horrible acostumbrarme a la picazón, valía totalmente la pena, el mundo no tenía sentido para mí sin ellas. ¿Quién necesitaba pantallas, paredes inteligentes y teléfonos cuando podía tener todo pegado a los ojos, desplegando imágenes tridimensionales a su alrededor?
>
> «La persona que busca no está disponible»
> Andrea Chapela

Se puede observar que el fragmento comienza con la narración de acontecimientos pasados (el episodio en que la madre de la narradora compra sus primeras lentillas), prosigue con una descripción detallada del objeto que funcionará como *novum* en esta trama y, en la última parte, a través de las preguntas retóricas, expone cómo se inserta este objeto en el mundo futuro que recrea el relato y termina de explicar su funcionamiento.

11.3.2. TIPOS DE VEROSIMILITUD APLICADAS A LA CIENCIA FICCIÓN

Además de la verosimilitud que le es propia, por tratarse de un género específico, existen otras clases de verosimilitud que también deben darse en una obra de ciencia ficción. Estas son:

1) La verosimilitud empírica (o externa), que es la equivalencia entre el universo representado en una ficción y la experiencia común del lector. Dicha experiencia, por supuesto, incluye conocimientos que haya adquirido ese lector y hechos comprobados, pero también opiniones y creencias. Es la verosimilitud en relación con la vida cotidiana y tiene que ver con lo socialmente aceptado.

Esto explicaría, por ejemplo, por qué la ciencia ficción de finales del siglo XIX y principios del XX incluyó o, directamente, se basó en disciplinas y teorías (la de la Tierra hueca, por mencionar una) que a día de hoy han sido descartadas por la ciencia. Sin embargo, no podríamos excluir dichas obras de los dominios de la ciencia ficción porque esta no debe medirse en función de la ciencia que aparece en su trama, sino de los mecanismos narrativos que el género utiliza para construir su universo y justificar sus contrafactuales.

Este tema se verá con más detalle en uno de los capítulos de este manual.

2) La verosimilitud pragmática se refiere al funcionamiento narrativo, es decir, a la credibilidad del narrador y a la situación de enunciación. Es la legitimización del acto narrativo. Por ejemplo, un narrador en una obra realista o de ciencia ficción no podría contar una historia luego de su muerte, pues esto sería imposible según las leyes de la

Física. Claro que en ciencia ficción se podría buscar una explicación lógica para que esto ocurra. Quizás se trate de una copia de la conciencia de dicho narrador almacenada en la Red hasta el momento de su muerte y que recuerda con detalle su existencia, por ejemplo.

3) La verosimilitud diegética (interna) es la que refleja la coherencia dentro de la trama. Tiene que ver con la realidad interna del relato. Tanto en una historia mimética como en una de ciencia ficción se deben evitar los errores de lógica que atenten contra este tipo de verosimilitud. Son detalles del tipo: si una escena se desarrolla por la noche, debe tomarse en cuenta la visibilidad y lo que es verosímil que un personaje pueda percibir dada la oscuridad inherente a esa hora del día.

11.3.3. Los errores más frecuentes que atentan contra la verosimilitud

Luego de lo visto en el apartado anterior, se puede concordar que existen ciertos errores frecuentes que laceran la verosimilitud de una narración, ya sea esta genérica, empírica, pragmática o diegética.

1. La ausencia de detalles o el abuso del resumen. En una obra de ciencia ficción que construya un mundo entero distinto al de la realidad empírica del lector, los autores suelen tomar la dirección opuesta y explicar de más, al punto de caer en *infodumping*. Sin embargo, hacerlo de menos también puede ser peligroso, pues trae como resultado escenarios acartonados y poco creíbles. Es aconsejable, en estos casos, dar detalles; realizar descripciones de lo general a lo particular, de tal modo que el lector sea capaz de visualizar el escenario o escena en su cabeza.

2. Las incoherencias en la trama. Puede darse el caso de que se comentan anacronismos o incoherencias históricas. Aunque la ciencia ficción suela inventar sus universos, este error también puede darse. La aparición de ciertos elementos, si no reciben una justificación convincente, podrían pasar por caprichos del autor. La trama también se resiente cuando se vuelve demasiado predecible o cuando los giros más importantes de la historia ocurren gracias al azar.

3. La inestabilidad del mundo creado. Se puede incurrir en errores que afecten al universo que se ha creado, cuando se debería mantener una consistencia interna. Las reglas que el propio autor ha establecido para su mundo no deben ser quebrantadas sin una explicación, solo porque se necesitaba una salida para la trama.

11.4. El punto de vista

El punto de vista, en narrativa, se refiere a la perspectiva desde la cual se cuenta una historia. Es la voz o la posición que se elige para presentar los eventos, las acciones y los pensamientos de los personajes. Está muy ligado a las personas gramaticales del narrador. Se puede contar una historia desde la primera persona, desde la tercera o incluso desde la segunda (aunque en este caso suele tratarse de una primera o tercera personas disfrazadas).

Luego se debe tener en cuenta cuál es el alcance de dicho punto de vista. ¿El narrador lo sabrá todo respecto a lo que hacen y piensan sus personajes o sabrá solo lo que conoce y vive el protagonista? Dependiendo de cuánto sepan los narradores podrán ser clasificados en: omniscientes (lo saben todo de todos los personajes), equiscientes (saben lo mismo que uno de los personajes de la trama) o deficientes (saben menos que los personajes).

Por último, queda por definir si la historia va a ser contada desde dentro de la trama o desde fuera. Si el narrador forma parte de la historia, es el protagonista o un testigo de los acontecimientos, entonces se le conoce como «intradiegético». Si, por el contrario, es una entidad no definida que no aparece en la historia es «extradiegético».

En ciencia ficción, el punto de vista puede ser una herramienta muy poderosa para contar historias y problemáticas muy específicas del género. Aquí algunos tipos de puntos de vista propios de la ciencia ficción.

11.4.1. La exploración de lo desconocido

Un personaje que llega a un mundo o sociedad desconocida y no conoce las leyes o reglas que operan en esta es un recurso muy utilizado en ciencia ficción para presentar escenarios especulativos. Puede tratarse de sociedades organizadas y complejas, mundos virginales y parcialmente deshabitados o planetas enteros que no se asemejan a ninguna criatura conocida. Así ocurre en *Solaris*, la novela de Stanislaw Lem, en que su protagonista viaja a la estación espacial que orbita el misterioso planeta Solaris, compuesto esencialmente por un océano que da muestras de ser una entidad inteligente. El humano deberá conjeturar las leyes que rigen esta entidad extraterrestre tan diferente y cómo estas han empezado a afectar a los científicos que lo estudian.

11.4.2. Las perspectivas múltiples

Este es un recurso muy utilizado en la novela moderna y la ciencia ficción lo ha aprovechado también para reflejar distintas caras de un mundo o de un conflicto. Emplear distintos personajes-narradores o focalizar un narrador en tercera persona sobre distintos personajes, a lo largo de una historia, sirve para profundizar y dar matices, para contar desde la complejidad y el criterio de sujetos que están ubicados en distintos ángulos de un conflicto. Así ocurre en *Más allá de Concordia*, novela de Lola Robles cuyas especulaciones ahondan en la antropología, el género o el respeto por las culturas ajenas. En la novela, Concordia, un mundo pacífico, desarrollado y casi utópico recibe a tres asilados del planeta Mirguissa. La contraposición entre los puntos de vista de los habitantes de ambos mundos va a establecer tensiones y arrojar luz sobre las diferencias culturales, los prejuicios y la dificultad de la comunicación entre humanos.

11.4.3. REVELACIÓN GRADUAL

Este procedimiento hace que el punto de vista a través del cual el lector va conociendo la historia sea limitado y el proceso de entender el funcionamiento, ya sea del mundo o de un elemento en concreto, ocurre a la par del lector. Este punto de vista es muy eficaz para tramas donde prime el suspense o el misterio. Por ejemplo, en *La invención de Morel* de Adolfo Bioy Casares, conocemos la historia a partir de la mirada de su protagonista que llega a una isla donde encuentra una misteriosa mansión habitada por un grupo de personas que parecen estar viviendo la misma semana una y otra vez. La explicación a este suceso nos va a llegar a medida que el propio protagonista entiende de qué se trata el asunto.

11.4.4. Narradores no convencionales

La ciencia ficción, de entre todos los géneros, es de las que más posibilidades tiene de experimentar con puntos de vista poco convencionales. Narrar una historia desde la perspectiva de una criatura alienígena, un robot, una inteligencia artificial o incluso un objeto inanimado es algo que ha estimulado la imaginación de muchos lectores gracias a este género. Pensar por fuera de lo humano es un ejercicio muy provechoso para recalibrar la noción que tenemos de nosotros mismos, como especie, en el entramado de seres de nuestro planeta o en la inmensidad del cosmos. La ciencia ficción es una de las literaturas más filosóficas e introspectivas que puede haber cuando se lo propone.

Un ejemplo de narrador poco convencional es el del relato de Yuri Herrera, «Zorg, autor del Quijote». Es la perspectiva de una criatura no humana, cuya morfología, sistema de reproducción, ciclo de vida y capacidades de desplazamiento por el espacio difieren muchísimo de las nuestras y, aun así, ha logrado escribir el *Quijote*, el mismo que escribió Cervantes. Este es un gran guiño al relato de Jorge Luis Borges, «Piére Menard, autor del Quijote» y un ejercicio genial de relativismo.

11.4.5. Exploración de la mente y la conciencia

La ciencia ficción a menudo aborda temas relacionados con la mente, la conciencia y la percepción. Dependiendo de los narradores y los puntos de vista que se elijan para las historias estas pueden adentrarse en subjetividades muy complejas y llegar incluso a cuestionar la naturaleza de la realidad y nuestras percepciones. Esto es lo que se explora en la novela *Ubik*, de Philip K. Dick, en que un grupo de personas que trabajan en una empresa de contraespionaje psíquico en un futuro distópico se ven atrapados en una serie de eventos extraños que distorsionan la realidad a través de la retrocognición, la precognición y la alteración del tiempo. Dick es uno de los escritores más paradigmático en la exploración de temas que tienen que ver con los estados alterados de la conciencia y, por lo tanto, con el empleo de estos puntos de vista extrañados.

11.5. PROCEDIMIENTOS PARA CONSTRUIR UN CONTEXTO DE CIENCIA FICCIÓN

Existe un conjunto de procedimientos narrativos que permiten construir contextos o marcos de ciencia ficción. Estos pueden tratarse de mundos enteros o ambientes más restringidos. Pueden ser totalmente distintos a la realidad empírica del autor y los lectores o, por el contrario, hallarse apegado a lo que estos conocen y diferir en aspectos muy específicos.

11.5.1. LA EXTRAPOLACIÓN

También llamada «extrapolación histórica», es uno de los procedimientos más frecuentes para construir contextos plausibles o verosímiles en la ciencia ficción. Consiste en imaginar un entramado futuro que es resultado del desarrollo lógico de ciertas tendencias existentes en el presente.

Por ejemplo, el aumento de la peligrosidad en las urbes, la separación de la sociedad en barrios cerrados y abiertos que responden a la división de clases sociales, las vidas de las personas convertidas en *shows* televisivos y la norma-lización del confinamiento de los ancianos en «hogares de recuperación» que aparece en la novela de Ana María Shua, *La muerte como efecto secundario*, es una extrapolación de situaciones cotidianas de hoy en día.

Igualmente, se puede extrapolar a partir de una situación imaginaria, pero cuyas características se conocen: una guerra nuclear o la caída de un meteorito, por ejemplo. Así sucede en el libro de Agustina Bazterrica, *Cadáver exquisito*, en que un virus hace que no se pueda comer más la carne de los animales y la sociedad se reorganiza, de forma tal, que comienzan a criarse humanos para el consumo.

Sin embargo, contrario a lo que pudiera pensarse, no todas las historias del género de la ciencia ficción tienen carácter extrapolativo. La limitación más distintiva de este procedimiento es que el escenario futuro planteado se hace menos probable cuanto más se aleja en el tiempo.

11.5.2. La analogía

En la ciencia ficción que utiliza el procedimiento de la analogía para crear sus contextos de enunciación, estos están calcados de algún tipo de sociedad u organización social conocida. Un ejercicio de esta naturaleza conlleva una crítica directa a fenómenos que ocurren en la contemporaneidad de quien escribe; pues no se puede olvidar que la ciencia ficción, aunque se disfrace de futuro o de mundos alternativos, termina siempre remitiendo a las problemáticas, las preocupaciones y los miedos de la época que la engendra.

Por ejemplo, en *Los desposeídos* (1974), Ursula K. Le Guin toma como modelos para estructurar las sociedades de Urras y Anarres, el sistema capitalista y el anarquista respectivamente. Estas poderosas analogías le permiten reflexionar sobre las contradicciones y desafíos de construir una sociedad utópica, así como cuestionar las estructuras de poder, la explotación económica, la desigualdad social y la opresión política.

Por otro lado, *Planilandia* (1884), de Edwin A. Abbott es la transliteración de la sociedad del autor al modelo matemático y geométrico. Su protagonista, A. Square, un cuadrado, encuentra limitaciones en su mundo bidimensional y se enfrenta a la idea de la existencia de dimensiones superiores. La novela es una sátira a las costumbres de la época, la educación, la jerarquía social y la percepción del Universo.

11.5.3. La inversión

Otro de los procedimientos básicos para crear un contexto de ciencia ficción es invertir el mundo, tal y como lo conocemos. Este recurso tiene su origen en las prácticas carnavalescas en que la sociedad, por el tiempo que duraran las festividades populares, vivía «un mundo al revés», en que el pobre se convertía en noble y viceversa, y había una relativa tolerancia a aceptar actitudes inadmisibles en los momentos en que no existía ese pacto social.

Es, claramente, una gran herramienta satírica, crítica y subversiva.

En *La guerra de los mundos*, de H. G. Wells, Inglaterra es invadida por los marcianos invirtiendo el papel colonialista que esta potencia siempre había ostentado a lo largo de su historia y adoptando el lugar del subyugado. Otro tipo de inversión es la que realiza Isaac Asimov en *Las bóvedas de acero*, novela en que la Humanidad habita hace siglos bajo tierra y la vida en la superficie (dedicada únicamente a la agricultura) les parece incomprensible.

11.5.4. LA ANACRONÍA

Los contextos que utilizan el recurso de la anacronía son aquellos que mezclan rasgos contradictorios, como una tecnología avanzada con una estructura social de tipo feudal. Este procedimiento ha sido frecuentemente empleado para presentar futuros muy lejanos en el tiempo. Es muy complicado imaginar y mucho menos «predecir» el devenir tecnológico y social a plazos tan largos; de modo que la anacronía permite darle ese toque de extrañeza radical que se espera de un futuro muy lejano. Con el oxímoron que resulta de hacer chocar elementos opuestos (la Modernidad con las sociedades pre-modernas) se consiguen obras como la saga de novelas de Dan Simmons *Hyperion,* que se desarrolla en un futuro remoto y mezcla la tecnología de poderosas naves espaciales que han permitido la colonización interestelar o la existencia de Inteligencias Artificiales altamente sofisticadas, en convivencia pacífica con mundos más cercanos al Medioevo o a las comunidades primitivas.

Otra forma de anacronía es la que se encuentra en el subgénero del *steampunk.*

11.5.5. LA SIMPLIFICACIÓN

Este recurso para construir contextos de ciencia ficción consiste en que la complejidad que se supone inherente al mundo real queda reducida a pequeños rasgos semióticamente significativos.

Si bien la creación de un universo complejo en que se enmarque la historia de ciencia ficción que se quiere escribir es bastante tentadora, primero será necesario preguntarse y responderse, con gran sinceridad, si la idea que se quiere desarrollar necesita de un mundo entero. Muchas veces la respuesta es no. Y en esas ocasiones se puede recurrir a la técnica del iceberg, donde es tan importante lo que se expone como lo que se calla. Si es visible que el narrador conoce profundamente un detalle divergente de ese contexto, con eso puede ser suficiente para dar la noción de que existe todo un mundo que completa el cuadro de lo que se está escribiendo. Y ese cuadro puede no ser necesario detallarlo, porque el *worldbuilding* debería crear conflicto en los personajes, no estar ahí solo de atrezo.

Piensen, por ejemplo, en el caso de relatos cortos de ciencia ficción que deben poder recrear todo un mundo distinto. Es a través del procedimiento de la simplificación que se logra que un texto más corto contenga un mundo complejo. Por ejemplo, en el relato de Elaine Vilar Madruga, «Amarás a tu madre por encima de todas las cosas», se recrea un mundo postapocalíptico, contaminado y violento, donde una madre debe proteger a su hija de unas entidades que ella llama «las ratas». Con muy pocos elementos la autora logra darnos una idea certera y compleja del mundo que crea, sin que perdamos matices ni sintamos que faltan elementos en la historia.

11.5.6. La hipérbole

La hipérbole es una figura retórica que consiste en aumentar o disminuir exageradamente algo. Como procedimiento para la creación de contextos de ciencia ficción se basa, entonces, en la exageración de una circunstancia. Esto es muy útil para enfatizar alguna idea o concepto sobre el que se quiera ejercer una crítica o llamar la atención sobre el peligro de una tendencia actual en el supuesto de que continuara acrecentándose en el futuro.

Esto es lo que hace Ray Bradbury en la que se ha convertido en una obra clásica dentro del género de las distopías: *Fahrenheit 451*. En esta novela, Bradbury exagera la preocupante tendencia de la gente, que ya vislumbraba en su época, a no leer, a confiar ciegamente en lo que se dice en los medios de difusión masiva y a dejar de pensar por sí mismos, para imaginar un futuro en que los libros están prohibidos. El título de la novela corresponde a la temperatura a la que arde el papel y, en el universo opresivo que se recrea, los bomberos son los encargados de quemar bibliotecas en lugar de apagar el fuego.

Las distopías son un subgénero que utiliza preferentemente este procedimiento de la hipérbole, pues una tendencia política, un uso nocivo de una tecnología, una actitud humana preocupante, llevados a la exageración, pueden crear contextos veraces y aterradores que sirvan para uno de los objetivos que caracteriza, si bien no a todas, a muchísimas obras de ciencia ficción: la advertencia y la crítica mordaz a las posibilidades que entraña el futuro.

11.6. LOS CUATRO TIPOS DE HISTORIA

El escritor de ciencia ficción norteamericano Orson Scott Card —autor de *El juego de Ender*— ha teorizado sobre la existencia de un número finito de estructuras para las historias de ciencia ficción; y dichas estructuras pueden extenderse a otros géneros literarios. Según Scott Card son cuatro y están contenidas en el acrónimo MICE (*Milieu, Idea, Character* y *Event*), que en inglés significa «ratón».

Antes de abordarlas, una por una, se debe aclarar que, en muchos casos, una obra literaria puede presentar más de un tipo de historia. De hecho, entre más compleja sea la trama, más combinaciones podrá contener. Esto depende mucho de la extensión de la obra en cuestión. Si se trata de un cuento breve, es posible que presente solamente una de las estructuras que ha identificado Scott Card; si fuera un relato largo o novela corta podrían identificarse en ellos dos o incluso tres tipos. Una novela larga pudiera llegar a contener los cuatro tipos de historia que veremos a continuación.

11.6.1. Milieu. El contexto

Esta clase de historia empieza cuando el personaje principal entra en un mundo extraño y acaba cuando sale. Como lo que tiene más peso es el entramado, no va a interesar mucho la caracterización del protagonista o de los otros personajes. De lo contrario, se desviaría la atención hacia ellos y lo que aquí interesa es cómo está construido ese mundo divergente. Entonces, se prefiere que los personajes sean más bien ordinarios. Su actuar respondería a lo que haría cualquier persona en circunstancias similares. Son personaje que suelen encarnar ciertos roles sociales y culturales que existen en nuestro propio mundo, de manera que el lector se coloca desde su perspectiva y asimila, a través de sus ojos, la extrañeza de ese mundo nuevo.

Una historia puramente *milieu* es rara de encontrar. Estas suelen estar mezcladas con los otros tipos.

Un ejemplo de historia donde el contexto se lleva la mayor parte de la atención es *Utopía* de Tomás Moro. En 1516 el filósofo y humanista inglés publicó una obra que narraba un viaje imaginario hacia la isla de Utopía. El explorador conoce de esta sociedad donde prima la justicia y la igualdad, y donde no hay propiedad privada; lo que constituía una crítica a la sociedad europea de su época. Aquí los personajes prácticamente desaparecen en pos de conceder el protagonismo al contexto.

11.6.2. Idea. La pregunta

Este tipo de historias empiezan cuando al protagonista se le plantea un obstáculo, en forma de pregunta que debe resolver, y terminan cuando este alcanza la solución. En estos casos, los protagonistas suelen ser caracterizados como excéntricos. Este puede tener capacidades especiales para resolver problemas. Son personajes que deberían resultar entretenidos para el lector, si bien la posibilidad de identificación con ellos no es tan probable.

Uno de los personajes más paradigmáticos de historias de tipo *idea* es Sherlock Holmes, el famoso investigador privado que resuelve misterios a través de su gran inteligencia y poder de observación. Pero en ciencia ficción también encontramos ejemplos. Tenemos la novela *Neuromante*, de William Gibson que inaugura el subgénero del cyberpunk y donde al personaje protagónico, Case, se le plantea una incógnita que deberá afrontar a partir de sus habilidades como *hacker*, en un entramado de hiperconectividad y violencia. Claro que esta historia está atravesada por otras estructuras que buscan enfatizar el contexto de extrañamiento en que tiene lugar, así como desarrollar el personaje tan complejo que es Case.

11.6.3. CHARACTER. LA TRANSFORMACIÓN

Este tipo de historias empiezan con un protagonista inconforme con su papel en la sociedad y su disposición a cambiarlo. Termina cuando encuentra una nueva función, cuando se conforma con su antiguo papel o cuando pierde por completo la esperanza.

Esta clase de tramas requieren de una caracterización profunda del o los personajes. Los detalles son abundantes y el lector debe llegar a entender al personaje y simpatizar con sus motivos para querer cambiar.

Este tipo de historias son muy comunes en las distopías. Si nos fijamos en la distopía por antonomasia, *1984*, el conflicto se desencadena cuando su protagonista, Wiston Smith, trata de alterar el *status quo* de su sociedad; aunque dicha alteración consista, al inicio, en simplemente hacerse preguntas peligrosas sobre el régimen que lo subyuga.

11.6.4. EVENT. LA CATÁSTROFE

La historia, en este caso, comienza cuando un evento destruye el *status quo*. Las dimensiones de dicho evento pueden ser variables, pero por lo general se trata de un conflicto o suceso externo y macro. Este tipo de historia se basa en la lucha de un personaje o varios por restablecer el viejo orden o crear uno nuevo. La historia termina con el éxito o el fracaso del objetivo.

Por supuesto, el género del catastrofismo pertenece a este tipo de estructuras de la historia. En la película de ciencia ficción, «El día después de mañana» asistimos a la congelación de la Tierra en un tiempo récord. Esta nueva glaciación instituye un nuevo orden de cosas y pone al desnudo otros elementos como la ineptitud de nuestros líderes o la solidaridad humana.

Otro ejemplo es *La carretera* de Corman McCarthy, novela que presenta un mundo postapocalíptico en que padre e hijo tienen que sobrevivir en un contexto muy adverso para la existencia. El deseo de restaurar un orden de cosas anterior y la constante imposibilidad de lograrlo es uno de los motores de la novela.

11.6.5. Los tipos de historia y su empleo

Si bien es totalmente admisible la combinación de dos o más tipos de historia en una única obra, si se debe tener en cuenta cómo se maneja la creación de expectativas y la satisfacción de estas, según como empieza y termina una historia. Los lectores de literatura de género están esperando encontrar en una ficción ciertas respuestas, que, si no son dadas o son cambiadas por otro objetivo entremedias de la historia, se sentirán decepcionados, y con razón. De modo que, si una historia se plantea, en un principio, como una de tipo *character* en la que lo esencial es el personaje y su disconformidad con su medio, no puede terminar como lo haría una historia de tipo *event* con una catástrofe que arrasa todo y en la que el personaje desaparece sin dejar saber al lector la resolución de su conflicto.

Pueden coexistir diferentes tipos de historia, pero para cada una se debe trazar un arco de planteamiento y resolución de sus interrogantes.

11.7. LUGARES COMUNES Y EQUÍVOCOS EN LA CIENCIA FICCIÓN

11.7.1. ¿LA CIENCIA FICCIÓN BUSCA ANTICIPAR EL FUTURO?

Es un lugar común y un equívoco pensar que la ciencia ficción se ubica únicamente en escenarios futuros y que su función es predictiva; o sea, que su razón de ser es hacer predicciones. ¿Qué nuevas tecnologías surgirán en los años venideros? ¿Las estructuras sociales sufrirán variaciones? ¿Cómo será nuestra interacción con otras subjetividades de origen artificial que surjan de la evolución de las tecnologías digitales? ¿Terraformaremos Marte con éxito?

¿Cuántas veces no hemos escuchado elogios de la obra de Julio Verne erigidos sobre el hecho de que el escritor francés predijo la existencia de artefactos como el submarino o proezas como los viajes a la luna en un cohete? Hoy sabemos que Verne, en realidad, no inventó nada o inventó muy poco; era un hombre culto y actualizado de los últimos avances científicos y tecnológicos de su época. No obstante, a él debemos que dichos adelantos hayan pasado muy rápidamente a formar parte del imaginario popular, antes incluso de que se materializaran en la realidad. Y esto se ha repetido con otros autores y autoras de ciencia ficción a lo largo de la nutrida historia del género.

Sin embargo, la ciencia ficción ni habla exclusivamente del futuro ni debe dedicarse a hacer predicciones. La ausencia de una mirada predictiva, actualmente, es incluso más común de lo que lo fue en el pasado, cuando pensar en el siglo XXI, por ejemplo, era sinónimo de imaginar grandes urbes con coches voladores. La cercanía y casi certeza de la ocurrencia de la singularidad tecnológica —ese momento hipotético en que el progreso tecnológico se vuelve tan rápido y exponencial que las capacidades de la Inteligencia Artificial y la tecnología superan con creces la comprensión y el control humano—; la rapidez con la que, hoy por hoy, se suceden los eventos y se dan los cambios, en que apenas se tiene tiempo de registrarlos; los escritores y escritoras ubican con mucha frecuencia sus historias en presentes alternativos o incursionan en géneros como la ucronía o el *steampunk* que operan sobre el pasado.

La sociedad ha dejado de utilizar la ciencia ficción como el discurso privilegiado para hablar del futuro. Ese lugar lo ocupan hoy los discursos de politólogos, activistas ambientales, matemáticos, estadistas o divulgadores científicos. Estos, no obstante, se leen también como si fueran ficción —de qué otra manera pudieran existir tantos negacionistas del cambio climático, antivacunas o terraplanistas—. Entonces, tal y como dijo el escritor J. G. Ballard: «Vivimos en un mundo gobernado por ficciones de toda índole (…). Cada vez es menos necesario que el escritor invente un contenido ficticio. La ficción ya está ahí. La tarea del escritor es inventar la realidad».

De manera que el lector de ciencia ficción de hoy no espera que le digan cómo va a ser el futuro. Y esto no significa el agotamiento y la extinción del género, sino más bien la posibilidad de abordar las historias de ciencia ficción de una manera más transgresora y haciendo énfasis en otras problemáticas que históricamente quedaron fuera de sus focos de interés.

11.7.2. ¿LA CIENCIA FICCIÓN ES UNA LITERATURA DE EVASIÓN O UN GÉNERO MENOR?

Por mucho tiempo se pensó la ciencia ficción como una literatura de ideas. Supuestamente las obras de este género, al enfocarse en proponer una tesis, apenas prestaban atención a la caracterización de personajes, a su psicología o a los aspectos retóricos y estilísticos del texto. Si bien hay obras de ciencia ficción que priorizan las ideas o las peripecias de la trama, frente a otros elementos discursivos —del mismo modo que hay obras realistas o de otros géneros fantásticos que lo hacen— catalogar de esta manera todo un género literario es, cuanto menos, reduccionista y parcial.

Actualmente, la ciencia ficción ha ido desplazando al propio realismo del centro de la escena literaria. ¡Incluso en español! Y esto ha ocurrido porque las preguntas que se plantea esta literatura son muy pertinentes para nuestro tiempo. Se preocupa por el impacto de las tecnologías sobre las subjetividades de las personas. Le interesa indagar en el ser humano en tanto especie, más que como individuo. Y brinda herramientas para plantear cuestionamientos más allá de lo Humano, para descentrar los discursos del *homo sapiens* como la medida de todas las cosas y preocuparse por otras subjetividades o modos de existencia, ya sean estos artificiales o biológicos.

11.7.3. ¿EN LA CIENCIA FICCIÓN LA CENTRALIDAD TIENE QUE ESTAR EN LA TECNOLOGÍA?

Aunque la tecnología suele tener un papel importante en la ciencia ficción, no es un requisito que la trama se centre en lo tecnológico. Este género abarca una amplia gama de temas y enfoques narrativos, y la tecnología es solo uno de ellos. Las exploraciones que permite la ciencia ficción son enormes, puede tratar temas políticos, sociales, filosóficos, éticos, lingüísticos o ecológicos, por solo mencionar algunos en los que pudiera no intervenir una tecnología avanzada.

Incluso hay historias de ciencia ficción donde ni siquiera aparece tecnología. Por ejemplo, el cuento de Jorge Luis Borges, «El informe de Brodie» o la novela, *Plop*, de Rafael Pinedo. El primero es una crónica detallada y cientificista del descubrimiento por parte de un misionero escocés de una especie de hombres monos, los *apemen*, y la descripción de su cultura y sociedad. La segunda es una novela postapocalíptica en que la sociedad ha sufrido una regresión a la comunidad primitiva o ha tenido que evolucionar biológicamente para adaptarse a nuevos hábitats extremadamente hostiles.

La ciencia ficción anglosajona, a partir de la década de 1960, con la llamada Nueva Ola, comenzó a focalizar sus obras en elementos ajenos a las llamadas ciencias duras. A los predios del género entraron disciplinas como la Antropología, la Psicología o la Lingüística, que se ven reflejadas en obras como *El hombre hembra* de Joanna Russ, *La mano izquierda de la oscuridad* de Ursula K. Le Guin o *La naranja mecánica* de Anthony Burguess. La ciencia ficción escrita en español, por otra parte, ha sido muy proclive de tratar temas sociales y en sus tramas y, en muchas ocasiones, la tecnología pasa a un segundo plano. Esto no quiere decir que sea una ciencia ficción de segunda clase, ni mucho menos. Más bien, habla de la pluralidad del género y de sus potencialidades. Indica que, más que un conjunto de temas finitos y bien delimitados, el género —y por eso es un género— es una manera de contar.

SUBGÉNEROS DE LA CIENCIA FICCIÓN

Arantxa Rochet

12.1. Introducción

Dentro de la literatura no mimética, la ciencia ficción compone una de sus variantes más amplias. Desde su nacimiento como género (considerado con la novela *Frankenstein* de Mary Shelley, en 1818), se han escrito multitud de obras con una serie de particularidades que han dado lugar a lo que hoy se denominan subgéneros. Los temas principales han ido evolucionando a lo largo del tiempo dependiendo de las inquietudes de la sociedad de cada momento, por lo que cada uno de ellos ha tenido su época dorada.

Antes de entrar en la categorización de los subgéneros, hay que tener en cuenta que la mayoría de ellos no son excluyentes, es decir, una obra narrativa puede pertenecer a varios según sus características. Por ejemplo, una historia de *cyberpunk* será también, casi siempre, una distopía, puesto que se desarrolla en un mundo no halagüeño para los personajes, fruto de las tendencias tecnológicas y sociales de nuestra civilización actual.

Este capítulo se va a basar fundamentalmente en dos clasificaciones: en la realizada por Lola Robles en su ensayo *En regiones extrañas,* y en algunas indicaciones de Miquel Barceló en su *Nueva guía de lectura de ciencia ficción.*

12.2. Distopía o antiutopía

La distopía, también conocida como antiutopía, presenta una visión negativa del futuro de la humanidad, generalmente relacionada con el desarrollo tecnológico, social, político o antropológico actual. El mundo imaginado, por lo general, responde a la pregunta «¿Qué pasaría si...?», y la conclusión siempre es negativa. Son numerosas las obras que se pueden clasificar en esta categoría, no solo literarias, sino también cinematográficas, pues es uno de los más importantes dentro de la ciencia ficción.

Tuvo su máximo esplendor en la época de entreguerras en Europa, aunque su novela precursora fue *Nosotros,* del autor ruso Eugeni Zamiatin, escrita en 1920. Más allá de las archiconocidas *Un mundo feliz* de Aldous Huxley (1932), *1984* de George Orwell (1949) o *Fahrenheit 451,* de Ray Bradbury (1953), destaca *Kallocaína*, escrita por la autora sueca Karen Boye en 1940 y que presenta un estado totalitario donde se desarrolla una droga llamada *kallocaína* para hacer confesar a las personas posibles pensamientos o intenciones de rebelión, incluso inconscientes.

La distopía nació con la intención de «despertar conciencias», de buscar la reflexión del lector para llevarlo a la acción; es decir, advertir sobre determinadas tendencias negativas bajo el prisma del autor y evitar que pudieran desembocar en sociedades totalitarias o mundos terroríficos. Sin embargo, hoy en día algunas voces, como la del doctor en filosofía Francisco Martorell en su libro *Contra la distopía,* afirman que muchas veces ya no cumple la función catártica de llevar a la rebelión, sino que abraza el conformismo y legitima el orden imperante del presente porque, frente a la civilización que presenta el relato o novela, la actual resulta preferible.

Sin embargo, este subgénero sigue en boga actualmente y cada vez que llega una época de crisis surgen nuevas obras, que pueden tener un carácter político y social, como *Zona de catástrofe*, de J. G. Ballard, feminista, como *El cuento de la criada* de Margaret Atwood, o económico, como *Leyes de mercado* de Richard Morgan, entre otros enfoques.

12.2.1. Técnicas narrativas

Algunas consideraciones que se pueden tener en cuenta a la hora de escribir una distopía son las siguientes:

- El primer paso es fijarse en alguna característica negativa de la civilización actual e imaginar qué pasaría si se desarrollara con mayor fuerza en el futuro.

- La reducción al absurdo o la exageración de ese elemento suelen funcionar muy bien en este subgénero para presentar una posible realidad.

- El elemento prospectivo debe tener más peso que el asombro o la maravilla, y el efecto que causará en el lector será de desasosiego o terror. Es decir, describirá un mundo donde a nadie le gustaría vivir.

- Colocar a los personajes en una situación donde se replanteen la moralidad de lo que está ocurriendo o su incomprensión ayudará a trasladar el mensaje.

- Ante el agotamiento del género, una opción para innovar es crear una historia satírica sobre un mundo distópico.

Para entenderlo mejor, en *El cuento de la criada*, Margaret Atwood se fijó en una parte de la sociedad con tendencia al fanatismo religioso de índole cristiano, así como la irrupción en los años setenta del pasado siglo de la subrogación o los vientres de alquiler como práctica comercial. Con esas y otras premisas de fondo, generó una sociedad completa e imaginó cómo podría ser un lugar donde las mujeres no solo volvieran estar supeditadas al hombre, sino que fueran una suerte de esclavas utilizadas para gestar los hijos de las parejas con poder y dinero.

Es fácil identificar ese elemento especulativo en el siguiente fragmento, donde se describe el atuendo de las mujeres y se hace referencia a la vida monacal de los conventos. Este detalle nos indica que la religión represora es la cristiana, pero hay un elemento diferenciador que apuntala el mundo futurista inventado: el color rojo de la vestimenta.

> Está sonando la campana que mide el tiempo. Aquí el tiempo lo miden las campanas, como ocurría antes

en los conventos. Y también, como en un convento, hay pocos espejos.

Me levanto de la silla, doy un paso hacia la luz del sol con los zapatos rojos de tacón bajo, que no han sido pensados para bailar sino para proteger la columna vertebral. Los guantes rojos están sobre la cama. Los recojo y me los pongo, dedo a dedo. Salvo la toca que rodea mi cara, todo es rojo, del color de la sangre, que es el que nos define. La falda es larga hasta los tobillos y amplia, con un canesú liso que cubre el pecho, y las mangas son anchas. La toca blanca también es de uso obligatorio; su misión es impedir que veamos, así como que nos vean.

El cuento de la criada
Margaret Atwood

12.3. UTOPÍA

Desde que Tomas Moro escribiera su famoso libro *Utopía* en 1516, muchas han sido las obras que pueden catalogarse bajo este paraguas. Por supuesto, con anterioridad también existían relatos utópicos, ya que el ser humano siempre ha aspirado a un mundo mejor; pero fue a partir de entonces cuando se acuñó el término para denominar este tipo de especulaciones.

En realidad, este subgénero tiene muchas similitudes con la distopía, ya que realiza el mismo tipo de proyección especulativa. Sin embargo, las consecuencias de esas tendencias sobre las que reflexiona el autor no son negativas, sino todo lo contrario: trata de imaginar un mundo mejor, una sociedad ideal donde la población general es feliz o, al menos, es más feliz que infeliz.

Aun así, hay que tener en cuenta que la utopía de unos puede ser la distopía de otros. Lo explica muy bien Lola Robles:

> La utopía se plantea con frecuencia desde ideologías progresistas (socialista, comunista, anarquista o libertaria, y hablo aquí de la teoría, no de los resultados históricos conocidos de estas ideas), pero también, es importante tenerlo en cuenta, desde posturas nacionalistas o de extrema derecha. Hay ciertas utopías por ejemplo que presentan una comunidad compuesta por individuos más inteligentes, más guapos, más desarrollados espiritualmente que nosotros los humanos normales. A veces estas creaciones esconden la idea de una raza superior, incluso con tendencias filonazis.

> *En regiones extrañas*
> Lola Robles

Actualmente existe una tendencia creciente a escribir este tipo de subgénero. Autores como Layla Martínez en su ensayo *Utopía no es una isla* argumentan la necesidad de imaginar un mundo mejor ante el catastrofismo del género distópico.

Las utopías, al igual que las distopías, pueden ser sociales, políticas, climáticas (llamadas *ecotopías*), feministas, etcétera. Algunas de gran interés son *La isla* (1962), de Aldous Huxley, la anarquista *Los desposeídos* (1974), de Ursula K. Leguin y, más actuales, la feminista *El poder* (2018), de Naomi Alderman o *El futuro que hicimos*, de Óscar Eslava (2017), nacida al calor del movimiento 15M en España.

12.3.1. Técnicas narrativas

Aunque en un inicio las utopías imaginadas eran ideales y perfectas, en la actualidad es difícil trabajar desde esa perspectiva y que la obra no pierda verosimilitud a los ojos del lector. Por ello, una de las complicaciones a la hora de escribir una utopía es el peligro de caer en relatos simplistas, demasiado idealistas o de carácter naíf.

Para evitarlo es conveniente plantearse opciones como, por ejemplo, las siguientes:

- El conflicto lo sufre un personaje que se siente fuera de lugar, por muy utópica que sea la vida para los demás.
- Empieza a haber pequeños desacuerdos en la sociedad planteada, a pesar de sus bondades.
- Un antagonista intenta sabotear la sociedad utópica.

De esta manera es posible construir conflictos potentes que eleven la tensión narrativa y que, a la vez que ayudan a imaginar un mundo mejor, generen una historia interesante basada en los personajes. En cualquier caso, también es bueno tener en cuenta otros aspectos, como los siguientes:

- El elemento prospectivo tendrá, por lo general, más peso que el asombro o la maravilla, aunque estos pueden ser también acusados. El efecto que causará en el lector será de agrado. Es decir, describirá un mundo donde, en principio, a todo el mundo le gustaría vivir.
- Las tendencias positivas que el autor identifique en este caso serán claves para construir la obra narrativa, que

se puede desarrollar en un mundo futurista, en uno pasado o en otro inventado.

12.4. Ucronía

A veces resulta difícil catalogar la ucronía como literatura no mimética. No hay en ella seres fantásticos ni un mundo futuro o inventado. Sin embargo, es igualmente fruto de la especulación y comparte su carácter de imposibilidad, de ruptura con la realidad.

Al igual que la utopía y la distopía, responde a la pregunta «¿Qué pasaría si…?», en este caso proyectada hacia el pasado en vez de hacia el futuro: «¿Qué hubiera pasado si…?». En la ucronía, el autor recrea una línea temporal alternativa donde los acontecimientos transcurren de manera distinta a como lo hicieron realmente. Y, al enfocarse sobre hechos históricos de gran importancia, los cambios que se suceden son de gran magnitud. También existe la opción de imaginar qué pasaría si un personaje de relevancia nunca hubiera nacido.

Así fue como Philip K. Dick ideó y escribió *El hombre en el castillo* (1962), una novela en la que los nazis alemanes y los fascistas japoneses ganan la Segunda Guerra Mundial. Igual hace el autor español Javier Miró en su libro *Ojalá tú nunca* (2021), donde plantea la misma hipótesis y nos muestra un Madrid de los años 70 dividido en dos por un muro: en un lado está el Tercer Reich y, al otro, la Unión Soviética. También la autora Concepción Regueiro escribió *Reclutas de guerras invisibles* (2006), donde Francisco Franco pierde la Guerra Civil española y se mantiene el régimen político de la República.

12.4.1. Técnicas narrativas

La ucronía puede considerarse la novela histórica de la ciencia ficción. Por ese motivo, la documentación será clave. No es que no sea importante documentarse en cualquier caso, pero, sin duda, en las ucronías tiene una relevancia mayor. Especular no es imaginar sin ningún tipo de cortapisa. Es necesario construir una realidad alternativa que resulte verosímil y que, como es lógico, prolongue las dinámicas de las ideologías o las sociedades que fueron eliminadas pero que se pretende resucitar. Algunos consejos para escribir ucronías son los siguientes:

- Funcionan mejor cuanto mayor o más importante sea el acontecimiento histórico que se modifica.
- Las ucronías pierden verosimilitud o interés cuanto más cerca estén de nuestro periodo histórico, porque no las consideramos tan improbables.
- Los personajes históricos han de estar bien representados y comportarse tal y como lo harían o lo hicieron en la realidad según su carácter.
- El momento al que se tendrá que prestar más atención para evitar perder verosimilitud es el llamado Punto Jonbar o punto de divergencia, es decir, cuando la historia se desvía hacia la nueva posibilidad especulativa que difiere de los hechos históricos reales.

12.5. Apocalípticas

La literatura apocalíptica narra la vida de la humanidad después de que haya sucedido un cataclismo global: un desastre climático, una bomba atómica, un virus letal… Las opciones son muy variadas, y pueden ser consecuencia de la actuación del ser humano (un escape en una central nuclear) o no (un meteorito que cae a la Tierra).

Sea como fuere, la obra narrativa puede desarrollar su trama cuando está sucediendo el desastre o acaba de suceder, como en *La carretera,* del escritor Cormac McCarthy; o puede darse décadas o siglos después, como en el primer volumen de la trilogía *Crónicas del Silo, Espejismo*, del autor Hugh Howey.

En el primer caso, los personajes buscarán fundamentalmente sobrevivir, mientras que, en el segundo, se presenta una realidad diferente a la conocida, en general peor. En *La carretera* un hombre y su hijo atraviesan un mundo muerto con la esperanza de encontrar algo más que destrucción y barbarie; en *Espejismo,* la humanidad está constreñida en un silo bajo la tierra, donde vive entre granjas hidropónicas y un enorme generador que suministra energía.

En estas historias suelen primar temas como la reflexión acerca de la soledad del individuo en un mundo donde la mayoría de la población ha perecido; la relevancia del contacto humano y la bondad frente a la amenaza de caer en la barbarie; o la necesidad de establecer vínculos para la supervivencia.

12.5.1. Técnicas narrativas

Para escribir una obra apocalíptica o postapocalíptica hay que imaginar cómo sería un mundo tras un desastre de dimensiones planetarias. Algunas pautas que pueden ayudar son las siguientes:

• El elemento prospectivo tendrá más peso que el asombro o la maravilla, y el efecto que causará en el lector y en los personajes será de desasosiego o terror. Será un mundo donde a nadie le gustaría vivir (a no ser que la sociedad que resurja tras el apocalipsis sea mejor que la anterior al cataclismo, y en ese caso podría ser lo contrario, pero no es lo habitual).

• No será la misma historia si la humanidad prácticamente se ha extinguido que si ha sobrevivido una pequeña parte de la población o si existen unos antagonistas que ahora dominan el planeta. Hay que tener en cuenta que las motivaciones y deseos de los personajes variarán despendiendo de las posibilidades que se escojan.

• La construcción del mundo será diferente si ha tenido lugar un desastre climático que si ha sido uno nuclear o ha habido una invasión extraterrestre que lo ha asolado todo. En el primer y segundo caso la vegetación habrá muerto, pero en el último no tiene por qué. Tampoco será lo mismo si el causante del desastre ha sido un virus que se propaga por el aire, una bacteria mutante que lo devora todo o un hongo capaz de contagiar a los humanos a través del contacto.

• La documentación es importante: ¿qué pasaría si se acabara el agua? ¿O si cayera una bomba nuclear? ¿Cuál serían las consecuencias ambientales y para los seres vivos? ¿Y en el caso de un virus?

12.6. Space opera

Este subgénero se considera uno de los más antiguos de la ciencia ficción. Las *space opera* o épicas espaciales siguen la línea de las novelas de aventuras que transcurrían en lugares inexplorados o exóticos, como Oriente o África, solo que en el espacio. El motivo del cambio de escenario fue que, a principios del siglo xx, el territorio terrestre ya era conocido en su totalidad y autores como el creador de *Tarzán de los monos*, Edgar Rice Burroughs, empezaron a reflexionar sobre la posibilidad de ambientar sus relatos en otros planetas, donde la extrañeza ante lo desconocido aún era un valor que se podía explotar. Así fue como creó la figura de John Carter en *Una princesa en Marte* (1912), por poner solo un ejemplo.

A partir de ahí, los viajes intergalácticos y las aventuras espaciales no dejaron de sucederse y se volvieron muy populares, tanto en las revistas *pulp* como en un tipo de literatura mayoritariamente de baja calidad y, más tarde, en el cine y los videojuegos. En sus comienzos, los argumentos eran calcados a los de las aventuras tipo wéstern y repetían muchos de sus clichés: héroes y villanos maniqueos, damiselas en apuros, la lucha del bien contra el mal… Lo único que variaba era el escenario. Poco a poco, estas historias han ido ganando en profundidad y calidad. A menudo incluyen viajes interestelares, batallas intergalácticas, exploraciones, romances, conquistas planetarias, enfrentamientos con extraterrestres, etcétera.

Algunas de las *space opera* más conocidas son, sin duda, las sagas cinematográficas *La guerra de las galaxias* o *Star Trek*, pero también se pueden incluir en esta categoría la tetralogía *Los cantos de Hyperion* (1990-1997) de Dan Simmons o *Guía del autoestopista galáctico* (1979), de Douglas Adams, una *space opera* humorística de gran interés.

12.6.1. Técnicas narrativas

A la hora de escribir una *space opera* u opera espacial, es importante tener en cuenta diferentes aspectos:

- En primer lugar, el espacio narrativo. Puede parecer de Perogrullo, pero las aventuras espaciales han de desarrollarse sobre todo en el Espacio. Eso no significa que no pueda haber planetas donde los personajes recalen en un momento determinado o donde vivan aventuras, pero la navegación espacial ha de primar.
- Otro elemento clave serán las batallas galácticas y las aventuras. Estos elementos deberían tener un peso importante en la narración.
- En este tipo de subgénero es común que el sentido de la maravilla y el asombro prime por encima de la prospección. Esto no significa que no pueda existir reflexión o una segunda capa de lectura, sino que los mundos presentados, las aventuras que se corren, las batallas que se libran y los objetos imaginados asombran y agradan. Es algo que provoca disfrute contemplar.
- Para innovar en este subgénero se puede romper el maniqueísmo típico de los personajes o imaginar nuevos argumentos más allá de la lucha del bien contra el mal. También es conveniente darles una vuelta a los elementos típicos de la aventura o a las armas que se utilizan.

12.7. Superhéroes

Dentro de la ciencia ficción los superhéroes modernos han tenido una importancia crucial. Desde su nacimiento en los años veinte del pasado siglo en Estados Unidos, han inundado los cómics y, más tarde, la gran pantalla. Figuras como Supermán o Spiderman han llegado a tener una relevancia capital y millones de seguidores en todo el mundo.

Quizá alguien se pregunte por qué los superhéroes se consideran parte de la ciencia ficción y no de la fantasía. Es porque, aunque contienen muchos elementos que podrían catalogarse como sobrenaturales o mágicos, en la mayoría de los casos su origen tiene que ver con un acontecimiento o un experimento científicos. Por ejemplo, Peter Parker desarrolló sus habilidades tras ser picado por una araña radioactiva y los X-Men son fruto de mutaciones genéticas.

También existen personajes que, sin tener poderes sobrehumanos, cuentan con herramientas muy avanzadas tecnológicamente, como Iron Man o Batman. En cualquier caso, no entrarían dentro de esta categoría superhéroes con un origen claramente sobrenatural, como Aquaman.

Los superhéroes clásicos suelen ser bastante maniqueos: el bueno es muy bueno y el malo muy malo. Por su parte, los argumentos siempre se mueven en torno a la necesidad de hacer justicia, de ponerse del lado de los inocentes o de salvar el mundo y a la humanidad (o, al menos, a Estados Unidos).

Es importante destacar que la mayoría de la ficción de superhéroes se concentra en los cómics o en el cine, pero también existen novelas y relatos, sobre todo de origen estadounidense. Un ejemplo destacado es la serie *Wild Cards*, editada por George R. R. Martin y cuya andadura comenzó en 1987. Cuenta con más de veinte libros, escritos por el propio Martin y también por otros autores, y recrea un mundo alternativo tras la Segunda Guerra Mundial, cuando un virus alienígena cae sobre la ciudad de Nueva York y reescribe el ADN humano. La mayoría de la población muere, pero el nueve por ciento muta en criaturas deformes y el uno por ciento consigue superpoderes.

12.7.1. TÉCNICAS NARRATIVAS

Este subgénero se diferencia bastante de los demás porque los poderes de los superhéroes rozan lo fantástico. Debido a este factor y a su procedencia del mundo del cómic, la acción y el colorido suelen predominar sobre otro tipo de estética. Algunas de las pautas que se pueden tener en consideración a la hora de escribir una historia de superhéroes son las siguientes:

• Siempre es mejor si hay un villano a la altura del héroe. Cuanto más fuerte sea el antagonista, mayor será el conflicto y el enfrentamiento entre ellos y, por lo tanto, la tensión narrativa crecerá.

• Dejar atrás el maniqueísmo de los personajes y desarrollar el lado oscuro del protagonista y el lado «luminoso» del villano es una tendencia interesante y cada vez más utilizada.

• Es importante plantearse cuáles van a ser los superpoderes del protagonista. ¿Van a ser sobrehumanos o simplemente cuenta con herramientas e inventos tecnológicos superavanzados para conseguir sus propósitos?

• El asombro y la maravilla predominarán sobre la prospección, aunque podría darse el caso contrario si se rompen los esquemas clásicos.

Una vuelta de tuerca interesante fue la que ofrecieron Garth Ennis y Darick Robertson en su serie de cómic *The*

Boys (2006), que más tarde fue llevada a la televisión. En ella se despojaba a los superhéroes de su condición de garantes de la libertad y de la justicia para convertirlos en seres imperfectos, hipócritas y más villanos que los villanos que pretendían combatir. Un cambio de perspectiva de este calado siempre enriquecerá un género que, como la distopía, ha sido muy explotado.

12.8. Viajes en el tiempo

Desde que el autor inglés H. G. Wells escribiera su novela *La máquina del tiempo* en 1895, los viajes temporales han constituido uno de los grandes clásicos de la ciencia ficción. No es, por supuesto, la primera obra escrita con esta premisa, pero sí la que ayudó a popularizar el subgénero. Es necesario indicar que, aunque existen relatos donde los saltos temporales no cuentan con ningún tipo de explicación o suceden a causa de la magia, dentro de la ciencia ficción solo se incluyen aquellos que tengan como origen un elemento prospectivo, es decir, que sean resultado de la evolución social o tecnológica del hombre o se deriven de algún motivo científico. Por ejemplo, una máquina, un agujero de gusano o similar. Un caso interesante es *La mujer del viajero en el tiempo*, novela escrita por la estadounidense Audrey Niffenegger. En ella, un hombre se ve abocado a viajar en el tiempo de forma impredecible por culpa de un trastorno genético.

Al principio, y según indica Miquel Barceló en su *Nueva guía*, lo que más atraía de este tipo de historias era la posibilidad de especular sobre el futuro. Los viajeros en el tiempo recalaban así en un nuevo lugar inexplorado:

un mundo que aún no existía, pero que estaba por llegar. El componente de asombro y de aventura de estos viajes era muy elevado. Sin embargo, pronto se abrió una nueva puerta aún más atractiva: reflexionar sobre las probabilidades de cambiar los acontecimientos presentes viajando al pasado. En este sentido, las opciones que se han planteado en las diferentes obras escritas hasta ahora juegan, básicamente, en dos sentidos: por un lado, la posibilidad de cambiar el futuro (o el presente, según se mire), como ocurre en la trilogía cinematográfica *Regreso al futuro*; por otro, el descubrimiento de que todo está predeterminado, como en la novela de Tim Powers *Las Puertas de Anubis*.

12.8.1. Técnicas narrativas

La complejidad de escribir una historia de este subgénero se basa, sobre todo, en las paradojas temporales, que suelen ser lo más difícil de construir. Algunos consejos para abordar esta tarea son los siguientes:

- Que los viajes en el tiempo tengan reglas y estas no varíen a conveniencia del autor. Si desde el principio se ha establecido que no se puede cambiar el futuro, la conclusión será que todo estaba escrito de antemano. Si, por el contrario, sí es posible modificarlo, el determinismo no tendría cabida. Por supuesto, si está justificado por la narración podría darse un cambio de perspectiva, pero no es lo habitual.

- Es importante plantearse si los personajes van a viajar al pasado, al futuro o a los dos lugares. Si solo van a hacerlo al pasado, el espacio narrativo tendrá que llevarnos a esa época, mientras que, si también lo van a hacer al futuro, será necesario llevar a cabo un trabajo de especulación sobre una sociedad o mundo inventado. Si los viajes en el tiempo se van a dar en un mundo diferente al nuestro, el trabajo será sobre todo especulativo.

* Los saltos temporales no tienen por qué ir en una sola dirección ni limitarse a un personaje humano que viene y va. Isaac Asimov, en su novela *El fin de la eternidad*, creó unos agentes llamados «Eternos», ubicados en una zona específica fuera del tiempo desde donde podían ir hacia adelante o hacia atrás y realizar cambios para ayudar a la humanidad y evitar catástrofes. El límite lo marca la imaginación.

12.9. EXTRATERRESTRES

Las historias de extraterrestres son otro subgénero típico de la ciencia ficción. Si bien se considera que el primer texto que incluyó alienígenas fue *Relatos verídicos*, escrita en el siglo II por Luciano de Samósata, su popularización vino de la mano de *La guerra de los mundos*, de Herbert G. Wells, en 1898.

A lo largo del último siglo, las obras narrativas de este subgénero han tenido diferentes enfoques: uno de los principales desarrolla la idea de unos extraterrestres malvados dispuestos a invadir la Tierra o exterminar a la humanidad (como en la propia *La guerra de los mundos*); también se ha escrito sobre la idea contraria, es decir, el ser humano como invasor de otros planetas y que somete a sus habitantes (*El nombre del mundo es bosque*, Ursula K. Leguin). En tercer lugar, se ha especulado en multitud de ocasiones sobre la posibilidad de establecer contacto con los extraterrestres (*Contacto*, de Carl Sagan, o el relato «La historia de tu vida», de Ted Chiang). E incluso se le ha dado la vuelta a la situación: cómo sería la vida de un humano criado por extraterrestres que vuelve a la Tierra en su edad adulta (*Forastero en tierra extraña*, de Robert A. Heinlein).

Es interesante conocer también cómo el aspecto de los alienígenas ha ido cambiado a lo largo del tiempo: desde los seres monstruosos o animalescos nacidos al calor de la publicación de *El origen de las especies* de Charles Darwin, pasando por las criaturas geométricas que el dúo de autores J. H. Rosny imaginó en *Las formas*, hasta los alienígenas de forma humanoide que nacieron gracias a Hollywood, por la facilidad que suponía a la hora de disfrazar a un actor para una película. Esta figura antropomorfa se convirtió con el paso de los años en un cliché, y por ello otros autores han recreado después seres mucho más alejados de nuestra concepción, como el planeta-océano-ser vivo que imaginó Stanislaw Lem en *Solaris* o los okandii de la trilogía *La estirpe de Lilith*:

Algo del «cabello» se estremeció independientemente, como un nido de víboras sobresaltado, haciéndolas partir en todas direcciones. Los tentáculos eran elásticos. Ante su grito, algunos de ellos se alargaron, tendiéndose hacia ella. Imaginó unos enormes gusanos nocturnos, estremeciéndose lentamente, moribundos, extendidos a lo largo de la acera tras una lluvia. Imaginó pequeños y tentaculados gusanos de mar, nudibranquios, que hubieran crecido de un modo imposible hasta adquirir tamaño y forma humanos y que, cosa obscena, sus voces sonasen más a ser humano que las de muchos seres humanos. Y, sin embargo, necesitaba oírle hablar. Callado, entonces sí que le parecía absolutamente alienígena.

La estirpe de Lilith: Amanecer
Octavia Butler

12.9.1. Técnicas narrativas

Algunas consideraciones que se pueden tener en cuenta a la hora de escribir una obra de extraterrestres son las siguientes:

- En este tipo de historias puede primar la maravilla y el agrado (establecer contacto con seres de otra galaxia, conocer otras realidades) o todo lo contrario (el terror y el desasosiego ante la invasión o dominio por unas inteligencias superiores).

- Es fácil caer en el lugar común al escribir un relato de extraterrestres. Por ese motivo, es recomendable alejarse de la figura humanoide de los personajes (que ya se ha convertido en un cliché), a no ser que se haga con una intención satírica o burlesca que reproduzca los estereotipos, como en la película *Mars Attacks!*

- De la misma manera, sería interesante buscar nuevas historias que vayan más allá del enfrentamiento entre el ser humano y el alienígena o incluso más allá de la posibilidad de establecer o no contacto. En este sentido, la colaboración entre especies y el intercambio genético que se presenta en *La estirpe de Lilith* plantea una alternativa interesante.

12.10. Maquinismo: robots, ia, transhumanismo, posthumanismo

Este es otro de los grandes temas de la ciencia ficción, seguramente «como reacción al gran auge de las máquinas de todo tipo durante los siglos xix y xx», según cuenta Miquel Barceló en su *Nueva guía*. Las historias que se pueden catalogar en este subgénero han transcurrido por diferentes vertientes, pero la primera de ellas y la más abundante explotaba el miedo del ser humano a perder el control de las máquinas y acabar bajo su dominio. La posibilidad de que estas alcanzaran la singularidad y desarrollaran conciencia ha sido siempre uno de los temas con mayor recorrido.

Sin embargo, el autor ruso Isaac Asimov no estaba de acuerdo con la perspectiva negativa que las obras de su tiempo mostraban sobre la tecnología en general y las máquinas y los robots en particular. Por este motivo, escribió una serie de relatos y novelas cortas donde mostraba una visión muy diferente y que fueron compilados bajo el nombre de uno de ellos, *Yo, robot* (1950). En este libro desarrolló las famosas Tres Leyes de la Robótica, que han influenciado todo lo escrito desde ese momento.

También en el relato «El hombre bicentenario» Asimov se atrevía a dar un paso más allá para plantear un dilema ontológico, filosófico y moral que ha llegado a ser muy popular en este tipo de literatura: ¿qué significa ser humano? En este cuento, un robot llamado Andrew no solo adquiere conciencia, sino que persigue el deseo de ser considerado una persona como las que le rodean. Una obra muy interesante que aborda este mismo asunto desde una óptica más actual es *El rumor y los insectos*, del escritor español Ignacio Ferrando.

En definitiva, al principio, las máquinas eran fundamentalmente seres malvados que querían acabar con la humanidad; más tarde surgieron historias que planteaban el dilema moral de hasta qué punto un robot o máquina se diferenciaba de un ser humano si se daban determinadas circunstancias (como la toma de conciencia o la capacidad de sentir emociones); también se ha escrito sobre transhumanismo, es decir, la búsqueda de la mejora del cuerpo biológico a través de implantes mecanizados, o de posthumanismo: la transferencia de la conciencia a un ordenador o una máquina.

12.10.1. TÉCNICAS NARRATIVAS

La evolución actual de la tecnología en cuestiones de robótica, automatización e inteligencia artificial ofrece grandes posibilidades para especular sobre las consecuencias de estos avances. Algunos aspectos que se pueden tener en cuenta son los siguientes:

- No es lo mismo centrarse en las posibilidades positivas de la tecnología que, por el contrario, en sus aspectos negativos. En el primer caso primará el asombro y la maravilla, mientras que en el segundo es más probable la prospección y el desasosiego. En cualquier caso, la mayoría de las obras de este tipo especulan sobre el futuro.

- Uno de los aspectos más interesantes de este subgénero tiene que ver con la cantidad de dilemas sociales, morales o filosóficos que se pueden plantear más allá de la propia presentación de una tecnología novedosa: por ejemplo, la creación de *influencers* en redes sociales que en realidad no existen, la manipulación o generación de *fake news* o la posibilidad de que el ser humano acabe teniendo relaciones virtuales con una IA, como en la película *Her.*

• Estar al día sobre las tendencias actuales en cuanto a tecnología es un punto importante para construir una historia coherente y verosímil. No es imprescindible ser un experto, pero sí tener unos conocimientos básicos. La documentación puede ayudar en este sentido.

12.11. CYBERPUNK, STEAMPUNK, BIOPUNK, NANOPUNK, SOLARPUNK...

La primera aclaración que conviene hacer a la hora de hablar de este tipo de subgéneros se refiere a la terminología: el sufijo *punk* define lo contracultural o subversivo, y los prefijos *cyber*, *steam*, etcétera, son los que particularizan cada uno de ellos.

El *cyberpunk* y el *steampunk* son los más conocidos de toda una amalgama de subgéneros que se han ido sumando durante las últimas décadas a la denominación del punk y que integran las más variopintas categorías.

El *cyberpunk* (cibernética y punk) surgió en los años ochenta del pasado siglo y sus historias suelen estar ambientadas en un futuro distópico. Sus características más acusadas son una atmósfera decadente y la presencia de una tecnología avanzada que tiene mucho que ver con el declive de la sociedad. También es común que exista cierta hibridación con el género negro. Por lo general se desarrolla en algún emplazamiento del planeta Tierra. Una obra clásica en el mundo cinematográfico es *Blade Runner*, inspirada en la novela *¿Sueñan los androides con ovejas eléctricas?* de Philip K. Dick. *Neuromante,* de William

Gibson, es asimismo un referente. En este fragmento se puede identificar muy bien la ambientación tecnológica deprimente y los tintes de género negro:

> Un año allí y aún soñaba con el ciberespacio, la esperanza desvaneciéndose cada noche. Toda la cocaína que tomaba, tanto buscarse la vida, tanta chapuza en Night City, y aún veía la matriz durante el sueño: brillantes reticulados de lógica desplegándose sobre aquel incoloro vacío… Ahora el Ensanche era un largo y extraño camino a casa al otro lado del Pacífico, y él no era un operador, ni un vaquero del ciberespacio. Solo un buscavidas más, tratando de arreglárselas. Pero los sueños acudieron en la noche japonesa como vudú en vivo, y lloraba por eso, lloraba en sueños, y despertaba solo en la oscuridad, aovillado en la cápsula de algún hotel de ataúdes, con las manos clavadas en el colchón de gomaespuma, tratando de alcanzar la consola que no estaba allí.

> *Neuromante*
> William Gibson

El *steampunk* (vapor y punk), surgido en la misma década, es la representación de un futuro imaginado desde el pasado y que no llegó a materializarse, y por ello se cataloga dentro del retrofuturismo (mezcla lo antiguo y lo nuevo). Se inspira en la Revolución Industrial, especialmente en la Gran Bretaña victoriana, y la energía se basa de manera predominante en la maquinaria industrial de vapor (el desarrollo de la electricidad es testimonial). Incluye elementos tecnológicos futuristas para aquella época, como aviones de vapor o computadoras mecánicas. Este subgénero rinde homenaje a escritores que imaginaron y recrearon un futuro de estas características, como Julio Verne en *Veinte mil leguas de viaje submarino*. El enfoque es opuesto al *cyberpunk*, ya que idealiza esta estética y las historias que en ella transcurren, reflejando la idea de una época en la que se miraba al futuro con optimismo y se pensaba que la ciencia haría del mundo un lugar próspero y mejor. Actualmente se ha convertido en un movimiento cultural que, más allá de la literatura, abarca sectores como el cine o los videojuegos, pero también la moda o el diseño de interiores.

Existen multitud de subgéneros nacidos al calor de los dos anteriores, como el *biopunk*, que explora la ingeniería genética, la modificación del cuerpo y los avances biotecnológicos; el *solarpunk* o *greenpunk*, que busca un mundo utópico ecologista; el *nanopunk*, que se centra en la nanotecnología y sus implicaciones futuras; el *hopepunk*, que busca la esperanza en mundos distópicos; o el *dieselpunk*, que plantea la misma hipótesis que el *steampunk*, pero en un mundo donde ya se ha desarrollado el motor diésel.

12.11.1. Técnicas narrativas

Algunos aspectos que se pueden tener en cuenta a la hora de abordar estos subgéneros son los siguientes:

- Si se desea escribir un relato *cyberpunk*, uno de los aspectos más importantes será la atmósfera, que habrá de ser decadente. Sería bueno que la parte negativa de la tecnología tuviera mucho que ver con el ocaso de la civilización que se presenta. La prospección y la reflexión primarán sobre la maravilla y el asombro, aunque la estética pueda resultar atractiva.

- Por el contrario, en una historia de *steampunk* tendrá más peso la transmisión de asombro y maravilla, del colorido del mundo imaginado, que la prospección o la reflexión sobre tendencias negativas de la sociedad. Es el punto de vista positivo de los escritores del siglo xix, que concebían un futuro esplendoroso para la humanidad. Es importante no cometer anacronías con los elementos tecnológicos futuristas; la electricidad aún no se ha desarrollado, por lo que los artilugios deberían ser mecánicos o funcionar gracias a la maquinaria de vapor o similar. La estética y la vestimenta de los personajes será también una mezcla de la moda victoriana con elementos futuristas de este mismo tipo.

- El resto de los *punk* están condicionados por el significado de cada uno de ellos, pero es importante tener en cuenta que todos ellos cuentan con algo en común: el punto de subversión o rebeldía que los caracteriza y que viene dado por el sufijo *punk*.

12.12. CIENCIA FICCIÓN FEMINISTA, PACIFISTA, MILITARISTA, ECOLOGISTA, RELIGIOSA, ETCÉTERA

Aparte de la clasificación ya realizada, la ciencia ficción también puede subdividirse según su temática. En este sentido, destaca la tendencia feminista, que trata temas como la maternidad, la discriminación, la sexualidad, los roles de género, etcétera. Algunas obras paradigmáticas en este sentido son *La mano izquierda de la oscuridad* de Ursula K. Leguin o *El hombre hembra* de Joanna Russ. En ellas, las autoras utilizan el elemento especulativo para mostrar comportamientos sociales contrarios a los intereses de las mujeres y para plantear mundos alternativos donde existen diferentes puntos de vista sobre los roles de género.

Asimismo, la ciencia ficción ecologista cuenta con gran interés. Una de sus obras más representativas es *Ecotopía*, publicada en 1975 por Ernest Callenbach. Ecotopía es el nuevo nombre de California, que se ha independizado de Estados Unidos y ha desarrollado una sociedad y una cultura totalmente diferentes. La historia versa de cómo un periodista, Weston, viaja a esta nueva región para hacer crónicas sobre la vida del país, que después de la independencia rompió todo tipo de relaciones con EE. UU. El libro se inspira en el movimiento *hippie* de los años 60 y 70 y en parte de la tradición de los indios y de su vida en comunión con la tierra.

La ciencia ficción también puede ser militarista, donde la acción, las guerras y las batallas juegan un papel fundamental. Muchas *space opera* podrían clasificarse en esta categoría. De la misma manera, existen obras del signo contrario, que abogan por la resolución de los conflictos de manera pacífica. La religión predomina también en una gran cantidad de historias, ya sea como elemento principal o secundario, como en *La memoria de la tierra*, de Orson Scott Card. Todos estos ejemplos ponen de manifiesto que la ciencia no es, en muchas ocasiones, un elemento imprescindible del género.

12.12.1. TÉCNICAS NARRATIVAS

En estos casos solo hay que tener en cuenta el enfoque y pensar en aquellos temas por los que se tiene una inquietud particular. Es decir, una obra narrativa puede ser de extraterrestres, de viajes en el tiempo, distópica o todo lo anterior y, además estar impregnada de una temática determinada como el feminismo o la religión.

Por ello, es una buena oportunidad para centrar el objetivo del relato, identificar los temas que más interesan o definir qué es lo que se quiere contar. Si se está preocupado por el cambio climático, lo más probable es que el relato contenga tintes ecologistas o incluso sea esta la idea central; si interesa resaltar la importancia de la igualdad entre hombres y mujeres, tendrá un enfoque feminista; si se quiere trasladar la necesidad de hacer frente a los antagonistas a través de la fuerza, puede acabar siendo militarista… No se trata de intentar catalogar una obra antes de empezar a escribir; pero identificar los temas que nos preocupan como escritores siempre será un punto de partida necesario para trasladar aquello que se tiene interés en mostrar. En los subgéneros de la ciencia ficción, como en todos los géneros no miméticos, la clave es tener claro que no son algo estático ni cerrado: son diversos y siguen evolucionando y creciendo con nuevas ideas, estéticas y conceptos.

13

EL SURREALISMO, EL ABSURDO
Y EL *NONSENSE*

Bárbara Gil

Algunos estudiosos consideran el surrealismo y el absurdo
(el *nonsense* lo estudiaremos dentro del apartado dedicado
al absurdo) como géneros fronterizos entre la literatura
mimética y la no mimética; otros afirman que son géneros
que traspasan todas las fronteras o que las deforman a su
antojo. Ambas clasificaciones podrían servirnos, pero para
no dar la razón ni a unos ni a otros, también podríamos
convenir que estos géneros no están ni en un lugar ni el
otro, ni dentro ni fuera, que residen en un espacio liminal
donde las fronteras entre lo familiar y lo desconocido se
desdibujan; donde algo se ha ido y algo está por llegar;
donde una puerta de entrada resulta ser una puerta trasera
y al revés. Este espacio transicional ilimitado, ambiguo,
en permanente transformación, donde todo deja de ser lo
que era para potencialmente poder convertirse en otra cosa,
resulta idóneo para deconstruir o construir; para gozar o

para romperse; para revelar lo oculto o experimentar deformando lo ya existente. Y es así porque este lugar liminal donde lo posible y lo imposible no se distinguen, qué es y no es al mismo tiempo, fue el gran aporte a la historia de la literatura de los autores del surrealismo y el absurdo: el hallazgo sin precedentes de una cantera desbordante de elementos abstractos y oníricos, de ideas y conceptos extravagantes, de técnicas inusuales y sorprendentes, de estructuras mentales y amentales, definitivamente fértil en la materia prima de todo aquello que empiece por i-, como puede ser lo ilógico, lo improbable y lo irracional.

A esa cantera surrealista de absurdos y sinsentidos le dedicamos este tema del manual, para que el aprendiz de literatura no mimética pueda extraer de ella toda una serie de materiales inusuales y potencialmente mágicos que desaten su inspiración.

13.1. Una cantera de técnicas para los géneros no miméticos

Si bien los géneros del absurdo y el surrealismo no pertenecen propiamente a los géneros no miméticos ni tampoco son exclusivos de los miméticos, hemos querido dedicarles un apartado en este manual por dos razones fundamentales. En primer lugar, no cabe duda de que estos géneros fronterizos comparten elementos y numerosos rasgos distintivos con la literatura maravillosa, la fantástica, el terror y la ciencia ficción, a tal punto que en ocasiones pueden llegar a confundirse. Y, en segundo lugar, debido a su naturaleza experimental, estas categorías literarias son generadoras de una gran variedad de técnicas sumamente útiles en los procesos creativos de la invención y la elaboración de obras no miméticas, como hemos señalado en la introducción. De ello deja tambén constancia Gianni Rodari en su libro *Gramática de la fantasía. Introducción al arte de contar historias*:

> Un día, en los fragmentos de Novalis (1772-1801), encontré aquel que dice: «Si tuviésemos una Fantástica, así como tenemos una Lógica, estaría descubierto el arte de inventar». Era hermoso. Casi todos los Fragmentos de Novalis lo son, casi todos contienen iluminaciones extraordinarias.
>
> Pocos meses después, al dar con los superrealistas franceses, creía que había encontrado, en su modo de trabajar, la «Fantástica» que buscaba Novalis. Es verdad que el padre y profeta del superrealismo (André Bretón) había escrito, desde el primer manifiesto del movimiento: «No me interesan las futuras técnicas superrealistas». Pero sus amigos escritores y pintores, mientras tanto, habían inventado una buena cantidad de técnicas. En ese entonces, (…) tenía de todo en la cabeza, salvo la escuela. No obstante, no fui tal vez un maestro aburrido. Un poco por simpatía y otro poco por ganas de jugar, les contaba a los chicos historias sin la menor referencia a la realidad ni al sentido común, y las inventaba sirviéndome de las «técnicas» alentadas y a la vez escarnecidas por Bretón.
>
> Fue en esa época cuando pomposamente titulé «Cuaderno de Fantástica» a un modesto mamotreto, donde tomaba nota, no de las historias que contaba, sino del modo como nacían, de los recuerdos que descubría, o creía descubrir, para poner en movimiento palabras e imágenes.
>
> *Gramática de la fantasía.*
> *Introducción al arte de contar historias*
> Gianni Rodari

Para Rodari, las técnicas surrealistas resultan inspiradoras cuando se trata de estimular la imaginación y de inventar cuentos. Y aunque en este fragmento el guiño se lo dedica a la vanguardia del surrealismo, lo cierto es que dentro de los muchos «modos de crear» que componen su gramática de la fantasía, muchos de ellos provienen de ejemplos sacados del género del absurdo y del *nonsense* inglés. En sus páginas explica de manera ágil y sencilla cómo explorar los ecos y simbolismos de las palabras, los binomios fantásticos, el recurso de la «mudanza sistemática», el extrañamiento, las hipótesis prospectivas que nacen de premisas como el «Y si…» o el «¿Qué pasaría si…?», las derivas provenientes de lapsus que se convierten en errores creativos, el poema-libro, algunas variantes de «El cadáver exquisito», el tratamiento de los versos dados, el Limerick o *nonsense*… Y estos son solo algunos de los recursos que permitirán a los escritores exprimir al máximo su potencial creativo.

13.2. Desafiando las convenciones

Antes de entrar en los detalles particulares de cada género, vamos a detenernos un momento a explicar los dos rasgos distintivos que comparten el absurdo y el surrealismo: la deformación de la realidad y la alteración de la perspectiva. Para ello, primero es necesario entender que ambos géneros no se definen tanto por lo que son, como por lo que no son; o lo que es lo mismo, su razón de ser es romper radicalmente con lo que hasta el momento de su irrupción en la historia de la literatura se convenía que debía ser el arte. Si esto último ha sonado enrevesado, confío en que al menos sea la mitad de indescifrable que la frase que les lanza Bilbo Bolsón a los pobres hobbits: «No conozco a la mitad de ustedes, ni la mitad de lo que querría, y lo que yo querría es menos de la mitad de lo que la mitad de ustedes merece».

Sin duda alguna estos géneros desafían las normas establecidas más que ningún otro; exploran los límites de los campos de lo real, de lo imaginario y lo simbólico, esa triada neutra lacaniana que el psiquiatra y psicoanalista francés empleó para referirse a los «registros» de lo psíquico. Críticos, artistas, escritores y lectores se han sentido atraídos por las posibilidades infinitas que ofrecen estas técnicas innovadoras que presentan la realidad de una manera única, que huyen de las representaciones convencionales. Pero, si bien las técnicas han tenido una aceptación unánime —debida en parte a su capacidad lúdica como juegos de ingenio e imaginación—, lo cierto es que los textos escritos por los autores surrealistas no han corrido la misma suerte. Explicaré esto mejor. Igual que hablábamos en capítulos anteriores de cómo la crítica ha relegado a la literatura fantástica y maravillosa en algunos momentos de la historia de la literatura por percibirse como un mero entretenimiento ligero y escapista, también los textos del surrealismo y el absurdo han sido muchas veces rechazados por el gusto común, pero por todo lo contrario: su carácter hermético puede resultar desconcertante o difícil de comprender para muchos lectores. Mientras la crítica los ensalza y los considera significativos y dignos de estudio, hay lectores que los desprecian porque no pueden entenderlos. *No tiene ningún sentido, no me aporta nada, es un desvarío, qué ordinarez, menuda broma de mal gusto, no lo entiende ni el propio autor…* Hay quienes afirman que, si un texto no se entiende, no es culpa de las habilidades para comprender y analizar del lector, si no del escritor que no ha hecho bien su trabajo. Y si bien nosotros no compartimos esta visión limitadora de la literatura, tenemos que aceptar que la voluntad subversiva y provocadora del absurdo y el surrealismo, es también la que los hace, en ocasiones, inaccesibles al gran público.

Eso sí, los textos literarios del absurdo han tenido más calado que los del surrealismo, pues a los primeros les sienta bien el disfraz del humor, aunque, en otras disciplinas —el cine, la fotografía o el arte, por ejemplo— el surrealismo ha tenido mejor aceptación. A diferencia, por ejemplo, de la literatura maravillosa, que a menudo presenta mundos coherentes y reglas establecidas dentro de sus universos ficticios, el surrealismo y el absurdo tienden a desafiar las convenciones narrativas tradicionales, sumergiendo al lector en un torbellino de imágenes surrealistas, situaciones absurdas y narrativas no lineales. Como resultado, estas formas literarias requieren un grado mayor de atención y reflexión por parte del lector, y a veces de verdaderos estudios críticos. Es por eso por lo que, en la historia de la literatura, tiene más peso su desafío de las percepciones convencionales de la realidad y su apertura a nuevas vías de exploración creativa, que los textos generados por estos escritores.

13.2.1. Deformación de la perspectiva

La deformación de la perspectiva no es algo exclusivo del surrealismo o del absurdo, sino uno de los principales propósitos que impulsaron los movimientos de vanguardia. El cubismo, liderado por figuras como Pablo Picasso y Georges Braque, cuestionó la idea tradicional de representación pictórica al fragmentar y reconstruir la realidad desde múltiples puntos de vista. El dadaísmo (movimiento del que nacería el surrealismo), con artistas como Marcel Duchamp, desafió las nociones estéticas de belleza y significado al incorporar objetos cotidianos y provocadores en el arte, escandalosos, cuestionando así la misma definición de arte y destruyendo cualquier forma de representación tradicional hasta el punto de concebirse el movimiento como antiarte.

En el surrealismo y el absurdo, la deformación de la perspectiva es una técnica utilizada por los escritores para provocar experiencias sensoriales extraordinarias y desconcertantes. Su objetivo muchas veces es explorar la forma en que nuestra mente interpreta la información sensorial y cómo nuestras percepciones pueden ser alteradas o manipuladas por nosotros mismos o por influencias externas. Estos autores huyen de una representación fiel de la realidad tangible o de la elaboración de una narrativa perfectamente comprensible con el único objetivo de comunicar; lo importante es la experiencia subjetiva del autor y del lector, hacer salir y provocar emociones profundas. Para ello, se valen de perspectivas inusuales, colores irreales o elementos que desafían la lógica y la coherencia. Precisamente porque la perspectiva no está solo en lo que tenemos delante, en lo que vemos, sino en cómo lo vemos, en desde dónde lo vemos, el narrador de la historia también participa en este juego de la distorsión visual. Algo que se ve nada más empezar la lectura de la obra cumbre del fundador del surrealismo, André Bretón, *Nadja*:

¿Quién soy yo? Como excepción podría guiarme por un aforismo: en tal caso ¿por qué no podría resumirse todo únicamente en saber a quién «frecuento»? Debo confesar que este último término me desorienta puesto que me hace admitir que entre algunos seres y yo se establecen unas relaciones más peculiares, más inevitables, más inquietantes de lo que yo podía suponer. Me sugiere mucho más de lo que significa, me atribuye, en vida, el papel de un fantasma y, evidentemente, se refiere a lo que ha sido preciso que yo dejara de ser para ser quien soy. Atrapado, sin exagerar lo más mínimo, por esta acepción, me revela que lo que yo entiendo como manifestaciones objetivas de mi existencia, manifestaciones más o menos organizadas, no es más que lo que trasciende, dentro de los límites de esta vida, de una actividad cuya auténtica dimensión me resulta completamente desconocida. La imagen que yo tengo de un «fantasma», con todo lo convencional que resulta tanto en su apariencia como en su ciega sumisión a determinadas contingencias de hora y lugar, representa para mí sobre todo la manifestación perfecta de un tormento que puede ser eterno. Es posible que mi vida no sea más que una imagen de esa naturaleza y que yo, creyendo explorar algo nuevo, esté condenado en realidad a volver sobre mis pasos, a tratar de conocer lo que debería ser capaz de reconocer perfectamente, a aprender una mínima parte de cuanto he olvidado. Esta percepción sobre mí mismo no me parece desacertada sino en la medida en que me presupone a mí mismo, en cuanto a que coloca arbitrariamente en un plano anterior una representación acabada de mi pensamiento que no tiene por qué respetar la temporalidad, que implica en ese mismo tiempo una idea de pérdida irreparable, de penitencia o de caída cuya falta de fundamento moral, en mi opinión, es indiscutible.

(…)
¿No es cierto que solo en la exacta medida en que sea consciente de esta diferenciación podré revelarme a mí mismo lo que, entre todos los demás, yo he venido a hacer en este mundo y cuál es **ese mensaje único** del que soy portador hasta el punto que de su suerte debo responder con mi cabeza?

Nadja
André Bretón

El narrador parece perderse en sus interioridades, la digresión y la reflexión anidan en el texto ya desde el principio anunciándonos la complejidad de esta voz narrativa que nos muestra el mundo desde una perspectiva que desnuda el mecanismo del pensamiento, más interesada en revelar una verdad oculta (ese «mensaje único») que en contar una historia de la manera clásica.

13.2.2. Deformación de la realidad

La concentración, al contrario que la inspiración, requiere de un esfuerzo. La inspiración, en cambio, es puro goce. Así dicho, parece sencillo dejarse llevar, cuando no lo es en absoluto: el placer puede ser la más escurridiza de las experiencias humanas cuando se intenta controlar. Y es que, para entrar en ese estado de puro goce que es la inspiración, en ese espacio transicional, hay que sortear los mecanismos de defensa del consciente que todo lo quiere controlar. Es un estado de flujo inconsciente muy similar al del sueño (también al de los efectos provocados por las drogas) donde cualquier asidero de la realidad es una ilusión. Una vez dentro de ese estado, todo fluye con naturalidad, pero no con la misma lógica del mundo real. Para poder manipular la realidad de maneras inesperadas o exageradas, los artistas y autores del surrealismo y el absurdo crearon nuevos lenguajes llevados por sus visiones oníricas, utilizando la exageración y la distorsión para resaltar la irracionalidad de la existencia humana mostrando situaciones cómicas o absurdas, personajes extremadamente exagerados, eventos improbables o diálogos absurdos que, precisamente por lo descabellado, nos llevan a reflexionar sobre la naturaleza absurda de la vida y la realidad. En algunos casos solo provocará la risa, pero ¿acaso el humor no ha demostrado ser la herramienta más poderosa para saltarse la censura y desafiar las convenciones sociales, políticas o culturales? La literatura sirve para revelar lo oculto tras las cosas. Cosas que no son lo que parecen ser, sino lo que la mente interpreta que son. Esta explicación se entenderá mejor después de leer este fragmento de la obra *Primavera sombría*.

> (…) Cuando se va a dormir, observa tumbada en la cama los travesaños de la ventana. La cruz que forman le recuerda a un hombre y a una mujer: la línea vertical es el hombre y la horizontal, la mujer. El punto en el que ambas líneas se cruzan es un misterio. (Ella no sabe nada del amor). Los hombres llevan pantalones y las mujeres, falda. Observa a su hermano y así averigua qué es lo que esconden los hombres debajo de los pantalones. Eso que ve entre las piernas de su hermano, cuando se desnuda, le recuerda a una llave y ella tiene la cerradura debajo de la falda.

Primavera sombría
Unica Zürn

13.3. El surrealismo

Entre 1904 y 1924, la profunda crisis en la manera tradicional de concebirse el arte propició el surgimiento de las vanguardias: movimientos grupales más o menos organizados en torno a una intención estética e ideológica, unidos por la revolucionaria voluntad de derribar los dogmas establecidos y romper con cualquier convención o forma de representación artística tradicional. La revolución industrial, los avances tecnológicos, el progreso científico y los acontecimientos históricos que condujeron a las dos guerras mundiales transformaron profundamente la mentalidad humana y el fenómeno de los *ismos*, por su condición innovadora y experimental, le dio a un mundo que ya no se percibía igual las nuevas formas de expresión que necesitaba. Hablamos del Fovismo, el Expresionismo, el Cubismo, el Futurismo, la Abstracción Lírica, el Constructivismo, el Suprematismo, el Dadaísmo, el Neoplasticismo o De Stijl, y el que vamos a estudiar en este apartado, el Surrealismo (1924), que exploró el mundo del subconsciente y lo irracional mediante imágenes oníricas y sorprendentes.

Para entender el Surrealismo, hay que conocer el contexto en que nació. Los *ismos* inventaron perspectivas desafiantes, articularon nuevos lenguajes, crearon técnicas innovadoras. Y tal fue el impacto que produjeron, que no solo transformaron el panorama artístico y cultural, sino que también influyeron en la política y la sociedad; el mundo entero tomaba un nuevo rumbo abrazado al progreso científico e industrial y las vanguardias, que anhelaban que el arte avanzara de manera similar, le dieron ese impulso transformador contribuyendo así a la reconfiguración de la identidad humana y a la evolución de la sociedad moderna.

Este impulso fue en parte una respuesta a la modernización violenta y radical que caracterizaba la época, contrastando con el conservadurismo arraigado en la academia artística, aún aferrada a las tradiciones plásticas. En rebeldía hacia esa academia, las vanguardias cuestionaron la mera imitación de la naturaleza y rompieron con el ideal clásico de belleza. La libertad de expresión a través del arte llevó a los artistas a abordar los temas y preocupaciones contemporáneas, al tiempo que rechazaban la apropiación simbólica del arte por parte de la burguesía.

> La llamada vanguardia, pues, dedica gran parte de sus energías a la provocación y a la pedagogía, cuyo instrumento de expresión privilegiado es casi siempre el género de los escritos teóricos.
>
> Por otra parte, no se olvide el carácter etimológicamente militar del término vanguardia, siendo esta decidida vocación de combate la que caracterizará la forma y el tono de su literatura artística. La vanguardia no solo escribe, sino que lo hace preferentemente a través de manifiestos. Ahora bien, un manifiesto posee unas características peculiares que exceden por completo el marco tradicional de los recetarios artísticos: son, por lo general, proclamas radicales dictadas por la urgencia y por la pasión y, por ello, tremendamente singulares; en una palabra: algo que está en las antípodas de una reflexión disciplinada y autosatisfecha.
>
> *Escritos de arte de vanguardia 1900 / 1945*
> Ángel González García, Francisco Calvo Serraller
> y Simón Marchán Fiz

Para mostrar esta vocación combativa de las vanguardias, qué mejor manera de presentar el Surrealismo —la última de las grandes vanguardias— copiando aquí un fragmento del Primer Manifiesto Surrealista que escribió en 1924 André Bretón, (1896-1966), escritor, poeta y siquiatra francés, considerado el padre y fundador del movimiento, después de cortar relaciones con Tristan Tzara, líder del dadaísmo.

Tanta fe se tiene en la vida, en la vida en su aspecto más precario, en la vida *real*, naturalmente, que al fin esta fe acaba por desaparecer. El hombre, soñador sin remedio, al sentirse de día en día más descontento de su sino, examina con dolor los objetos que le han enseñado a utilizar, y que ha obtenido a través de su indiferencia o de su interés, casi siempre a través de su interés, ya que ha consentido someterse al trabajo, o, por lo menos no se ha negado a aprovechar las oportunidades… ¡Lo que él llama oportunidades!

(…)

Únicamente la palabra libertad tiene el poder de exaltarme. Me parece justo y bueno mantener indefinidamente este viejo fanatismo humano. Sin duda alguna, se basa en mi única aspiración legítima. Pese a tantas y tantas desgracias como hemos heredado, es preciso reconocer que se nos ha legado una *libertad espiritual suma*. A nosotros corresponde utilizarla sabiamente. Reducir la imaginación a la esclavitud, cuando a pesar de todo quedará esclavizada en virtud de aquello que con grosero criterio se denomina felicidad, es despojar a cuanto uno encuentra en lo más hondo de sí mismo del derecho a la suprema justicia. Tan sólo la imaginación me permite llegar a saber lo que *puede llegar a ser*, y esto basta para mitigar un poco su terrible condena; y esto basta, también, para que me abandone a ella, sin miedo al engaño (como si pudiéramos engañarnos todavía más). ¿En qué punto comienza la imaginación a ser perniciosa y en qué punto deja de existir la seguridad del espíritu? ¿Para el espíritu, acaso la posibilidad de errar no es sino una contingencia del bien?

Primer manifiesto del surrealismo
André Bretón

En este mismo manifiesto, Bretón explica el porqué de la elección de la palabra «surrealismo», su significado y la lista de los que, junto a él, formaron parte del movimiento:

SURREALISMO: sustantivo, masculino. Automatismo psíquico puro por cuyo medio se intenta expresar, verbalmente, por escrito o de cualquier otro modo, el funcionamiento real del pensamiento. Es un dictado del pensamiento, sin la intervención reguladora de la razón, ajeno a toda preocupación estética o moral.

ENCICLOPEDIA, Filosofía: el surrealismo se basa en la creencia en la realidad superior de ciertas formas de asociación desdeñadas hasta la aparición del mismo, y en el libre ejercicio del pensamiento. Tiende a destruir definitivamente todos los restantes mecanismos psíquicos, y a sustituirlos en la resolución de los principales problemas de la vida. Han hecho profesión de fe de SURREALISMO ABSOLUTO, los siguiente señores: Aragon, Baron, Boiffard, Breton, Carrive, Crevel, Delteil, Desnos, Éluard, Gérard, Limbour, Malkine, Morise, Naville, Noll, Péret, Picon, Soupault, Vitrac.

Primer manifiesto del surrealismo
André Bretón

13.3.1. APORTACIONES DEL SURREALISMO: TÉCNICAS Y EJERCICIOS

13.3.1.1. EL INCONSCIENTE Y LA ESCRITURA AUTOMÁTICA

Los surrealistas, inspirados por la idea freudiana de la existencia de un nivel oculto en la mente —llamado inconsciente porque no tenemos conciencia de él— se dan cuenta de que, para que este nivel oculto se exprese espontáneamente a través del arte, hay que limitar el control de la razón. Algo que logran mediante el automatismo (automatización de la creación artística), una técnica que consiste en plasmar en el papel, en el lienzo o en cualquier soporte, palabras, pensamientos o imágenes del subconsciente esquivando cualquier canon estético o moral, entrando en estados de trance o hipnosis que les impidiera ejercer un control deliberado.

En aquel entonces, todavía estaba muy interesado en Freud, y conocía sus métodos de examen que había tenido ocasión de practicar con enfermos durante la guerra, por lo que decidí obtener de mí mismo lo que se procura obtener de aquéllos, es decir, un monólogo lo más rápido posible, sobre el que el espíritu crítico del paciente no formule juicio alguno, que, en consecuencia, quede libre de toda reticencia, y que sea, en lo posible, equivalente a pensar en voz alta. Me pareció entonces, y sigue pareciéndome ahora —la manera en que me llegó la frase del hombre cortado en dos lo demuestra—, que la velocidad del pensamiento no es superior a la de la palabra, y que no siempre gana a la de la palabra, ni siquiera a la de la pluma en movimiento. Basándonos en esta premisa, Philippe Soupault, a quien había comunicado las primeras conclusiones a que había llegado, y yo nos dedicamos a emborronar papel, con loable desprecio hacia los resultados literarios que de tal actividad pudieran surgir. La facilidad en la realización material de la tarea hizo todo lo demás. Al término del primer día de trabajo, pudimos leernos recíprocamente unas cincuenta páginas escritas del modo antes dicho, y comenzamos a comparar los resultados. En conjunto, lo escrito por Soupault y por mí tenía grandes analogías, se advertían los mismos vicios de construcción y errores de la misma naturaleza, pero, por otra parte, también había en aquellas páginas la ilusión de una fecundidad extraordinaria, mucha emoción, un considerable conjunto de imágenes de una calidad que no hubiésemos sido capaces de conseguir, ni siquiera una sola, escribiendo lentamente, unos rasgos de pintoresquismo especialísimo, y, aquí y allá, alguna frase de gran comicidad.

Primer manifiesto del surrealismo
André Bretón

Para quien quiera practicar esta técnica, Bretón explica cómo hacerlo en el mismo manifiesto:

SECRETOS DEL ARTE MÁGICO DEL SURREALISMO.
Composición surrealista escrita, o primer y último chorro.
Ordenad que os traigan recado de escribir, después de haberos situado en un lugar que sea lo más propicio posible a la concentración de vuestro espíritu, al repliegue de vuestro espíritu sobre sí mismo. Entrad en el estado más pasivo, o receptivo, de que seáis capaces. Prescindid de vuestro genio, de vuestro talento, y del genio y el talento de los demás. Decíos hasta empapa-

ros de ello que la literatura es uno de los más tristes caminos que llevan a todas partes. Escribid deprisa, sin tema preconcebido, escribid lo suficientemente deprisa para no poder refrenaros, y para no tener la tentación de leer lo escrito. La primera frase se os ocurrirá por sí misma, ya que en cada segundo que pasa hay una frase, extraña a nuestro pensamiento consciente, que desea exteriorizarse. Resulta muy difícil pronunciarse con respecto a la frase inmediata siguiente; esta frase participa, sin duda, de nuestra actividad consciente y de la otra, al mismo tiempo, si es que reconocemos que el hecho de haber escrito la primera produce un mínimo de percepción. Pero eso, poco ha de importaros; ahí es donde radica, en su mayor parte, el interés del juego surrealista. No cabe la menor duda de que la puntuación siempre se opone a la continuidad absoluta del fluir de que estamos hablando, pese a que parece tan necesaria como la distribución de los nudos en una cuerda vibrante. Seguid escribiendo cuanto queráis. Confiad en la naturaleza inagotable del murmullo. Si el silencio amenaza, debido a que habéis cometido una falta, falta que podemos llamar «falta de inatención», interrumpid sin la menor vacilación la frase demasiado clara. A continuación de la palabra que os parezca de origen sospechoso poned una letra cualquiera, la letra l, por ejemplo, siempre la l, y al imponer esta inicial a la palabra siguiente conseguiréis que de nuevo vuelva a imperar la arbitrariedad.

Primer manifiesto del surrealismo
André Bretón

Para otros consejos, como por ejemplo cómo no aburrirse en sociedad, hacer discursos, escribir falsas novelas e incluso tener éxito con una mujer que pasa por la calle, recomendamos leer el manifiesto completo.

13.3.1.2. El lenguaje onírico y el método paranoico-crítico para acceder al inconsciente

Para los surrealistas, las creaciones del subconsciente revelaron ser mucho más auténticas y poderosas que las creadas de manera consciente. Eso los llevó a explorar el lenguaje de los sueños que creían que revelaba los sentimientos y deseos ocultos. Pero Salvador Dalí fue más allá, desarrolló una variante del automatismo, un método paranoico-crítico basado en los trabajos del psicoanalista Jacques Lacan: un proceso de carácter paranoico y activo del pensamiento que posibilita (simultáneamente con el automatismo y otros estados pasivos) sistematizar la confusión del mundo de la realidad. Al sumergirse en un estado de alucinación, el artista deja de lado temporalmente su racionalidad, pero conservando cierta lucidez. Otra manera más de acceder al inconsciente.

Durante una intervención en Bruselas, Dalí explicó este mecanismo del fenómeno paranoico desde el punto de vista surrealista. Argumentó que la irracionalidad y la organización pueden coexistir en el arte y en la mente humana, y que entender esta contradicción es fundamental para comprender la naturaleza del surrealismo y el proceso creativo en general. La verdad es que su teoría no es nada fácil de entender, pero si se lee despacio la transcripción de esa intervención (incluso varias veces de ser necesario) es deslumbrante. Explica cómo utilizar la irracionalidad de los sueños y la interpretación simbólica para crear arte. Dalí cree que, aunque estos sueños y pensamientos puedan parecer extraños y caóticos, a veces pueden cobrar un sentido muy particular cuando los analizamos simbólicamente. Si dejamos que esta irracionalidad tome el control, nuestros pensamientos pueden volverse muy organizados, como llevados por un sistema interno en el que nuestras ideas caóticas se organizan por sí mismas. Critica que algunos confundan este proceso con una «locura racionalizada», cuando en realidad es mucho más complejo que eso: el delirio, en lugar de ser algo pasivo, es en realidad una forma activa de interpretación que surge de nuestros propios pensamientos y experiencias.

Y como todo esto suena un poco complejo, si alguno quiere acceder fácil y rápidamente a su propio inconsciente, o simplemente ejercitarse un poco en busca de inspiración, Dalí solía echarse unas siestas de lo más curiosas: se acomodaba en una silla de respaldo recto y en los dedos sostenía una llave, debajo de la cual colocaba un plato; cuando estaba a punto de quedarse dormido, la llave se le caía y golpeaba en el plato, ¡clac!, el ruido le despertaba justo antes de entrar en el sueño profundo. Lo hacía porque es un momento en el que la mente tiene alucinaciones sensoriales muy vívidas, lo que hoy en día los científicos llaman «alucinaciones hipnagógicas». Este método también lo practicaron Thomas Edison, solo que en lugar de una llave usaba una bola de acero, y otras personalidades como Albert Einstein, Beethoven, Edgar Allan Poe o Nikola Tesla.

13.3.1.3. Otras técnicas y ejercicios:

Con el objetivo siempre de «revelar lo oculto», los surrealistas exploraron también la polifonía, la fragmentación, el monólogo interior y los finales abiertos; los ecos y simbolismos de las palabras; los binomios fantásticos; el recurso de la «mudanza sistemática», el extrañamiento, las hipótesis prospectivas que nacen de premisas como el «Y si…» o el «¿Qué pasaría si…?», las derivas provenientes de lapsus que se convierten en errores creativos, el poema-libro, el Limerick o *nonsense*… Estos, como ya anunciábamos al inicio, aparecen ilustrados y explicados en la *Gramática de la Fantasía* de Giani Rodari, que sin duda os animamos a leer si queréis ponerlos en práctica.

En este espacio explicaremos, muy brevemente, el funcionamiento de algunos. Por ejemplo, Max Ernst experimentó con técnicas como el *collage* (composiciones visuales combinando y pegando recortes de periódicos, fotografías, telas, entre otros, para formar una nueva imagen o mensaje sobre el papel o el lienzo) y el *frottage* (frotar un lápiz u otro utensilio sobre una superficie rugosa para crear formas y texturas que generen una nueva obra de arte). Los caligramas, que ya había popularizado el poeta francés Guillaume Apollinaire, son una forma de poesía visual en la que las palabras se organizan de manera creativa en la página para formar una imagen relacionada con el contenido del poema. El juego de *El cadáver exquisito* inventado por André Breton y otros, consiste en que cada artista participante escriba o dibuje una parte de la composición en una hoja de papel, la doble para ocultar su contribución y pase el papel al siguiente participante, quien continúa la obra sin ver lo que se ha hecho previamente. Al final, cuando se despliegue el papel, se revelará el resultado completo. El nombre «cadáver exquisito» proviene de una frase generada durante el primer juego de este tipo, donde salió como resultado la frase «el cadáver exquisito beberá el vino nuevo». Marcel Duchamp introdujo el concepto de «objet trouvé» o «objeto encontrado» es una técnica artística que consiste en tomar objetos comunes y corrientes, usualmente no considerados como arte, y presentarlos como tal.

13.4. EL ABSURDO Y EL *NONSENSE*

Los surrealistas también emplearon el absurdo y la asociación de elementos improbables y extraños en sus obras como una herramienta creativa. A través de esta técnica buscaron, por ejemplo, relacionar objetos cotidianos que normalmente carecían de conexión entre sí para alterar su sentido convencional, estimulando así el propio inconsciente y el del lector o espectador. La yuxtaposición entre lo familiar (objetos comunes) y lo improbable y absurdo confería una naturaleza imprevisible al objeto, sirviendo como una vía para deformar la realidad y la perspectiva con el fin de evocar emociones, como hablábamos al inicio del tema.

En la misma línea de ofrecer a los escritores de literatura fantástica y maravillosa herramientas útiles para crear deformando la perspectiva y la realidad, en este apartado vamos a centrarnos en el absurdo con base en la corriente literaria del existencialismo, que a través de la elección de acciones o eventos ilógicos resaltan el vacío, la falta de sentido de la condición humana en un mundo aparentemente irracional; y en el *nonsense*, cuya premisa es muy distinta pues no busca una explicación filosófica, sino que a través de la manipulación del lenguaje, de extravagancias lingüísticas o situaciones incoherentes, pretende generar un efecto humorístico, que provoque la risa o el desconcierto.

A pesar de ser varios los autores que destacan en el ámbito del teatro absurdo, donde la influencia del existencialismo es especialmente marcada, con nombres como Eugène Ionesco, cuyas obras subrayan la incomunicación humana no solo a través de la trama, sino también en la estructura misma de sus «antipiezas» o Samuel Beckett, cuya obra se caracteriza por un silencio progresivo que inunda todo y por personajes atrapados en una realidad mutilada por las limitaciones del espacio, deseamos enfocarnos en dos autores cuya obra, que está también asociada con el surrealismo y la fantasía, merece ser analizada por su contribución al absurdo y al *nonsense*: Franz Kafka y Lewis Carroll.

13.4.1. Influencias del existencialismo en el Absurdo

Al no actuar de acuerdo con el pensamiento lógico o «normal», y apartarse de la razón, muchos relegan lo absurdo a las categorías de lo ridículo y extravagante, al cajón de lo que no merece atención. Sin embargo, poniendo el foco de manera totalmente intencionada sobre aquello que carece de propósito, aislando —como diría Ionesco— de sus raíces religiosas, metafísicas y trascendentales al hombre, los autores del absurdo le dan una nueva dimensión profunda y filosófica, es la perspectiva de la conciencia de postguerra de los países europeos: el hombre se encuentra perdido. Por eso, todas sus acciones se vuelven sin sentido, absurdas, inútiles. Este tratamiento del absurdo tiene su origen en el existencialismo de Albert Camus (*El extranjero*) y Jean Paul Sartre (*El ser y la nada*).

Hay dos obras de Kafka, *La metamorfosis* y *El proceso*, que no se encuadran dentro de lo no mimético directamente, sino que transitan entre el realismo y lo no mimético. Eso explica porque, en su *Historia de la literatura universal*, Martín de Riquer y José María Valverde, aclaran que Kafka no pertenece a ningún ambiente, ni se inserta en ninguna dialéctica cultural:

> Es la gran pesadilla de nuestro tiempo, un Poe acrecentado, porque vive después de Hegel, en el siglo técnico y en el crepúsculo de todas las grandes ilusiones e idolatrías del alma moderna. (…) su lectura no tiene sucesión ni evolución, sino que nos instala ante un poderoso y horrible símbolo, y allí nos deja, machacando y girando con insistencia en el mismo punto. Es más, precisamente lo dramático de sus obras es que, como en los sueños, no nos movemos por mucho que andamos: cada vez estamos más hundidos en el mismo sitio. (…) su recurso central está en proyectar un pequeño conjunto lógico sobre un fondo de absurdo total, lo hace con nitidez quirúrgica, y con toda la resonancia de nuestra época colectivista. El individuo está en manos de unos oscuros poderes ciegos, que no se sabe si temer más que sean hostiles o indiferentes: hay una pequeña cohesión de sentido en cada acto, pero el conjunto queda en un contexto de pura sin razón. Así Kafka acierta a dar el retrato del vivir común: se trabaja para comer, se toma el tranvía para ir a trabajar, etcétera, pero si no hay un sentido para todo, sería igual moverse sin producir nada, trabajar destruyendo el propio trabajo, y dar vueltas en el tranvía a la misma plaza. El gran truco de Kafka —que nos hace pensar en los *collage* de recortes de grabados hechos por el surrealista Max Ernst—consiste en tomar la realidad cotidiana más conocida, la que a fuerza de conocida parece que no necesita justificar su sentido, dejándola suspendida

sobre la nada y el absurdo al descubrir su condición de círculo vicioso en el vacío.

Historia de la literatura universal
Martín de Riquer y José María Valverde

13.4.2. Lewis Carrol: entre la maravilla, el surrealismo y el *nonsense*

Tras caer por una madriguera de conejo, la niña Alicia se encuentra en un mundo lleno de criaturas extrañas. Empieza así un viaje en el que interactúa con personajes peculiares como el Conejo Blanco, el Gato de Cheshire, el Sombrerero Loco y la Reina de Corazones, entre otros. Animales fantásticos y objetos antropomórficos que ella cuestiona porque no aplican las reglas de la lógica y la realidad. El Gato de Cheshire, el más surrealista de todos, con su sonrisa perpetua y su habilidad para aparecer y desaparecer, que revela partes de su cuerpo de forma aislada, como su boca sonriente; el Sombrerero Loco, atrapado en el momento eterno del té, y sus amigas la Liebre de Marzo y el Lirón, desafían la lógica de Alicia con acertijos y juegos de palabras.

Aunque la obra *Alicia en el País de las Maravillas* se ha encuadrado dentro de la literatura maravillosa, la destacamos en este apartado por el uso tan interesante e ingenioso que hace Lewis Carrol del absurdo, el surrealismo y, especialmente, del *nonsense*. Alicia se enfrenta a muchas situaciones absurdas y desafíos ilógicos, como cambios de tamaño repentinos, eventos imposibles y conversaciones sin sentido. En este mundo maravilloso, la realidad, vista desde otro prisma, es como si se nos presentara por primera vez. No es por tanto ninguna casualidad —menos aún teniendo en cuenta que lo aficionado que era Lewis a los juegos lingüísticos— la elección del nombre de la niña: Alicia. Todos saben ya que fue en honor a la hija de unos amigos, Alice Liddell, una niña amiga de él, pero hay otra explicación menos conocida: Alicia es un nombre propio femenino de origen griego en su variante en español. Proviene del griego antiguo Αλήθεια (alétheia), que significa «verdad», pero en un sentido distinto al que estamos acostumbrados, uno mucho más profundo y bello, el de «verdad que se nos revela». Fue el filósofo Heidegger el que, ateniéndose al sentido estrictamente etimológico de la palabra —la privación ἀ (a) unida a la forma del verbo griego λανθάνω (lanthano) que significa estar o permanecer oculto—, definió este tipo de «verdad» como «aquello que no está oculto, aquello que se hace evidente». Así pues, todas las maravillas que va conociendo Alicia, no es que no existieran, simplemente estaban ocultas y, de pronto, se hacen evidentes, aparecen, se «desocultan». Este tipo de verdades, tienen la cualidad de que solo cuando son verdaderamente conocidas se nos muestran. Es como si siempre hubieran estado ahí, pero no las veíamos hasta que, de repente, un día, nos damos cuenta. ¿Y cómo nos damos cuenta? Por una especie de regocijo del que habla Cortázar, lo que él describe como «temblor de alegría», «especie de amor». Yo diría que es una emoción de la que estábamos desconectados, una emoción que va atada al descubrimiento de la verdad. Los niños lo experimentan continuamente: todo se les aparece por primera vez provocándoles una emoción. Todo les sorprende. A medida que nos hacemos adultos y conocemos la realidad, esta empieza a volverse previsible y eso hace que sintamos menos emociones, el «hastío de la vida» lo llaman. Una de las verdaderas maravillas de este cuento «infantil» es que a quienes más sorprende, a quienes más verdades revela, es a los adultos. Y por supuesto, esa «revelación de lo oculto» es lo que lo hace tan delicioso para los surrealistas, que consideran este mundo de las maravillas, surrealista por encima de todo. Sin embargo, la técnica que emplea Carrol es el *nonsense* porque este tipo de absurdo, el sinsentido (el de los juegos de palabras, las paradojas, las extravagancias, las distorsiones de la percepción), es el que le permite cuestionar las reglas sociales, lingüísticas, cualquier sentido establecido y normativo.

Y para terminar el capítulo, os dejamos con uno de los fragmentos más absurdos, surrealistas y maravillosos de *Alicia en el país de las maravillas*:

> Habían puesto la mesa debajo de un árbol, delante de la casa, y la Liebre de Marzo y el Sombrerero estaban tomando el té. Sentado entre ellos había un Lirón, que dormía profundamente, y los otros dos lo hacían servir de almohada, apoyando los codos sobre él, y hablando por encima de su cabeza. «Muy incómodo para el Lirón», pensó Alicia. «Pero como está dormido, supongo que no le importa».
>
> La mesa era muy grande, pero los tres se apretujaban muy juntos en uno de los extremos.
>
> —¡No hay sitio! —se pusieron a gritar, cuando vieron que se acercaba Alicia.
>
> —¡Hay un montón de sitio! —protestó Alicia indignada, y se sentó en un gran sillón a un extremo de la mesa.
>
> —Toma un poco de vino —la animó la Liebre de Marzo.
>
> Alicia miró por toda la mesa, pero allí sólo había té.
>
> —No veo ni rastro de vino —observó.

—Claro. No lo hay —dijo la Liebre de Marzo.

—En tal caso, no es muy correcto por su parte andar ofreciéndolo —dijo Alicia enfadada.

—Tampoco es muy correcto por tu parte sentarte con nosotros sin haber sido invitada —dijo la Liebre de Marzo.

—No sabía que la mesa era suya —dijo Alicia—. Está puesta para muchas más de tres personas.

—Necesitas un buen corte de pelo —dijo el Sombrerero.

Había estado observando a Alicia con mucha curiosidad, y estas eran sus primeras palabras.

—Debería aprender usted a no hacer observaciones tan personales —dijo Alicia con acritud—. Es de muy mala educación.

Al oír esto, el Sombrerero abrió unos ojos como naranjas, pero lo único que dijo fue:

—¿En qué se parece un cuervo a un escritorio?

«¡Vaya, parece que nos vamos a divertir!», pensó Alicia. «Me encanta que hayan empezado a jugar a las adivinanzas».

Alicia en el país de las maravillas
Lewis Carrol

DE LOS MÁRGENES AL CENTRO: GÉNEROS NO REALISTAS/NO MIMÉTICOS EN EL SIGLO XXI

Lola Robles

La lectura es un placer y una pasión para la mayoría de las personas que escribimos. También forma parte de nuestro trabajo, que conlleva la necesidad de conocer la tradición de la que partimos y las tendencias actuales en las que deseamos inscribirnos. Ahora bien, abarcar las publicaciones contemporáneas no es nada fácil, debido al enorme número de novedades. Este capítulo pretende ser una guía para el camino en el panorama de la literatura no realista/no mimética actual, pero no saturar con un número excesivo de lecturas recomendadas, de modo que no queda otro remedio que seleccionar y esa selección siempre deja fuera autores y obras que merecerían estar aquí.

Ya se ha hablado en este libro de la necesidad de documentarse para escribir ciencia ficción, literatura fantástica y de lo maravilloso (que resumiremos como «GNR»); esta documentación puede y debe hacerse utilizando las mismas fuentes que en cualquier otro tipo de ficción. Resulta indispensable añadir el propio acervo literario. Nuestra obra se sitúa en una red textual, sin la que no tendría sentido completo.

14.1. ESCRIBIR GNR EN EL SIGLO XXI

Pero, antes que nada, hay que hacerse unas preguntas básicas.

¿Se puede escribir ciencia ficción en los años veinte del siglo XXI, más allá incluso del futuro que soñaron los autores del XIX y XX? La respuesta es sencilla: sí. La ciencia ficción, literatura de lo posible, nació del racionalismo ilustrado del Siglo de las Luces y de la Revolución Industrial. Ahora estamos en otro paradigma, marcado por el capitalismo neoliberal, la posmodernidad, la globalización, la crisis climática, el transhumanismo y las tecnologías digitales. Nos encontramos en un nuevo comienzo. No podemos narrar como los escritores decimonónicos o de principio del siglo XX; sus máquinas pesadas han sido sustituidas por otras mucho más evanescentes, pero la inquietud que producen continúa ahí. Por otra parte, hay que desterrar la idea de que este género solo habla del futuro y solo puede basarse en la ciencia y la tecnología. A pesar de su nombre, en realidad la ciencia ficción es todo un planeta con una enorme diversidad. El *novum*, su fundamento (el cambio o novedad respecto de la realidad conocida, a partir del cual se especula) puede ser científico o tecnológico, pero, asimismo, social, político, cultural, lingüístico, religioso o biológico.

Hay obras de este género que intentan ser rigurosas en sus planteamientos científicos y tecnológicos; pero, si son buena literatura, tendrán que unir esos conocimientos a la imaginación y construir bien los personajes, pues, en otro caso, serían simples tratados divulgativos. La comparación con la novela histórica resulta muy válida: es narrativa, no una crónica erudita. La ciencia ficción actual muestra un interés destacado por lo social, lo biotecnológico, el ecologismo, la distopía y, cada vez más, la utopía.

A pesar de que la literatura de fantasía o lo maravilloso (de lo imposible, lo sobrenatural o lo mágico normalizados) venga de una tradición muy antigua que merece la pena leer y releer, ha aparecido una nueva fantasía, urbana, especulativa, con intereses sociales, que está produciendo obras de gran calidad.

Y tenemos la ficción fantástica (lo imposible e inexplicable que cuestiona todas nuestras certidumbres sobre la realidad), un tipo de historias que necesitan reinventarse continuamente para seguir provocando su efecto de perturbación, inquietud o miedo. Por eso hay que leer tanto a clásicos como a contemporáneos.

¿Conviene que los autores de GNR conozcan cuáles son los territorios comunes y las fronteras entre los tres grandes géneros, la ciencia ficción, lo fantástico y lo maravilloso? Desde luego que puede resultar muy útil. No obstante, debe tenerse en cuenta que surgen casi de continuo nuevos nombres y etiquetas para posibles nuevos subgéneros de las tres categorías o híbridos. Desde los estudios académicos se habla, por ejemplo, de lo insólito, historias realistas en la linde de lo fantástico a causa de su extrañeza. Y, entre los lectores más aficionados, se acuñan categorías como *hopepunk, silkpunk, grimdark* o *cozy fantasy*. Estas denominaciones surgen y desaparecen con frecuencia, pues estamos en una época en que casi todo es efímero y vertiginoso.

14.2. DE LO HÍBRIDO Y LO DIVERSO

Hay que destacar algunas características principales de los GNR del siglo XXI.

En primer lugar, el hibridismo, un rasgo muy posmoderno (y vivimos en la posmodernidad, nos guste o no). Siempre ha existido mezcla entre los distintos géneros literarios, ya que no son categorías estancas ni inamovibles. Pero, en los últimos años, la hibridación se ha acentuado de modo muy notable.

Así, la ciencia ficción se mezcla con lo maravilloso/ fantasía, mestizaje ya conocido, sobre todo en el subgénero de *space opera* o aventuras espaciales. Buen ejemplo de ello es la trilogía *Los ojos bizcos del sol*, compuesta por las novelas *Transcrepuscular, Antisolar* y *Subsolar*, de Emilio Bueso. También se unen terror y ciencia ficción: léase *La luna para damas* de M.ª Concepción Regueiro Digón.

Una forma híbrida con bastante éxito en los últimos tiempos es el *weird fiction* o *new weird*, que fusiona la ciencia ficción, lo maravilloso y un terror basado en lo repulsivo y monstruoso, más que en el susto. Aquí están, entre otros, el británico China Miéville, la española Cristina Jurado y T. P. Mira de Echeverría, de Argentina (que se define como autore no binarie; ha publicado también con el nombre de Teresa P. Mira-Echeverría).

Esta hibridación no es un mero artificio, ni tampoco obedece necesariamente a una comodidad que, sobre todo en el caso de la ciencia ficción, permitiría rebajar el nivel de rigurosidad tecnológica o científica de las obras, sino que es un rasgo identitario, relacionado con nuestro tiempo, cíborg, *queer*, transhumano en suma.

La ciencia ficción se ha «contaminado» con elementos maravillosos, como ya hemos visto, y la fantasía se ha mezclado, desde el principio de la historia de la literatura, con el terror, por ejemplo, en los cuentos populares e incluso en los de hadas para un público infantil. Pero no ha habido tantos casos de fantasía de carácter especulativo, aunque se trata de una hibridación con mucha potencia y posibilidades.

Muy representativa en este sentido es la obra de China Miéville, ya mencionada. Miéville escribe fantasía urbana con una fuerte carga especulativa y un claro compromiso social de izquierdas, a lo que se añade una calidad literaria muy notable. Su imaginario destaca por su complejidad y exuberancia; debido a ello, no es fácil de leer, pero gustará a los amantes del riesgo y de la transgresión. Sus personajes son híbridos entre lo humano, lo animal, lo vegetal, lo mineral incluso, y entre lo humano y la máquina. Destaca su trilogía de Bas-Lag, compuesta por *La estación de la calle Perdido*, *La cicatriz*, y *El consejo de hierro*, tres extensos volúmenes que presentan un mundo donde lo *steampunk* se mezcla con lo mágico y los monstruos con el amor interespecies; se nos habla de racismo, ultracapitalismo, lucha de clases, represión por parte de la autoridad, diversidad y multiculturalidad, todo ello en un ámbito fabuloso, pero que recuerda sin duda el nuestro. Miéville se ha convertido en un referente para muchos autores actuales.

La hibridez conlleva la diversidad, necesaria para cualquier mestizaje, pues solo se hibrida lo que no es igual. Poco a poco, esa diversidad de todo tipo se ha ido incluyendo en la ficción literaria. Ha perdido su carácter de amenaza y peligro, aunque mantenga la de extrañeza. Esa extrañeza pasa a ser atrayente y enriquecedora. Los monstruos ya no tienen por qué causar rechazo; ahora pueden y deben integrarse en nuestra realidad. Se los reivindica. Se cuestionan así los conceptos de normalidad y naturalidad. A este respecto, es muy recomendable leer las novelas y cuentos fantásticos de la española Pilar Pedraza o de la británica Angela Carter.

¿Quiere esto decir que tenemos que incluir sí o sí la diversidad étnica, LGTBIA o a las mujeres en nuestros mundos ficcionales, aunque en su referente histórico no lo estuvieran? ¿Tiene que haber elfos negros y sirenitas negras, o guerreras en la fantasía épica medievalizante? No hay una respuesta fácil. Tanto si lo hacemos como si no lo hacemos podemos ser objeto de críticas y de polémicas. Las producciones audiovisuales están muy expuestas en este sentido cuando los paradigmas culturales cambian, pues una parte del público desea esa inclusión y otra, muy por el contrario, la rechaza.

También ocurre esto cuando los escritores alcanzan el éxito. Cuanta más fama se tenga, más posibilidades hay de ofender a personas o grupos. Cierto que estamos en una época en que mucha gente se molesta con demasiada facilidad, pero hay ofensas reales. Se trataría de realizar la inclusión de manera natural y voluntaria, no forzada o por quedar bien, lo que acaba notándose. No incluir personajes de otras etnias o LGTBQIA no supone necesariamente que se tengan ideas discriminatorias. El racismo, la misoginia, la homofobia y la transfobia acabarán revelándose en nuestras entrevistas, en nuestras redes sociales o en cualquier otro ámbito público.

Veamos el caso de los personajes LGTBIA (lesbianas, gays, trans-no binarios, bisexuales, intersexuales, asexuales). Tal vez no conozcamos en la vida real a personas con estas identidades u orientaciones, lo cual sería extraño, puesto que su presencia está cada vez más normalizada, o tal vez las tratamos poco. Entonces, un mínimo respeto y profesionalidad debe llevarnos a leer sobre ellas, tanto ensayos como ficciones, u obras escritas por ellas, así como a visionar productos audiovisuales adecuados. Todo esto para no caer en errores garrafales y verdaderamente ofensivos. También podemos hablar con integrantes de estos grupos para que nos ayuden, siempre y cuando se haga estando ellos de acuerdo. Nada de interrogatorios invasivos sin pedir permiso. La literatura puede ser muy transgresora, dura, descarnada, incluso cruel; la ignorancia y la zafiedad son otra cosa. Y que un error sea involuntario no le quita siempre su gravedad.

Si agraviamos, podemos obtener respuestas desagradables y que son también libertad de expresión. Por ejemplo, denominar en masculino a una mujer trans no es correcto; el término «hermafrodita» ya no se utiliza, pues se prefiere «intersexual»; en cuanto a las discapacidades, no se trata tanto de utilizar eufemismos («invidente» en vez de «persona ciega»), sino de evitar formas claramente menospreciativas, como «minusválido», «disminuido», «tullido» o «subnormal». Este tipo de palabras hay que saber usarlas en un contexto adecuado, como puede ser en la caracterización de un personaje que habla así. Puede ocurrir que no entendamos por qué esas palabras o expresiones son ofensivas; pero eso solo revelaría nuestro desconocimiento del entorno en que vivimos o nuestra ideología. Por supuesto, los lectores tampoco deberían confundir lo que dicen los personajes con la opinión del autor (o autora).

En *La mano izquierda de la oscuridad* de Ursula K. Le Guin, el protagonista, Genly Ai, resulta no ser blanco, pero nos enteramos de ello ya entrada la novela, lo que llegó a suponer en su momento una sorpresa y un choque: tratándose de una autora anglosajona y blanca, se daba por supuesto que sus protagonistas también lo serían, salvo que nos indicara con claridad y desde el principio lo contrario. Esta obra se escribió en 1969. En la tercera década del siglo XXI, la situación mundial respecto a la convivencia de personas de distintas etnias ha cambiado mucho, pero la polémica continúa. Si estamos hablando de GNR, aunque tengamos referentes históricos como la Edad Media o la Inglaterra victoriana, no hay por qué atenernos escrupulosamente a aquella realidad, pues no estamos escribiendo novela histórica.

Por último, y aunque parezca una perogrullada, pertenecer al colectivo LGTBQIA, ser feminista o de una etnia contra la que se ha ejercido racismo no implica escribir buena literatura, aunque la historia esté ajustada a la realidad de los personajes.

¿Puede haber excesos fanáticos, cuotas a cumplir, modas que nos obliguen? Claro que sí, pero eso no supone dejarnos llevar por la inercia de crear solo personajes blancos, varones, guapos, heterosexuales, jóvenes y sanos. Si preferimos seguir con los estereotipos, tendremos que aceptar que nuestras obras no gustarán a una parte del público.

En países como España, los inmigrantes y las personas con orientaciones sexuales e identidades de género no normativas van siendo cada vez más; las mujeres, no. Las mujeres somos la mitad de la población y todos tratamos con ellas. Los escritores tenemos que saber de los avances sociales que han cambiado su situación y de su llegada a muchas profesiones antes mayoritaria o exclusivamente masculinas. De modo que una científica, una astronauta, una exploradora espacial o una guerrera no pueden sorprender como si fueran *rara avis* ni a lectores ni a narradores.

Además de personajes en obras no realistas/no miméticas, las mujeres, por supuesto, también escriben estos géneros. No todos por igual: se han dedicado más a la fantasía/lo maravilloso y al terror fantástico, y menos a la ciencia ficción. Merece la pena detenerse en este último caso. En Estados Unidos, cuya ciencia ficción ha sido y sigue siendo una guía para la nuestra, no fue hasta la década de los sesenta del siglo pasado cuando empezó a aumentar de modo notable el número de escritoras, aunque ya había habido pioneras de la talla de Leigh Brackett, Catherine L. Moore o Andre Norton. A partir de 1960, surgió una importante ciencia ficción feminista que ha servido de referencia a las autoras españolas y de otros países. En ella tuvimos a Ursula K. Le Guin, Octavia Butler, Joanna Russ, Sheri S. Tepper, Suzette Haden Elgin, Vonda McIntyre o James Tiptree Jr. (seudónimo de Alice B. Sheldon, que también escribió como Raccoona Sheldon).

En España, sin embargo, no fue hasta los años ochenta del siglo veinte cuando aparecieron, de modo muy aislado, algunas escritoras de ciencia ficción con cierto renombre: Elia Barceló, la más conocida; Blanca Martínez (luego Blanca Mart), una autora catalana que residía y publicaba en México y en castellano; en catalán, Rosa Fabregat y Montserrat Galícia (aunque esta última se dedicaba entonces a la ciencia ficción juvenil). Y no será hasta la segunda década del siglo xxi cuando el número de narradoras sea significativo. Aquellas que ya habían empezado a publicar a principio de siglo y de milenio se han mantenido y consolidado, y han surgido nuevas voces. Ayudaron a ello antologías de escritoras, previa convocatoria para el envío de relatos, con las que se intentaba fomentar esa presencia. Estas convocatorias dieron lugar a cinco sucesivas antologías *Alucinadas*, de 2015 a 2019, publicadas por los sellos Sportula y Palabaristas Press, y tres antologías *Premio Ripley*, de 2017 a 2019, editadas por Triskel. Ha sido también muy importante el crecimiento de lectoras aficionadas, investigadoras, editoras, directoras de revista, traductoras o ilustradoras.

Para quien tenga interés en conocer mejor la historia de las escritoras españolas de ciencia ficción, resulta muy recomendable la antología en dos volúmenes *Distópicas* y *Poshumanas*. *Distópicas* se dedica a las autoras del siglo XIX y XX; *Poshumanas* recoge relatos de escritoras que empezaron a publicar ya en el siglo XXI. Actualmente podrían añadirse dos volúmenes más, con las narradoras emergentes.

¿Corresponde esta mayor presencia de escritoras a una mayor calidad literaria en la ciencia ficción española? La respuesta es: no necesariamente ni tiene por qué ocurrir así. Hay el mismo porcentaje de autoras buenas, mediocres y malas que entre los autores varones. Esto resulta indispensable para que surjan nombres excepcionales.

¿Han aportado las mujeres como creadoras, a la ciencia ficción, temas, estilos, miradas nuevas? Aquí no estamos hablando de calidad, sino de diversidad. Y ahora la respuesta es: no siempre, desde luego; pero sí han introducido cuestiones que a ellas les importan, o han presentado temas generales desde otra perspectiva: la reproducción humana, la maternidad, la sexualidad, la menstruación, la violencia, la guerra, las relaciones humanas, el amor, la exploración espacial o los alienígenas han sido vistos de otra manera por muchas de ellas.

Hay una tercera pregunta ligada a las dos anteriores: ¿las lectoras tienen intereses distintos a los lectores varones? De nuevo, no es así siempre, pero suele ocurrir. Y no se trata tanto de que a las lectoras no les guste, por ejemplo, la ciencia ficción *hard* o dura, la más rigurosa y cercana a lo tecnológico y científico, sino que este tipo de ciencia ficción ha contenido demasiadas veces un buen número de estereotipos sexistas en cuanto a los personajes.

Sigue habiendo escritores varones (y algunas autoras) cuya ciencia ficción es muy clásica en todos los sentidos, incluyendo la pervivencia de esos estereotipos sexistas del pasado. Otros han incorporado a sus textos la nueva realidad social, con lo que sus obras no contendrán tantos elementos anacrónicos. En ocasiones, más que un rechazo virulento de nuevas temáticas, lo que suele darse en ciertos autores es una inercia para adaptarse a esos cambios. Y es que no se trata de, simplemente, incorporar personajes femeninos que sean remedos de los masculinos convencionales, violentos, arrogantes y autoritarios: hay mujeres así, pero su presencia no hace una obra más feminista. Se necesita otra mirada. Quien tenga interés en esta cuestión, puede leer la antología de artículos *Hijas del futuro: literatura de ciencia ficción, fantástica y de lo maravilloso desde la mirada feminista.*

Hemos dedicado bastante espacio en este artículo a la ciencia ficción española, un género que sigue estando hasta cierto punto relegado frente a lo fantástico y maravilloso. Estos dos últimos sí han contado con nombres muy reconocidos en la literatura española. En lo fantástico, Gustavo Adolfo Bécquer, con sus *Leyendas*, o Emilia Pardo Bazán, con una parte destacada de sus numerosos relatos; sin embargo, estos dos autores solo han sido declarados abiertamente como fantásticos en los últimos tiempos. En el siglo xx, destaca la obra de Mercè Rodoreda, Cristina Fernández Cubas, Pilar Pedraza, Juan José Plans o Ralph Barby, entre otros; algunos de ellos, como Fernández Cubas y Pedraza, siguen escribiendo y publicando en nuestro siglo. Y actualmente ya contamos con un magnífico panorama de creadores (algunos de los cuales también abordan la ciencia ficción): Emilio Bueso, Nuria C. Botey, Jesús Cañadas, Santiago Eximeno, David Jasso, Ismael Martínez Biurrun, Nieves Mories, José Carlos Somoza, Javier Quevedo Puchal o Darío Vilas Couselo.

Lo fantástico ha sido siempre un canal muy adecuado para que las autoras expresasen sus miedos y angustias personales, los tabúes y represiones en torno a la sexualidad o su situación social como oprimidas: léase a Mary Shelley, a Charlotte Perkins Gilman, a Pilar Pedraza y a Angela Carter. Se ha publicado recientemente una antología de escritoras españolas que se dedican al terror, el *weird* y lo insólito, *Ellas, las extrañas* (InLimbo, 2023, selección de Beatriz García Guirado), donde podemos encontrar algunas de las ya citadas y a otras como Alicia Sánchez, Pilar Adón, Patricia Esteban Erlés, Gemma Solsona Asensio, María Zaragoza o Isabel del Río. Se necesitaría mucho más espacio que este para hacer una referencia adecuada a las novelistas y cuentistas latinoamericanas que están produciendo textos de lo extraño/insólito, lo terrorífico y fantástico, y también introducen elementos del realismo mágico, combinándolo todo con el realismo más puro y descarnado: citaremos algunos nombres más adelante, al hablar de los GNR en América Latina.

En cuanto a la fantasía/lo maravilloso, un género antiquísimo y que tanto ha servido como vehículo de formación de lo femenino y masculino (cuentos de hadas, cuentos populares), Ana María Matute en *Olvidado rey Gudú* (1996) ya demostró que una autora de primera línea podía escribir una literatura de lo maravilloso de gran calidad y madurez. Estas ficciones son muy cultivadas en España, por lo cual se hace difícil mencionar nombres concretos. Más allá de la fantasía juvenil —la más conocida, tanto como una de sus autoras más relevantes, Laura Gallego—, merece la pena leer, por ejemplo, las novelas de fantasía épica basadas en mitos nórdicos de Aranzazu Serrano Lorenzo *Neimhaim. Los hijos de la nieve y la tormenta* y *Neimhaim. El azor y los cuervos*; a José Antonio Cotrina, *La canción secreta del mundo*, o la serie *El ciclo de la luna roja*, obras de fantasía oscura para público juvenil; y a Sofía Rhei, una autora muy versátil, con *Róndola* o *El bosque profundo*.

14.3. Inclusividad en el lenguaje

Llegamos ahora a un tema complicado y polémico, sobre el que se han escrito muchos artículos, libros y recomendaciones por parte de instituciones públicas, y sobre el que han opinado académicos de la RAE, filólogos, escritores, periodistas y el resto de la población (esta última sobre todo en las redes sociales). De antemano es mejor decir, a quien considere que las propuestas y usos del lenguaje no sexista/inclusivo son pura majadería, que puede obviar la cuestión y este apartado. En cualquier caso, el tema requiere respeto y análisis, porque obedece a una realidad: durante siglos, como resultado de la existencia de una estructura de poder social, político, económico y personal de los varones sobre las mujeres (a eso es a lo que se denomina «patriarcado»), el masculino como género gramatical, representado por los sufijos —o/—os y, en algunos casos, —e—/es, no ha sido siempre utilizado para referirse a varones y mujeres, sino para nombrar solo a los varones y convertirlos en representantes exclusivos de lo humano y lo universal. Las mujeres pasaban así a ser algo secundario y aparte, la otredad. Hay muchos ejemplos, escogemos uno solo por falta de espacio, extraído de una canción de 1976, «Libertad sin ira», del grupo español Jarcha, canción que tuvo gran éxito durante la transición a la democracia:

> «Dicen los viejos / que en este país hubo una guerra / y hay dos Españas que guardan aún / el rencor de viejas deudas. / Dicen los viejos / que este país necesita / palo largo y mano dura / para evitar lo peor. / Pero yo solo he visto gente / que sufre y calla dolor y miedo. / Gente que solo desea / su pan, su hembra, su fiesta en paz».

«Libertad sin ira»
Jarcha

Se supondría que «los viejos» es un masculino genérico que no se refiere solo a los varones, sino a viejos y a viejas. Más aún, «gente» es un claro colectivo. Sin embargo, los últimos versos nos revelan que no es así: ¿quiénes son, sino los varones, esa «gente» que solo desea «su pan» y «su hembra»?

Esta universalización de lo masculino se encuentra también en el contenido de la propia literatura, no solo en su lenguaje, y nos puede servir para entender mejor el problema. En *El señor de las moscas* (1954), de William Golding, un grupo de niños varones naufraga en una isla desierta. Sin ninguna presencia adulta, empieza a desarrollarse un dramático conflicto de poder y violencia. Pero ¿habría cambiado la situación de haberse tratado de niñas o de un grupo mixto? Difícilmente se pueden negar las significativas variaciones que existirían, debidas a la educación de entonces, lo cual no excluiría otro tipo de enfrentamientos por el poder y otras formas de violencia.

¿Cuál sería la solución a este problema? En cuanto a contenido, resulta fácil concluir los cambios necesarios. Otra cosa es el ámbito lingüístico.

En la actualidad, se distingue el lenguaje no sexista (aquél que evita términos o expresiones machistas y nombra a las mujeres) del lenguaje inclusivo, el cual, valga el juego de palabras, incluye al anterior, pero se refiere no solo a mujeres y varones, sino también a personas con otras identidades de género.

Una de las propuestas fundamentales en ambos casos incide en evitar términos con una carga, denotativa o connotativa, machista, homófoba, tránsfoba, racista, capacitista, etcétera, («invertido», «machorra», «subnormal», «retrasado»; respecto del uso de términos como «maricón», «mariquita» o «bollera», han sido reivindicadas por el colectivo LGTB, que las usa sin problema, pero otra cosa es su utilización desde fuera de ese colectivo, que puede resultar arriesgada). Téngase en cuenta que, en muchos de estos casos, no estamos hablando solo de inclusividad, sino de dignidad. Y ya hemos dicho antes que no debe confundirse el caso en que estas palabras las utilicen los personajes de una obra y emplearlas en la voz narrativa en tercera persona no focalizada, en las redes sociales o en otras intervenciones públicas. Por cultura general debemos saber que las formas femeninas de numerosas profesiones son aceptadas desde hace mucho por los lingüistas, de modo que se debe decir «la médica», «la abogada», «la jueza». En caso de duda, pues hay sustantivos comunes en cuanto al género («soldado», «conserje», «taxista») es muy útil consultar el diccionario de la RAE, donde aparecen las formas desdobladas o sin desdoblar. Téngase en cuenta que los idiomas están en continua evolución, por lo cual ese diccionario debe revisarse a menudo. Si estamos hablando solo de mujeres, hay que utilizar el femenino, no el masculino genérico.

También se ha hecho y se hace la propuesta de evitar el masculino genérico, en singular o plural, sustituyéndolo por el desdoblamiento («los ciudadanos y las ciudadanas»), o el uso de términos colectivos, abstractos o más o menos neutros («ciudadanía» en vez de «los ciudadanos y las ciudadanas», «el pueblo gallego» en lugar de «los gallegos y las gallegas», «voz narrativa» en vez de «el narrador», «colegio de abogacía» en lugar de «colegio de abogados», «derechos de autoría» en vez de «derechos de autor»). Algunas de estas formas son correctas o incluso preferibles por más neutras. Sin embargo, no siempre se puede sustituir un masculino genérico por un colectivo: «infancia» o «juventud» sirven como colectivos, pero no «ancianidad» o «vejez». Se puede optar por «las personas ancianas». No obstante, todas estas opciones son útiles en textos de no ficción (ensayos, periodísticos, administrativos), pero el gran problema se da en la ficción, donde no solo es necesaria la economía lingüística, sino que hay que cuidar el estilo y el ritmo, y evitar repeticiones. Incluso en textos de no ficción y en la lengua oral, repetir continuamente «las personas», usar circunloquios o desdoblar puede hacer muy farragoso y mecánico cualquier discurso, además de que en la práctica no se habla así. Cuando una propuesta deviene en artificio y pesadez, hay que buscar otra. Por añadidura, forzarnos a evitar y a excluir toda una serie de formas gramaticales para no caer en el sexismo o en la no inclusividad, cuando estas formas afectan a todo el sistema o estructura del idioma, resulta limitante y empobrecedor. Una cosa es esquivar los términos ofensivos y otra eludir todos los masculinos genéricos en sustantivos, adjetivos, pronombres y determinantes.

En cuanto al uso de los sufijos «–e/–es» como neutros («todes») es una innovación que se está usando, pero los cambios lingüísticos deben ser aceptados por toda una comunidad, y estamos hablando de casi quinientos millones de usuarios del español o castellano.

¿Quiere esto decir que no hay que hacer ningún esfuerzo o intento por un lenguaje inclusivo y no sexista? No; de hecho, este capítulo usa formas de lenguaje inclusivo, pero también el masculino genérico. Se pueden utilizar de manera demostrativa de nuestra intención o alternando distintas opciones. Ahora bien, si optamos por no utilizar el desdoblamiento («epístola de San Pablo a los corintios y a las corintias»), que no nos traicionen luego expresiones como «la situación social de los corintios y de sus mujeres». Se trataría, entonces, de recuperar los sufijos –o/–os y –e/–es de modo verdaderamente genérico, aparte de servirnos de las otras posibilidades mencionadas.

14.4. Otros continentes, culturas e imaginarios

Otra de las características más importantes de los GNR actuales es la irrupción de autores no circunscritos a un origen, cultura o imaginario anglosajones o europeos.

14.4.1. América Latina

Décadas después de lo que se llamó el *boom* latinoamericano, vinculado al realismo mágico, nos encontramos con nuevas voces que han elegido la ciencia ficción, lo fantástico, lo maravilloso o sus híbridos, y lo escriben con una enorme potencia y calidad. Estos autores parten de un contexto real que les aporta unos materiales ya de por sí muchas veces distópicos, terroríficos o impactantes por su extrañeza. Literariamente se trata de un filón para la lectura. Hay originalidad, experimentación y una ausencia de tópicos temáticos presentes en otras narrativas más consolidadas, pero también más convencionales. La alta presencia de autoras supone aquí un factor fundamental.

Pueden citarse muchos nombres y solo haremos una selección, aunque más detallada que en los apartados correspondientes a autores de otras procedencias, debido, en este caso, a que tenemos una lengua común. Países como Argentina, Cuba o México cuentan ya con una tradición larga de escritura de los GNR, incluyendo la ciencia ficción, pero actualmente se pueden destacar nombres como los argentinos Mariana Enriquez, Samantha Schweblin, T. P. Mira-Echeverría, Laura Ponce, Juan Simeran y Valeria Correa Fiz; los mexicanos Gabriela Damián Miravete, Alberto Chimal y Cecilia Eudave; los cubanos Maielis González, Elaine Vilar Madruga y Erick J. Mota. En otros países: de Bolivia, Giovanna Rivero y Liliana Colanzi; de

Colombia, Luis Carlos Barragán; de Chile, Jorge Baradit y Alicia Fenieux; de Ecuador, Mónica Ojeda y Solange Rodríguez Pappe; de El Salvador, Jacinta Escudos; de Uruguay, Fernanda Trías y Ramiro Sanchiz. Para quien desee conocerlos mejor, a ellos y a otros, están las antologías *El tercer mundo después del sol: antología de ciencia ficción latino-americana*, *América fantástica: panorámica de autores latinoamericanos fantásticos del nuevo milenio*, *Herederos de dos culturas*, e *Insólitas: narradoras de lo fantástico en Latinoamérica y España*. Los podcasts del proyecto «Las Escritoras de Urras» ofrecen relatos leídos de autoras, gran parte de ellas de América Latina.

14.4.2. África

En los últimos años ha habido un gran interés entre el público lector por la ciencia ficción y otros GNR de autores africanos o afrodescendientes. A este respecto, recomendamos leer el artículo de C. B. Estruch «Diáspora a las estrellas: el viaje de las protagonistas afrofuturistas», incluido en la ya citada antología *Hijas del futuro*. Por una parte, están los autores nacidos en América, pero de ascendencia africana, como es el caso de las estadounidenses Nnedi Okorafor, de padres nigerianos; P. Djèlí Clark, con familia originaria de Trinidad y Tobago; o N. K. Jemisin, aunque en este caso sus ascendientes han vivido en Estados Unidos. Y los autores afrocaribeños, entre ellos Nalo Hopkinson, de Jamaica, o Junot Díaz, de la República Dominicana. Por otro lado, tenemos a quienes han nacido en África, aunque luego se hayan trasladado a vivir a otros continentes, como Akwaeke Emezi, de Nigeria, de ascendencia nigeriana e india. Hay que recordar que, en la ciencia ficción estadounidense, ya escribían Octavia Butler y Samuel R. Delany; que Toni Morrison tiene novelas catalogables dentro del realismo mágico; o que Maryse Condé, nacida en Guadalupe, Antillas francesas, ha creado novelas históricas con elementos sobrenaturales y de terror.

14.4.3. Asia

Ciencia ficción asiática y de autores de origen asiático. Todo un mundo por descubrir. Citaremos a Kazuo Ishiguro, británico nacido en Japón; a Ted Chiang, estadounidense de ascendencia china; Aliette de Bodard, nacida en Estados Unidos, de ascendencia franco-vietnamita; Ken Liu, de nacionalidad chinoestadounidense, nacido en China; y Cixin Liu, nacido en China. Hay también una antología para iniciarse en el conocimiento de parte de estos autores, *Planetas invisibles: antología de ciencia ficción china contemporánea* (Alianza Editorial, 2017, selección de Ken Liu).

14.4.4. La otra Europa

En Europa, fuera del ámbito de la literatura en inglés, también se están escribiendo GNR. Como muestra, destaca Anna Starobinets, narradora rusa de terror y ciencia ficción. Asimismo, tenemos a Dmitry Glukhovsky, que inició con su novela de ciencia ficción distópica *Metro 2033* una serie con varias secuelas. Starobinets y Glukhovsky no surgen de la nada, pues ha existido una tradición importante de escritura de ciencia ficción en lengua rusa. Hay una antología histórica, *Ciencia ficción rusa y soviética: vol. I: del siglo xix a la Revolución*), en una editorial, Nevsky Prospects, que publicó autores clásicos ruso-soviéticos.

14.4.5. GNR EN CATALÁN Y GALLEGO

Haremos una mención especial a los GNR escritos en catalán y gallego. Cataluña, y especialmente Barcelona, han sido tradicionalmente sede de muchas editoriales especializadas en GNR y que trajeron a nuestro país la obra de los clásicos del siglo xx: Martínez Roca, Ediciones B, Ultramar, Orbis o Edhasa. Asimismo, las obras no realistas/no miméticas en catalán tienen una larga tradición con autores como Manuel de Pedrolo, Miquel de Palol, Joan Perucho o Mercè Rodoreda. De hecho, hay una Societat Catalana de Ciència-ficció i fantasia (SCCFF), creada en 1997. Algunas editoriales en catalán publican GNR: Males Herbes, Pagès, Mai Més o Raig Verd. En lengua gallega también ha habido y hay sellos o bien especializados en GNR, como Boadicea, que ha traducido al gallego a Ursula K. Le Guin y China Miéville, además de publicar autóctonos, o generalistas que en ocasiones sacan obras no miméticas, por ejemplo Xerais, Galaxia y Baía Edicións, esta última en sus colecciones infantiles y juveniles.

Por supuesto, sigue existiendo una ciencia ficción, narrativa fantástica y de lo maravilloso estadounidenses y británicas que también nos servirá de mucho como referente para nuestra escritura, además de disfrutarla como lectores.

14.5. DISTOPÍAS Y UTOPÍAS

La distopía construye y describe un mundo mucho peor que nuestra realidad presente. Como ya se explicó antes, aunque acostumbraba a abordarse desde la ciencia ficción (donde lo distópico futurista ha sido un clásico desde el comienzo del género), se ha expandido más allá, incluso a la fantasía/lo maravilloso. Tanto en literatura como en creaciones audiovisuales, ha alcanzado bastante éxito de ventas en los últimos años. Ese éxito ha llevado a cada vez más narradores y creadores a ensayar sus propias distopías. Al abundar por doquier, lo que fue tantas veces una dura crítica a la sociedad en la que vivían los autores o la expresión de los miedos al futuro se ha ido convirtiendo poco a poco en una temática con abundantes estereotipos, tan previsibles como comerciales. Incluso ha adquirido cierto talante conservador: ante un porvenir siniestro, acabamos pensando que no estamos tan mal en el presente, lo que ralentiza el impulso hacia el cambio. Un ensayo muy recomendable sobre la evolución de las distopías es *Contra la distopía: la cara B de un género de masas*, de Francisco Martorell.

Resulta mucho más difícil escribir una buena utopía que cualquier tipo de distopía. Para el horror y lo siniestro tenemos muchos referentes; para imaginar, construir y describir un futuro mejor, el asunto se complica. Las utopías clásicas han ido quedando obsoletas con el paso del tiempo y ya solo sirven para saber lo que se pensaba y pretendía en su momento histórico; con frecuencia, resultan además un tanto acartonadas, sobre todo sus personajes. Sin embargo, en los últimos años está renaciendo el interés por visiones optimistas y esperanzadoras, ya casi revolucionarias en el contexto en que vivimos. Para un repaso de este tipo de ficciones con mucho de teoría social y política, está el libro de Francisco Martorell *Soñar de otro modo: la reinvención de la utopía*. Utopías españolas actuales que merece la pena leer: *Newropía*, de Sofía Rhei; *El futuro que hicimos*, de Óscar Eslava; la antología *Tiempo de utopías*. Y, por supuesto, un clásico anglosajón, *Los desposeídos* (1974) de Ursula K. Le Guin.

14.6. EL MUNDO EDITORIAL

Nos apasiona escribir y queremos publicar. Para ello, es importante conocer las opciones que ofrece el mundo editorial español en este momento y las dificultades con que podremos encontrarnos.

Vivimos en una época donde hay muchas más posibilidades que antes para publicar. Continúa existiendo la edición tradicional a cargo de un sello editorial que, tras leer nuestro libro, lo acepta, imprime y difunde. Puede hacerlo en papel o en edición digital, y cuenta con la opción de imprimir a demanda, lo que abarata costes al sacar tiradas pequeñas. Además de los grandes grupos editoriales, los sellos de tamaño mediano y pequeño, independientes, realizan un trabajo muy valioso y nos puede ser más fácil acceder a ellos.

Está también la coedición: un sello que nos publique y ofrezca además sus servicios editoriales (corrección, maquetación, diseño e ilustración de portada, y distribución), pagando esos servicios; nos brindará asimismo el amparo del nombre de esa editorial. O, directamente, hay quienes eligen o solo les queda la opción de la autopublicación, buscando antes, o no, la ayuda de los profesionales de los servicios citados. Empresas, grupos y personas individuales ofrecen talleres y cursos de escritura, mentorías en grupo o personalizadas, y corrección, para mejorar las obras antes de presentarlas a una editorial o autopublicarlas. En todos los casos, hay que informarse bien previamente a elegir. Existen supuestos sellos de coedición que, en realidad, son formas de autoedición encubiertas; como en cualquier otro campo de la vida, hay intentos de engaño para sacar dinero a quienes tienen ilusión por publicar; no todos los supuestos correctores, ilustradores, mentores, etcétera, tienen el nivel que sería necesario para enseñar o trabajar como tales, y estas intrusiones no solo perjudican a las personas que escriben, sino a los verdaderos profesionales. No necesariamente lo más caro es mejor, pero también resulta lógico desconfiar de precios demasiado bajos. En caso de duda o sospecha, mejor esperar e investigar sobre lo que se nos ofrece: una simple búsqueda en internet puede ayudarnos; otras veces, habrá que preguntar y buscar más: siempre está la opción de recurrir, por ejemplo, a personas con más experiencia, para que nos aconsejen.

Si tenemos problemas de redacción, de ortografía, de sintaxis, debemos formarnos previamente al intento de ser editados. Una obra no es solo la historia que relata, sino también cómo está escrita. Todos cometemos errores y erratas que es necesario corregir, pero un corrector, debemos tenerlo en cuenta, no puede hacer la mayor parte del trabajo que nos correspondería.

¿Se puede hablar de una revalorización de los GNR, lo que nos facilitaría tener espacio en editoriales no especializadas? Hasta cierto punto, sí. Una serie de autores generalistas, algunos muy reconocidos, se han animado a abordar estas ficciones, por ejemplo, la distopía, y hasta el terror fantástico: entre ellos, José María Merino, Jon Bilbao, Rosa Montero o Sara Mesa. Eso, además del aumento en calidad y variedad de los GNR de autores especializados, ha permitido que estas obras se vayan conociendo más en profundidad y ya no se las considere como género B. El interés de los investigadores universitarios ha contribuido también a esa mejora. No se pretende decir que los GNR hayan entrado de pleno en el canon, pero están en buen camino.

Ahora bien, no debemos olvidar que, aunque más conocidos y reconocidos, los GNR siguen siendo minoritarios. Si nuestra intención es alcanzar la fama o ganar dinero, mejor no nos dediquemos a ellos, sobre todo a la ciencia ficción; se puede probar, si acaso, con la fantasía/lo maravilloso, sabiendo que nuestro público será mayoritariamente infantil y juvenil (y en ese campo hay bastante competencia) o con el terror más comercial.

Las mayores posibilidades de publicación (hablando ahora en general) han aumentado mucho el número de autores y de obras editadas al año. Dado que un sello puede lanzar tiradas cortas y que la coedición/autopublicación es factible, tendremos que competir en cuanto a visibilidad y difusión con un número mucho mayor de autores que en el pasado. Se supone que, si estamos en una editorial tradicional, nos hará ese trabajo. Pero no siempre ocurre así, sea cual sea el tamaño del sello.

¿Hay más posibilidades de destacar si escribimos bien? Sí, aunque no es garantía total. En cualquier caso, el esfuerzo por escribir lo mejor posible debería ser consustancial a cualquier persona que desee dedicarse a este oficio.

El exceso de novedades tiene otras consecuencias: por un lado, para el público lector resulta difícil seleccionar entre tanta oferta; abarcarla se ha convertido en un imposible. Por otro, si nos dedicamos solo a los libros nuevos, no tendremos tanto tiempo para obras clásicas. Como estas pueden ayudarnos mucho en nuestra formación, sería bueno que encontráramos horas para ello.

Se llama *fandom* al círculo o conjunto de personas aficionadas a una actividad o, en este caso, a unos determinados géneros literarios, los GNR. El *fandom* existe desde hace bastante tiempo en España y constituye uno de los núcleos lectores más importantes. Quienes lo integran se mantienen en contacto entre sí, se reúnen en festivales y encuentros, difunden libros y se asocian para promocionar su afición, de manera que a los autores que quieran dedicarse a escribir GNR les conviene conocer este ámbito y entrar en él. El *fandom* puede ser un entorno muy acogedor y ayudar en la promoción de nuestras obras; como contrapartida, se trata de un círculo con tendencia a la endogamia y a los conflictos internos: nada nuevo bajo el sol.

Hay una serie de editoriales españolas especializadas en GNR. El problema de las más pequeñas es la dificultad para mantenerse, por lo cual su vida puede no ser muy larga. Algunas prefieren editar exclusiva o mayoritariamente a autores extranjeros, pero, por fortuna, cada vez son más las que se animan con españoles. Un listado bastante completo puede encontrarse en la web Literatura Fantástica, de Mariano Villarreal (http://literfan.cyberdark.net/Editoriales.htm). Algunas editoriales grandes sí publican GNR, pero resulta mucho más difícil acceder a ellas o se decantan sobre todo por escritores ya reconocidos.

Gran parte de los autores van a tener el trabajo añadido de hacer difusión de sus propias obras o, al menos, colaborar en esa labor todo lo que puedan. Como vía de darse a conocer están, sin duda, las redes sociales. Ahora bien, las redes sociales pueden ayudarnos a ser más conocidos y a publicitar nuestra obra, o perjudicarnos. Se pueden convertir en un canal donde recibamos críticas, ataques e incluso acoso. Y, sobre todo, las redes nos ponen en evidencia si no las utilizamos con sensatez, ya que muestran, con mucha más claridad de la que pensamos, nuestros defectos, nuestra violencia y nuestra ideología. Hay que evitar quejas constantes, demostración de envidias o groserías que tomamos por formas de transgresión. La falta de conciencia de ese comportamiento no hará que los demás no lo vean con la claridad que nosotros no tenemos.

En este tiempo posmoderno, híbrido, transhumano, escribir y publicar resulta relativamente fácil, pero llegar a un círculo de lectores más allá de nuestros conocidos es otra cosa. Todas las editoriales tienen las bandejas de entrada de sus correos electrónicos llenas de manuscritos de personas que desean ver cómo su obra sale a la luz. La competencia es mucha y no solo entre libros; estos tienen que disputar su espacio con creaciones audiovisuales, videojuegos y redes sociales. Al ser altísimo el número de novedades por año, la obra deviene un producto efímero. Todo es vertiginoso. Hay que saberlo, aceptarlo y partir de ello, aprender a no desesperar, a trabajar con paciencia, tesón y honestidad, sin olvidarse, además, de leer todo lo que podamos, con la misma pasión que escribimos, porque la lectura es nuestro alimento principal.

> «Leer —leer las historias que han escrito otros escritores, leer voraz pero críticamente, leer lo mejor que existe y aprender de ello, de cuántas maneras buenas y diferentes se puede contar historias— es tan esencial para ser escritor que siempre me olvido de mencionarlo».
>
> *Contar es escuchar*
> Ursula K. Le Guin

BIBLIOGRAFÍA

Abbott, Edwin A., *Planilandia*, Edaf, 2019.
Abercrombie, Joe, *Los Héroes*, Alianza, 2016.
Acosta, Rinaldo, *Crónicas de lo ajeno y lo lejanos,* Letras Cubanas, 2010.
Adams, Douglas, *Guia del autoestopista galáctico*, Anagrama, 2019.
Alderman, Naomi, *El poder*, Roca, 2019.
Andersen, Hans Christian, «El eslabón», en *Cuentos escogidos de Andersen*, Gaspar Editores, 1879.
Anónimo, «Astillas», en el sitio *Las Historias* (https://www.lashistorias.com.mx/index.php/astillas/), recuperado el 25 de abril de 2024.
— *Gilgamesh o la angustia por la muerte. Poema babilonio*, El Colegio de México, 2000.
Atwood, Margaret, *El cuento de la criada*, Salamandra Bolsillo, 2021.
Asimov, Isaac, *Cuentos completos I*, Nova, 2013.
— *El fin de la eternidad*, Algar, 2022.
— *El hombre bicentenario y otros cuentos,* Ediciones B, 1997.
— *Fundación*, Penguin Random House, 2015.

— *Las bóvedas de acero,* Penguin Random House, 2005.

— *Yo, robot,* Edhasa, 2019.

Ballard, J. G., *Zona de catástrofe*, Minotauro, 1995.

Barceló, Elia, *Consecuencias naturales*, Crononauta, 2019.

Barceló, Miquel, *Nueva guía de lectura de ciencia ficción,* Nova, 2015.

Barker, Clive, *Libros de sangre I*, Valdemar, 2016.

Barrie, J. M., *Peter Pan*, Puffin, 2021.

Bazterrica, Agustina, *Cadáver exquisito*, Alfaguara, 2018.

Bender, Aimee, *La que recuerda*, Blog literario Hay vida en marte, 2016.

Bierce, Ambrose, *Cuentos inquietantes*, Anaya, 2011.

Bioy Casares, Adolfo, *La invención de Morel*, Alfaguara, 2022.

Blatty, William Peter, El exorcista, Plaza & Janés, 1974.

Borges, Jorge Luis, *Cuentos completos,* Debolsillo, 2013.

— *El informe de Brodie,* Alianza, 2002.

Boye, Karin, *Kallocaína*, Gallo Nero, 2012.

Bradbury, Ray, «El lago», en *El país de octubre*, Minotauro, 2020.

— *Fahrenheit 451*, Debolsillo, 2021.

— *La feria de las tinieblas*, Minotauro, 2019.

— «La pradera», en *El hombre ilustrado*, Minotauro, 2020.

— «Los desterrados», en *El hombre ilustrado*, Minotauro, 2020.

Bretón, André, *Nadja*, Cátedra, 1997, 2004.

Brioschi, F. y Di Girolamo, C., *Introducción al estudio de la literatura*, Ariel, 1996.

Bulgákov, Mijaíl, *El Maestro y Margarita*, Debolsillo, 2003.

Bueso, Emilio, *Los ojos bizcos del sol*, Gigamesh, 2021.

Bulkin, Nadia, *Ella dijo destruye*, La biblioteca de Carfax, 2020.

Burguess, Anthony, *La naranja mecánica*, Booket, 2013.

Burroughs, Edgar Rice, *Tarzán de los monos,* Nórdica, 2022.

— *Una princesa en Marte,* La Biblioteca del Laberinto, 2012.

Butler, Octavia, *Hija de sangre y otros relatos,* Consonni, 2020.

— *La estirpe de Lilith*, Nova, 2021.

Buzzati, Dino, *Sesenta relatos*, Acantilado, 2006.

Byatt, A. S., *El libro negro de los cuentos*, Alfaguara, 2017.

Callenbach, Ernest, *Ecotopía,* La Linterna Sorda, 2013.

Calvino, Italo, *Antología Cuentos fantásticos del XIX*, Siruela, 2019.

— *Las ciudades invisibles,* Siruela, 2022.

— *Seis propuestas para el próximo milenio*, Siruela, 2023.

Cambell, Joseph, *El héroe de las mil caras*, Fondo de Cultura Económica, 2015.

Campra, Rosalba, *Territorios de la ficción: Lo fantástico*, Renacimiento, 2008.

Card, Orson Scott, *La memoria de la tierra,* Ediciones B, 1997.

Carrère, Emmanuel, *El bigote*, Anagrama, 2014.

Carrol, Lewis, *A través del espejo y lo que Alicia encontró allí*, Cátedra, 2006.

— *Alicia en el País de las Maravillas*, Cátedra, 1999.

Carroll, Noël, *Filosofía del terror o paradojas del corazón*, Antonio Machado, 2005.

Chamisso, Adelbert von, *La maravillosa historia de Peter Schlemihl*, Interzona, 2017.

Chapela, Andrea, *Ansibles, perfiladores y otras máquinas de ingenio*, Almadía, 2022.

Chiang, Ted, *La historia de tu vida,* Alamut, 2022.

Cixin, Liu, *El problema de los tres cuerpos*, Ediciones B, 2016.

Clarke, Susana, *Jonathan Strange y el señor Norrell*, Salamandra, 2016.

Clover, Carol J., *Men, Women and Chain Saws*, Princeton University Press, 2015.

Clute, John, *El jardín crepuscular*, Gigamesh, 2015.

Cortázar, Julio, *Bestiario,* Alfaguara, 2014.

— *Cuentos completos I y II*, Debolsillo, 2016.

Coto, Lara, *Materna*, DNX, 2024.

Cotrina, José Antonio, *La canción secreta del mundo*, Independently Published, 2021.

— *El ciclo de la luna roja*, Independently Published, 2018-2019.

Cruz, Juan, *Entrevista a J. K. Rowling*, Diario el País, 2008.

Danielewski, Mark Z., *La casa de hojas*, Pálido Fuego/Alpha Decay, 2013.

Darwin, Charles, *El origen de las especies,* HarperCollins Ibérica, 2019.

De Riquer, Martín y Valverde, Jose María, *Historia de la literatura universal*, Gredos, 2007.

Dick, Philip K., *El hombre en el castillo,* Booket, 2014.

— *¿Sueñan los androides con ovejas eléctricas?*, Minotauro, 2021.

— *Ubik*, Minotauro, 2020.

Dieste, Rafael, *Dos arquivos do trasno*, Galaxia, 2015.

Dostoyevski, Fiódor, *El doble*, Alianza, 2011.

Du Maurier, Daphne, *Los pájaros*, Gallo Nero, 2018.

Dunsany, Lord, *Cuentos de un soñador y otras fantasías*, Valdemar, 2019.

Easton Ellis, Bret, *American Psycho*, Debolsillo, 2023.

Ende, Michael, *Momo*, Salvat, 1987.

Ennis, Garth y Robertson, Darick, *The Boys,* Norma, 2015.

Enriquez, Mariana, «La casa de Adela», en *Las cosas que perdimos en el fuego*, Anagrama, 2016.

— «La hostería», en *Las cosas que perdimos en el fuego*, Anagrama, 2016.

— «Las cosas que perdimos en el fuego», en *Las cosas que perdimos en el fuego*, Anagrama, 2016.

— *Un lugar soleado para gente sombría*, Anagrama, 2024.

Eslava, Óscar, *El futuro que hicimos,* Esdrújula, 2017.

Eudave, Cecilia, *Al final del miedo*, Páginas de Espuma, 2021.

Ferrando, Ignacio, *El rumor y los insectos,* Tusquets, 2023.

Fitzgerald, F. Scott, *Cuentos de la era del jazz*, Montesinos, 2017.

Fuentes, Carlos, *Aura*, Libros del Zorro Rojo, 2017.

García Márquez, Gabriel, *Cien años de soledad,* Plaza & Janés, 1977.

— «El rastro de su sangre en la nieve», en *Doce cuentos peregrinos*, Debolsillo, 2003.

Garro, Elena, «La culpa es de los tlaxcaltecas», en *Cuentos completos*, Alfaguara, 2017.

Gibson, William, *Neuromante,* Minotauro, 2022.

Glukhovsky, Dmitry, *Metro 2033,* Booket, 2022.

Golding, William, *El señor de las moscas*, Alianza, 2010.

González García, Ángel, Calvo Serraller, Francisco y Marchán Fiz, Simón, *Escritos de arte de vanguardia 1900/ 1945*, Istmo, Akal, 1999, 2003, 2009.

Gorvett, Zaida, *Las curiosas maneras en que la ciencia ficción imaginaba a los extraterrestres antes de la llegada de la televisión*, BBC Future, 2023.

Grass, Günter, *El tambor de hojalata*, Alfaguara, 2009.

Heinlein, Robert A., *Forastero en tierra extraña*, Plaza & Janés, 1997.

Herbert, Frank, *Dune*, Penguin Random House, 2020.

Herrera, Yuri, *Diez planetas*, Periférica, 2019.

Howey, Hugh, *Espejismo,* Minotauro, 2013.

Hoffmann, E. T. A., *Cuentos, 1*, Alianza, 2002.

Holland-Toll, Linda, *As American as Mom, Baseball and Apple Pie*, Popular Press, 2001.

Houellebecq, Michel, *Contra el mundo, contra la vida*, Siruela, 2006.

Huxley, Aldous, *La isla,* Editora y Distribuidora Hispano Americana, 1999.

— *Un mundo feliz,* Debolsillo, 2011.

Jackson, Shirley, *Cuentos escogidos*, Minúscula, 2015.

— *La maldición de Hill House*, Minúscula, 2019.

— *Siempre hemos vivido en el castillo*, Minúscula, 2017.

James, Henry, *Otra vuelta de tuerca*, Austral, 2021.

James, M. R., *Corazones perdidos: cuentos completos de fantasmas*, Valdemar, 2014.

Jemisin, N. K., *La quinta estación*, Nova, 2020.

Jurado, Cristina, *Bionautas*, Editorial Cerbero, 2018.

K. Le Guin, Ursula, *Contar es escuchar*, Círculo de Tiza, 2018.

— *El nombre del mundo es bosque*, Minotauro, 2021.

— *La mano izquierda de la oscuridad*, Minotauro, 2018.

— *Las tumbas de Atuan*, Minotauro, 2022.

— *Los desposeídos*, Minotauro, 2020.

— *Los libros de Terramar*, Minotauro, 2020.

— *The Wave in the Mind: Talks and Essays on the Writer, the Reader and the Imagination*, Shambhala, 2004.

— *Un mago de Terramar,* Minotauro, 2021.

— «Verosimilitud en la fantasía: Carta abierta a Alexei Mutovkin».

Kafka, Franz, *Cuentos completos*, Valdemar, 2003.

— *La metamorfosis*, Austral, 2020.

King, Stephen, *22/11/63*, Debolsillo, 2013.

— *Carrie*, Debolsillo, 2003.

— *Cementerio de animales*, Debolsillo, 1993.

— *Christine*, Debolsillo, 2003.

— *It*, Plaza & Janés, 1992.

— *Misery*, Debolsillo, 2018.

Kiplin, Rudyard, *La marca de la bestia y otros relatos fantásticos*, Valdemar, 2012.

Knight, Sebastian, *The Doubtful Asphodel*, Chatto & Windus, 1936.

Kohan, Martin, *Variaciones sobre la nieve*, Eterna Cadencia, 2024.

Kristeva, Julia, *Poderes de la perversión,* Siglo XXI, 2004.

Lázaro Carreter, Fernando, *Estudios de poética (la obra en sí)*, Taurus, 1992.

Leckie, Ann, *Justicia Auxiliar*, Ediciones B, 2015.

Lem, Stanislaw, *Solaris*, Impedimenta, 2011.

Llopis, Rafael, *Historia natural de los cuentos de miedo*, Fuentetaja, 2013.

Lovecraft, H. P., *El terror en la literatura,* BackList, 2010.

— *Narrativa completa*, Valdemar, 2020.

Lynch, Scott, *Las mentiras de Locke Lamora*, Alianza, 2008.

McCarthy, Cormac, *La carretera,* Debolsillo, 2019.

Martin, George R.R., *Canción de hielo y fuego*, Plaza & Janés, 2023.

— *Choque de reyes*, Gigamesh, 2006.

— *Tormenta de espadas*, Gigamesh, 2007.

— et al. *Wild Cards*, Timun Mas, 2013.

Martínez Biurrun, Ismael y Pitillas Salvá, Carlos, *Soy lo que me persigue: el terror como ficción del trauma*, Dilatando Mentes, 2021.

Martínez, Layla, *Utopía no es una isla,* Episkaia, 2020.

Martorell, Francisco, *Contra la distopía: la cara B de un género de masas,* La Caja Books, 2021.

— *Soñar de otro modo: la reinvención de la utopía*, La Caja Books, 2024.

Maturin, Charles Robert, *Melmoth el errabundo*, Valdemar, 2016.

Matute, Ana María, *Olvidado rey Gudú*, Booket, 2020.

Maupassant, Guy de, *El horla y otros cuentos de crueldad y delirio*, Valdemar, 2016.

McCarthy, Cormac, *La carretera*, Debolsillo, 2009.

Miéville, China, *La cicatriz*, B de Books, 2017.

— *El consejo de hierro,* Nova, 2018.

— *La estación de la calle Perdido*, Nova, 2017.

Miró, Javier, *Ojalá tú nunca,* Insólita, 2020.

Moreno, Fernando Ángel, *Teoría de la Literatura de Ciencia Ficción*, Portal Editions, 2010.

Morgan, Richard, *Leyes de mercado,* Gigamesh, 2006.

Moro, Tomás, *Utopía,* Círculo de Bellas Artes, 2011.

Moyano, Manuel, *El imperio de Yegorov*, Anagrama, 2016.

Naimon, David y K. Le Guin, Ursula, *Conversaciones sobre la escritura*, Alpha Decay, 2020.

Niffenegger, Audrey, *La mujer del viajero en el tiempo*, Debolsillo, 2006.

Ocampo, Silvina, *Viaje olvidado*, Emecé, 2005.

Okorafor, Nnedi, *Binti*, Crononauta, 2019.

Orwell, George, *1984,* Austral, 2011.

Palma, Félix J., *El vigilante de la Salamandra*, Pre-Textos, 1998.

Pedraza, Pilar, *El síndrome de Ambras*, Valdemar, 2008.

Peterson, David J., *The art of language invention*, Penguin Books, 2015.

Pinedo, Rafael, *Plop,* Interzona, 2023.

Poe, Edgar Allan, *Cuentos completos*, Páginas de Espuma, 2009.

Potocki, Jan, *Manuscrito encontrado en Zaragoza*, Valdemar, 2005.

Powers, Tim, *Las puertas de Anubis,* Gigamesh, 2005.

Quiroga, Horacio, *Cuentos*, Cátedra, 2005.

Radcliffe, Anne, *Los misterios de Udolpho*, Valdemar, 2012.

Ray, Jean, *Malpertuis*, Valdemar, 1990.

Regueiro Digón, M.ª Concepción, *La luna para damas,* Apache, 2021.

— *Reclutas de guerras invisibles,* Alfa Eridiani, 2011.

Rhei, Sofía, *El bosque profundo*, Aristas Martínez, 2018.

— *Newropía: Elige tu propia utopía*, Minotauro, 2020.

— *Róndola*, Minotauro, 2016.

Roas, David, *Tras los límites de lo real*, Páginas de Espuma, 2011.

Robles, Lola, *En regiones extrañas*, Cazador de Ratas, 2018.

— *Más allá de concordia,* Consonni, 2023.

Rodari, Gianni, *Gramática de la fantasía. Introducción al arte de contar historias*, Planeta, 2021.

Rosny, J. H., *Les Xipéhuz (Las formas),* Forgotten Books, 2018.

Rowling, J. K., *Harry Potter y el misterio del príncipe*, Salamandra, 2020.

— *Harry Potter y el prisionero de Azkaban*, Salamandra, 2020.

— *Harry Potter y las reliquias de la muerte*, Salamandra, 2020.

Rulfo, Juan, *Pedro Páramo*, Cátedra, 2005.

Rushdie, Salman, *Los versos satánicos*, Random House, 2022.

Russ, Joanna, *El hombre hembra,* Nova, 2021.

S. A. Corey, James, *El despertar del Leviatán*, Nova, 2018.

Sagan, Carl, *Contacto,* Plaza & Janés, 1997.

Salvatore, R. A., *El elfo oscuro*, Timun Mas, 2004.

Samósata, Luciano de, *Relatos verídicos*, Planeta DeAgostini, 1995.

Sanderson, Brandon, *Curso de escritura creativa,* Ediciones B, 2022.

— *El camino de los reyes,* Ediciones B, 2015.

Sapkowski, Andrzej, *El último deseo*, Bibliopolis fantástica, 2002.

Saramago, José, *Ensayo sobre la ceguera*, Alfaguara, 2015.

Scott Card, Orson, *El juego de Ender,* Alfaguara, 2018.

Serrano Lorenzo, Aranzazu, *Neimhaim. Los hijos de la nieve y la tormenta*, Plaza & Janés, 2018.

— *Neimhaim. El azor y los cuervos*, Plaza & Janés, 2018.

Shelley, Mary, *Frankenstein,* Austral, 2015.

Shklovski, Victor, *«El arte como artificio»* en *Teoría de la literatura de los formalistas rusos*, Biblioteca Nueva, 2012.

Shua, Ana María, *La muerte como efecto secundario*, Consonni, 2021.

Simmons, Dan, *El terror*, Roca, 2018.

— *Los cantos de Hyperion,* Ediciones B, 2008.

Solà, Irene, *Canto yo y la montaña baila*, Anagrama, 2019.

— *Te di los ojos y miraste tinieblas*, Anagrama, 2023.

Starobinets, Anna, *Refugio 3/9*, Nevsky Prospects, 2015.

— *Una edad difícil*, Nevsky Prospects, 2012.

Stevenson, R. L., *El extraño caso del Dr. Jeckyll y Mr. Hyde*, Austral, 2013.

Stoker, Bram, *Drácula*, Valdemar, 2012.

Suvin, Darko, *Metamorfósis de la ciencia ficción*, Fondo de Cultura Económica, 1984.

Taylor, Lucy, *Un descanso para los muertos y otros relatos*, Pulpture, 2019.

Thacker, Eugene, *En el polvo de este planeta*, Materia oscura, 2015.

Todorov, Tzvetan, *Introducción a la literatura fantástica*, Paidós, 2006.

Tolkien, J. R. R., *Tolkien, J. R. R., Egidio, el granjero de Ham; Hoja, de Niggle; El herrero de Wooton Major*, Minotauro, 2002.

— *El hobbit*, Ediciones Minotauro, 1998.

— *El señor de los anillos*, Minotauro, 2022.

Trías, Eugenio, *Lo bello y lo siniestro*, Debolsillo, 2006.

Unamuno, Miguel de, *Niebla*, Austral, 2010.

Verne, Julio, *Veinte mil leguas de viaje submarino*, Nórdica, 2016.

Vilar Madruga, Elaine, «Amarás a tu madre por encima de todas las cosas», en *Las Escritoras de Urras,* 2020.

Vogler, Christopher, *El viaje del escritor*, Man non troppo creación, 2002.

Vonnegut, Kurt, *Bagombo Snuf Box*, Berkley Penguin, 2000.

— *Matadero cinco*, Anagrama, 1991.

VV. AA.

— *América fantástica: panorámica de autores latinoamericanos fantásticos del nuevo milenio*, edición y selección de Mariano Villarreal, Huso, 2019.

— *Ciencia ficción rusa y soviética: vol. I: del siglo XIX a la Revolución*, Nevsky Prospects, 2016.

— *Distópicas* y *Poshumanas*, edición y selección de Teresa López Pellisa y Lola Robles, Eolas, 2019.

— *Ellas, las extrañas*, edición y selección de Beatriz García Guirado, InLimbo, 2023.

— *Herederos de dos culturas*, edición y selección de Mariano Villarreal, Cazador de Ratas, 2023.

— *Hijas del futuro: literatura de ciencia ficción, fantástica y de lo maravilloso desde la mirada feminista*, edición y selección de Cristina Jurado y Lola Robles, Consonni, 2021.

— *Insólitas: narradoras de lo fantástico en Latinoamérica y España*, edición y selección de Teresa López-Pellisa y Ricard Ruiz Garzón, Páginas de Espuma, 2019.

— *Planetas invisibles: antología de ciencia ficción china contemporánea*, selección de Ken Liu, Alianza Editorial, 2017.

— *El tercer mundo después del sol: antología de ciencia ficción latino—americana*, edición y selección de Rodrigo Bastidas Pérez, Minotauro, 2021.

— *Tiempo de utopías*, Apache Libros, 2021.

Walpole, Horace, *El castillo de Otranto*, Alianza, 2008.

Walsh, María Elena, *El reino del revés*, Alfaguara infantil y juvenil, 2019.

Wells, H. G., *La guerra de los mundos,* Alianza, 2021.

— *La máquina del tiempo,* RBA, 2022.

Whitehead, Henry S., *Jumbée y otros cuentos de terror y vudú*, Valdemar, 2001.

Wilde, Oscar, *El retrato de Dorian Gray*, Austral, 2010.

Yarros, Rebecca, *Alas de sangre*, Planeta, 2023.

Zamiatin, Yevgueni, *Nosotros*, Akal, 2008.

Zürn, Única, *Primavera sombría,* Pepitas, 2021.

BIOGRAFÍAS DE LOS AUTORES

Alejandro Marcos es licenciado en Periodismo y ha formado parte de la I Promoción del Máster de Narrativa de Escuela de Escritores, donde actualmente codirige la asignatura de Proyectos. Su novela *El final del duelo* fue publicada en 2015 por la editorial Orciny Press y reeditada en 2018. En 2018 publicó *Vendrán del este* (Orciny Press). Ha participado en tres antologías de relatos de la misma editorial. Con Ediciones El Transbordador, ha publicado *Cástor y Pólux* en 2022. Su última novela *La hora de las moscas* se ha publicado en 2024 con Plaza & Janés. Vive obsesionado con la decoración navideña, los pendientes extravagantes y los pandas rojos.

Arantxa Rochet es periodista y escritora. En 2008 fue seleccionada para formar parte del programa de la Red de Arte Joven de la Comunidad de Madrid y en 2011 ingresó en la III Promoción del Máster de Narrativa de Escuela de Escritores. Tiene publicado el libro de ciencia ficción *Jaulas de aire* (Torremozas, 2017) y ha participado en las antologías de relato *II Premio Ripley* (Triskel, 2018), *XXX Premio Ana María Matute* (Torremozas, 2018) y *Actos de F.E.* (Editorial Cerbero, 2019), así como en la antología poética *Voces Nuevas* (Torremozas, 2024). Además, ha publicado relatos fantásticos en varias revistas literarias, entre ellas *Temporales de Nueva York*, *La Gran Belleza* o *Cuentos para el Andén*. Como periodista ha colaborado con artículos o programas de cultura, viajes, ecología y economía en medios como *La Razón*, *Cambio 16*, Radio Nacional de España o NTR Guadalajara (México). En la actualidad trabaja impartiendo clases de escritura en el Itinerario de Fantasía, Ciencia Ficción y

Terror de Escuela de Escritores de Madrid, entre otras actividades. También tiene tiempo para escribir sus propias historias.

Aitor Díaz es ingeniero y escritor. Aúna ambas facetas en la creación literaria de cuentos y novelas de género fantástico, como sus antologías *Folklore* (Baker Street, 2022) o *Monstruoso* (Baker Street, 2024). Forma parte de la décima promoción del Máster de Narrativa de Escuela de Escritores (2018-2020) y de la primera promoción del Curso de Especialización en la Enseñanza de la Escritura Creativa (2020-2021), fundado por Escuela de Escritores y la Universidad de Alcalá. En la actualidad es profesor de esa misma escuela, donde imparte cursos avanzados de literatura fantástica y técnicas narrativas. Entusiasta de la literatura, el cine y los cómics. Y apasionado, aún más, de la enseñanza.

Natalia García Freire (Cuenca-Ecuador, 1991) actualmente trabaja como profesora de Escritura Creativa, Relato breve y Novela en Escuela de Escritores. *Nuestra piel muerta*, su primera novela fue traducida al inglés, turco, francés, italiano y danés. *Trajiste contigo el viento* fue su segunda novela. Tenía un jardín, cruzó el Atlántico con el gato y todavía escribe.

Ismael Martínez Biurrun (Pamplona, 1972) ha publicado nueve novelas, siempre en las fronteras del *thriller*, el fantástico, la ciencia ficción y el terror: *Duración de un fantasma* (Aristas Martínez, 2024), *Solo los vivos perdonan* (Aristas Martínez, 2022), *Sigilo* (Runas, 2019), *Invasiones* (Valdemar, 2017), *Un minuto antes de la oscuridad* (Fantascy, 2014), *El escondite de Grisha* (Salto de Página, 2011), *Mujer abrazada a un cuervo* (Salto de Página, 2010), *Rojo alma, negro sombra* (451 editores, 2008) e *Infierno nevado* (Equipo Sirius, 2006). Es coautor de un ensayo sobre terror y psicología titulado *Soy lo que me persigue* (Dilatando mentes, 2021), junto con Carlos Pitillas. También ha participado en antologías de relatos como *Aquelarre* (Salto de Página, 2010) y *Bleak House Inn, diez huéspedes en casa de Dickens* (Fábulas de Albión, 2012).

Maielis González es narradora, investigadora y divulgadora literaria. Licenciada en Letras por La Universidad de La Habana. Fue profesora de Literatura en dicha institución entre 2012 y 2016. Graduada del Centro de Formación Literaria «Onelio Jorge Cardoso», quien le concediera la Beca de Creación Literaria «Caballo de Coral» en 2015. Ha publicado los libros *Sobre los nerds y otras criaturas mitológicas* (Guantanamera, 2016), *De rebaños o de pastores* (Cazador de Ratas, 2020) y *Jauría* (MIG21 Editora, 2022) y la bilogía de novelas juveniles: *Espejuelos para ver por dentro* (Cerbero, 2019) y *Catalejos para mirar muy de cerca* (Cerbero, 2021). Relatos y ensayos suyos han aparecido en varias revistas y antologías como *Alucinadas II* (Palabarista, España, 2016), *Revista Próxima* (Argentina, 2017), *Paradoxa* (Estados Unidos, 2018) *SuperSonic* (España, 2019), *Mundos sutiles* (Cerbero, España, 2020), *El tercer mundo después del Sol* (Minotauro, Colombia, 2021), *Hijas del futuro* (consonni, España, 2021),

Contaminación futura I (MIG21 Editora, Montevideo, 2021) y *Recalibrando los circuitos de la máquina* (Albatros Ediciones, España, 2022).
Ha colaborado en calidad de asesora en la traducción de los libros *Hija de Legbara* de Nalo Hopkinson (Apache, 2019) y *Espacio vital* de James Alan McPherson (consonni, 2022). Ha sido presentadora y productora, junto a Sofía Barker, del podcast literario *Las Escritoras de Urras,* (Premio Ignotus, 2021 y 2022).

Alberto Chimal nació en Toluca, Estado de México, el 12 de septiembre de 1970. En 1995 se mudó a la ciudad de México, donde cursó el diplomado de Escuela de Escritores en la SOGEM y la maestría en Literatura Comparada en la Facultad de Filosofía y Letras de la UNAM. En 2011, Chimal lanzó *83 novelas*, un libro experimental de minificciones compuesto de textos creados inicialmente en la red social Twitter. El libro tuvo un pequeño tiraje impreso pero estaba pensado para su distribución gratuita en formato digital. Desde 1993, Chimal imparte cursos y talleres de escritura creativa, tanto de manera independiente como para diversas instituciones. Fue profesor del Departamento de Letras de la Universidad Iberoamericana entre 2007 y 2012.
Su novela *La visitante* fue publicada por Planeta en 2022. Aparte de ella, ha publicado otras tres novelas, ha participado o escrito íntegramente veintitrés antologías de relato, siete libros de infantil o juvenil, cuatro de microficciones, cuatro ensayos (dos sobre escritura creativa), narrativa gráfica, teatro, poesía y guion. También ha realizado una decena de traducciones. En 2024 publicó *La ciudad imaginada. Último Mix* en la editorial SB.

Lola Robles, en el campo de la investigación literaria, se ha especializado en autoras españolas de ciencia ficción y fantásticas, y su relación con los feminismos y la teoría *queer*, con numerosos artículos especializados, y ensayos como *En regiones extrañas: un mapa de la ciencia ficción, lo fantástico y lo maravilloso* (Cazador de Ratas, 2018, premio Ignotus al mejor libro de ensayo). Ha sido editora literaria, con Teresa López-Pellisa, de la antología histórica de escritoras españolas de ciencia ficción *Distópicas* y *Poshumanas* (Eolas, 2019); de la antología *Hijas del futuro: literatura de ciencia ficción, fantástica y de lo maravilloso desde la mirada feminista* (Consonni, 2021, junto a Cristina Jurado), y de *ProyEctogénesis: relatos de la matriz artificial* (Enclave de Libros, 2018). http://escritorasfantastikas.blogspot.com.es/

Bárbara Gil nació en 1980 en Bilbao. Es autora de *Nenúfares que brillan en aguas tristes* (Plaza y Janés, 2021), *La leyenda del volcán* (Plaza & Janés, 2023), *El club de los sustos* (Editorial Tintachina 2010) y de los cuadernos para escritores *Tu novela* y *Reto Bradbury* (Páginas de Espuma, 2020). Es licenciada en Periodismo y ha trabajado en documentación en el periódico *El Mundo*, en gabinetes de comunicación de agencias como Vocento y NUBA Viajes y en editoriales como Oxford University Press. También cursó estudios de Filología Hispánica y de Historia. Tiene un máster en Narrativa por Escuela de Escritores de Madrid, otro en Diseño gráfico, Multimedia y Video Digital, por Academia Mac-Line Bilbao y otro en Estudios de la Unión Europea por el Instituto Europeo, gracias a este último obtuvo una Plaza de Agente Contractual en la Unión Europea por Oposición. En enero de 2013 abrió EscribE en Málaga, su primera escuela de escritura que más tarde se trasladó a Mallorca, donde vive actualmente dirigiendo la escuela. También imparte talleres virtuales sobre la técnica narrativa del relato y sobre cómo escribir y planificar una novela en Escuela de Escritores y en Cursiva, donde tutoriza cursos de Isabel Allende y Julia Navarro, entre otros.

Esta primera edición de
ESCRIBIR FANTÁSTICO
se terminó de imprimir
el 15 de agosto de 2024